*Elementos para uma
Teoria Contemporânea do*
PROCESSO CIVIL BRASILEIRO

M684e   Mitidiero, Daniel Francisco
         Elementos para uma teoria contemporânea do processo civil
    brasileiro / Daniel Francisco Mitidiero. – Porto Alegre: Livraria
    do Advogado Ed., 2005.
    165 p.; 16 x 23 cm.

    ISBN 85-7348-383-0

    1. Processo civil. 2. Jurisdição. 3. Ação judicial. I. Título.

                                CDU - 347.9

    Índices para o catálogo sistemático:
    Processo civil
    Jurisdição
    Ação judicial

    (Bibliotecária responsável: Marta Roberto, CRB-10/652)

DANIEL FRANCISCO MITIDIERO

Elementos para uma Teoria Contemporânea do PROCESSO CIVIL BRASILEIRO

Porto Alegre 2005

© Daniel Francisco Mitidiero, 2005

Revisão de
Rosane Marques Borba

Capa, projeto gráfico e diagramação de
Livraria do Advogado Editora

Direitos desta edição reservados por
Livraria do Advogado Editora Ltda.
Rua Riachuelo, 1338
90010-273 Porto Alegre RS
Fone/fax: 0800-51-7522
editora@livrariadoadvogado.com.br
www.doadvogado.com.br

Impresso no Brasil / Printed in Brazil

Ao *Prof. Dr. Carlos Alberto Alvaro de Oliveira*, Professor de brilho invulgar, processualista de primeiras águas e fraterno amigo, com a minha profunda admiração e estima.

Sumário

Introdução 9
1. Características fundamentais do Processo Civil brasileiro contemporâneo 11
   1.1. Processo e cultura 11
       1.1.1. Em especial: praxismo, processualismo e formalismo-valorativo em Direito Processual Civil 16
   1.2. Processo e Constituição 39
       1.2.1. Em especial: o devido processo legal processual brasileiro 45
   1.3. A instrumentalidade do Processo e a Justiça no caso concreto 66
2. Jurisdição, "Ação" e Processo na perspectiva do Processo Civil brasileiro contemporâneo 75
   2.1. Jurisdição 75
       2.1.1. Conceito tradicional de jurisdição 75
       2.1.2. Conceito contemporâneo de jurisdição 80
       2.1.3. Jurisdição e tutela jurisdicional dos direitos 88
   2.2. "Ação" 90
       2.2.1. Teorias unitárias da ação 91
           2.2.1.1. Teoria civilista da ação 91
           2.2.1.2. Polêmica Windscheid – Müther 94
           2.2.1.3. Teoria concreta do direito de agir 97
           2.2.1.4. Teoria abstrata da ação 102
           2.2.1.5. Teoria eclética da ação 104
       2.2.2. Teoria dualista da ação: ação material e "ação" processual 110
           2.2.2.1. Plano material: direito subjetivo, pretensão material e ação material 110
           2.2.2.2. Plano pré-processual e plano processual: direito à tutela jurídica, pretensão à tutela jurídica e "ação" processual . 117
       2.2.3. Polêmica sobre a teoria dualista da ação 121
       2.2.4. Eficácia múltipla das pretensões e das ações de direito material . 130
       2.2.5. Classificação das eficácias das pretensões e das ações de direito material 131
       2.2.6. Interesse atual no debate sobre a "ação" 136
   2.3. Processo 138

    2.3.1. Processualismo e processo como relação jurídica processual 139
    2.3.2. Formalismo-valorativo e processo como procedimento em
          contraditório 143

Conclusão 147

Referências bibliográficas 149

Introdução

O presente trabalho nasce com uma preocupação central: pensar o processo civil contemporâneo. Para tanto, cumpre, em um primeiro momento, aquilatar de um modo geral a maneira como o direito processual civil pode ser encarado hoje, notadamente a partir da perspectiva do culturalismo e do constitucionalismo, esse último em si mesmo produto do primeiro, marcas indeléveis do pensamento jurídico contemporâneo. Logo em seguida, já devidamente redimensionadas as características fundamentais do processo civil hodierno, toca conformar à luz das mesmas os três conceitos fundamentais do direito processual civil: jurisdição, "ação" e processo.

O processo civil contemporâneo é uma empresa a destrinchar: é o por vir. Obra de pessoas, que deve servir às pessoas. É trabalho conjugado do tempo e do esforço. Cumpre a todos construí-lo cotidianamente.

Porto Alegre, Outono de 2005.

Daniel Francisco Mitidiero
danielfcomitidiero@terra.com.br

1. Características fundamentais do Processo Civil brasileiro contemporâneo

Três notas singularizam a experiência jurídica contemporânea no que concerne ao direito processual civil: a sabença de que o direito pertence à cultura do povo, sujeito aos fluxos e contrafluxos da vida social,[1] a constitucionalização das normas jurídicas fundamentais do processo[2] e a consciência de que esse tem de reagir ao direito material, instrumentalizando-o a contento, superando-se a vazia autonomia que o direito moderno impôs ao processo.[3] Cumpre particularizá-las, ainda que brevemente.

1.1. PROCESSO E CULTURA

É lugar comum no estudo do direito, ganhando horizontes cada vez mais largos dentro do ambiente destinado ao processo civil,

---

[1] Sobre o tema, com as devidas indicações bibliográficas, consulte-se Daniel Francisco Mitidiero, "Processo e Cultura: Praxismo, Processualismo e Formalismo em Direito Processual Civil". In: Gênesis Revista de Direito Processual Civil. Curitiba: Gênesis, 2004, p. 484/510, n. 33, igualmente publicado nos Cadernos do Programa de Pós-Graduação em Direito – PPGDir./UFRGS. Porto Alegre: PPGDir./UFRGS, 2004, p. 101/128, n. II.

[2] Como bem coloca em destaque Carlos Alberto Alvaro de Oliveira, Do Formalismo no Processo Civil, 2. ed. São Paulo: Saraiva, 2003, p. 83.

[3] Direito material e direito processual passam a ser, na precisa imagem de Augusto M. Morello, dois "senderos bifurcados que hoy se reencuentran" (El Proceso Civil Moderno. La Plata: Libreria Editora Platense, 2001, p. 83 e seguintes). Sobre a temática, consulte-se, na doutrina brasileira, o vivo debate entre Carlos Alberto Alvaro de Oliveira ("O Problema da Eficácia da Sentença". In: Gênesis Revista de Direito Processual Civil. Curitiba: Gênesis, 2003, p. 437/449, n. 29) e Ovídio Araújo Baptista da Silva ("Direito Material e Processo". In: Gênesis Revista de Direito Processual Civil. Curitiba: Gênesis, 2004, p. 615/635, n. 33). Consulte-se, ainda, Hermes Zaneti Júnior, "Direito Material e Direito Processual: Relações e Perspectivas". In: Revista Processo e Constituição – Coleção Galeno Lacerda de Estudos de Direito Processual Constitucional. Porto Alegre: Faculdade de Direito UFRGS, 2004, p. 245/278, n. 1; na doutrina italiana, por todos, Andrea Proto Pisani, Lezioni di Diritto Processuale Civile, 4. ed. Napoli: Jovene, 2002, p. 4/5, p. 29/51.

afirmar-se que o direito se encontra intimamente imbricado com a experiência e a cultura do povo.[4] Nessa senda, refere Castanheira Neves que irreversivelmente "o direito compete à autonomia cultural do homem, que, tanto no seu sentido como no conteúdo da sua normatividade, é uma resposta culturalmente humana (...) ao problema também humano da convivência no mesmo mundo e num certo espaço histórico-social, e assim sem a necessidade ou a indisponibilidade ontológica, mas antes com a historicidade e condicionabilidade de toda a cultura – não é 'descoberto' em termos da objectividade essencial pela 'razão teórica' e no domínio da filosofia especulativa ou teorética, é constituído por exigências humano-sociais particulares explicitadas pela 'razão prática' e imputado à responsabilidade poiética da filosofia prática".[5] Vale dizer: a experiência, como dado recolhido da prática contínua e indevassável da vida, e a cultura, "considerada como o conjunto de vivências de ordem espiritual e material, que singularizam determinada época de uma sociedade", na clássica definição de Galeno Lacerda,[6] informam e moldam o direito, fazendo-o, ao fim e ao cabo, espelho seguro e fiel da realidade histórica nesse ou naquele sucesso de tempo socialmente considerado. O direito é a própria história congelada, como observa Carl Joachim Friedrich.[7]

Essa relação entre direito e cultura sobra ainda mais evidente se procurarmos evidenciá-la a propósito do direito processual civil,

---

[4] Nesse sentido, em termos gerais, Antônio Castanheira Neves, Metodologia Jurídica – Problemas Fundamentais. Coimbra: Coimbra Editora, 1993, p. 47, Miguel Reale, Lições Preliminares de Direito, 23. ed. São Paulo: Saraiva, 1996, p. 32; especificamente no que tange ao processo civil, entre outros, Ovídio Araújo Baptista da Silva, Jurisdição e Execução na Tradição Romano-Canônica, 2. ed. São Paulo: Revista dos Tribunais, 1997, p. 192/219, Galeno Lacerda, "Processo e Cultura". In: Revista de Direito Processual Civil. São Paulo: Saraiva, 1961, p. 74, vol. III; Carlos Alberto Alvaro de Oliveira, Do Formalismo no Processo Civil, 2. ed. São Paulo: Saraiva, 2003, p. 73/76, Daniel Francisco Mitidiero, "Processo e Cultura: Praxismo, Processualismo e Formalismo em Direito Processual Civil". In: Cadernos do Programa de Pós-Graduação em Direito – PPGDir./UFRGS. Porto Alegre: PPGDir./UFRGS, 2004, p. 101/128, n. II; Daniel Francisco Mitidiero e Hermes Zaneti Júnior, "Entre o Passado e o Futuro: Uma Breve Introdução às Incertas Dimensões do Presente em Direito Processual Civil". In: Introdução ao Estudo do Processo Civil – Primeiras Linhas de um Paradigma Emergente. Porto Alegre: Sérgio Antônio Fabris Editor, 2004, p. 11; Vittorio Denti, "Diritto Comparato e Scienza del Processo". In: Rivista di Diritto Processuale. Padova: Cedam, 1979, p. 335/336, vol. XXXIV; Fritz Baur, "Il Processo e le Correnti Culturali Contemporanee". In: Rivista di Diritto Processuale. Padova: Cedam, 1972, p. 253/271, vol. XXVII.

[5] Metodologia Jurídica – Problemas Fundamentais. Coimbra: Coimbra Editora, 1993, p. 47.

[6] "Processo e Cultura". In: Revista de Direito Processual Civil. São Paulo: Saraiva, 1961, p. 75, vol. III. Sobre o conceito de cultura, ainda, Miguel Reale, "Conceito de Cultura – Seus Temas Fundamentais". In: Paradigmas da Cultura Contemporânea, 2. ed. São Paulo: Saraiva, 2005, p. 1/23.

[7] "Derecho e Historia". In: La Filosofia del Derecho. México: Fondo de Cultura Económica, 1997, p. 331.

"ramo das leis mais rente à vida",[8] consoante anota Pontes de Miranda no prólogo de seus opulentos *Comentários ao Código de Processo Civil* vigente. Com efeito, tem-se defendido, não sem razão, que "a estrutura mesma do processo civil depende dos valores adotados e, então, não se trata de simples adaptação técnica do instrumento processual a um objetivo determinado, mas especialmente de uma escolha de natureza política, escolha essa ligada às formas e ao objetivo da própria administração judicial. (...) Desse modo, a questão axiológica termina por se precipitar no ordenamento de cada sistema e na própria configuração interna do processo, pela indubitável natureza de fenômeno cultural deste e do próprio direito, fazendo com que aí interfira o conjunto de modos de vida criados, apreendidos e transmitidos de geração em geração, entre os membros de uma determinada sociedade".[9] Como igualmente refere Umberto Santarelli, existe uma radical coerência entre os valores em que as diversas sociedades procuram esteio e os instrumentos que os respectivos ordenamentos jurídicos elaboram para efetivá-los concretamente, o que denota a essencial historicidade do fenômeno jurídico, ligado umbilicalmente à realidade do povo.[10] Aliás, muitos são os exemplos que comprovam o inabalável liame que está a jungir o processo civil e a cultura social.

Consoante lembra Vittorio Denti, a propósito da influência de concepções religiosas (e, pois, culturais) na conformação do fenômeno jurídico-processual, o modo de conceber a busca pela "verdade" no processo e particularmente a defesa da privacidade em face dos meios de prova é bastante diferenciado no que toca aos países de inspiração católica e de inspiração protestante: usualmente, a cultura católica tende a ser mais ciosa da tutela de sua intimidade do que a cultura protestante, limitando-se, assim, a pesquisa probatória àquilo que não desafie a moral cristã.[11] Trabalhando ainda com a influência religiosa na construção do direito processual civil, assevera Max Weber que a acentuação daquilo que hoje conhecemos como princípio inquisitório (como algo contraposto ao princípio dispositivo ou

---

[8] Pontes de Miranda, Comentários ao Código de Processo Civil, 5. ed. Rio de Janeiro: Forense, 1997, p. XIII, prólogo, tomo I.

[9] Carlos Alberto Alvaro de Oliveira, Do Formalismo no Processo Civil, 2. ed. São Paulo: Saraiva, 2003, p. 74.

[10] L'Esperienza Giuridica Basso-Medievale – Lezioni Introduttivve. Torino: G. Giappichelli Editore, 1977, p. 10.

[11] "Diritto Comparato e Scienza del Processo". In: Rivista di Diritto Processuale. Padova: Cedam, 1979, p. 335, vol. XXXIV.

princípio dispositivo em sentido formal[12] e, no fundo, destinado a equacionar o problema da divisão de trabalho entre os sujeitos processuais) em determinados assuntos de direito processual (notadamente no que concerne à possibilidade de instrução probatória de ofício, consagrada em generosa escala no art. 130 do nosso Código de Processo Civil) não fora mais do que a contribuição da justiça teocrática à justiça profana, uma vez que àquela interessa com aguda intensidade a "averiguação ótima dos fatos verdadeiros", o que de modo nenhum poderia ficar, dessarte, "à mercê do arbítrio das partes".[13] Essa constatação, de resto, talvez explique a boa aceitação, entre nós, da iniciativa probatória oficial, tendo em conta nosso indefectível legado católico-lusitano.

Explorando a mesma relação entre processo e religião, observa Galeno Lacerda que "é interessante o paralelismo que se verifica entre a fase mais recuada do processo romano, o período das ações da lei, que vigorou desde os primórdios de Roma até o segundo século antes de Cristo, e o formalismo do processo germânico primitivo, vigente entre os bárbaros e dominante no processo feudal da Idade Média. O formalismo do processo romano das *legis actiones* nos é descrito com abundância de detalhes por Gaio. Bastava que o litigante não reproduzisse com absoluta fidelidade as palavras da lei, ou deixasse de praticar o ato na forma prescrita, para que perdesse a demanda, sem que fizesse qualquer mossa ao espírito do julgador o mérito da lide. Hoje, os romanistas mais eminentes reconhecem no ritual simbólico do *sacramentum*, a mais antiga ação da lei, traços inequívocos da concepção religiosa da época. O mesmo acontece no processo primitivo dos povos germânicos, a refletir-se por largo período da história medieval. O que importa é harmonizar o grupo social, para que esteja sempre pronto aos empreendimentos bélicos do chefe. E isto se logra através das ordálias, ou juízos divinos, pois, com efeito, corresponde à concepção religiosa dominante, não poder a divindade permitir que o infrator, que o criminoso, triunfe no processo. Omite-se, assim, o juízo humano, e o processo se limita a uma prova imposta pela comunidade às partes. O resultado da prova será juízo de Deus. E êste é o que importa. Elimina-se o conflito, para o bem comum. Acata-se a vontade divina. E então os litígios se resolvem pelo duelo, pelas provas da água, do fogo, e tantas outras".[14]

---

[12] Sobre o conceito de princípio dispositivo ou princípio dispositivo em sentido formal, com as devidas indicações bibliográficas, consulte-se Daniel Francisco Mitidiero, Comentários ao Código de Processo Civil. São Paulo: Memória Jurídica Editora, 2004, p. 541/543, tomo I.

[13] Economia e Sociedade. Brasília: Editora Universidade de Brasília, 1999, p. 116, vol. II.

[14] "Processo e Cultura". In: Revista de Direito Processual Civil. São Paulo: Saraiva, 1961, p. 78, vol. III.

Ademais, a própria conformação das características do povo influencia na construção dos institutos jurídico-processuais. Tome-se como exemplo a carga eficacial das ações (de direito material) e das sentenças preponderantemente mandamentais. Embora de pré-forma alemã,[15] a eficácia mandamental (diria Luiz Guilherme Marinoni, a técnica processual mandamental[16]), tal como a concebemos hoje, é produto da ciência jurídica brasileira.[17] Com efeito, nada que melhor se ajuste à mentalidade da península ibérica, de que recolhemos o legado, "memorável herança, de que sempre havemos de nos envaidecer",[18] do que o trato com o imperativo, dado que a vontade de mandar e a disposição para cumprir ordens eram mesmo peculiares aos portugueses e espanhóis.[19] Além do mais, a própria conformação da estrutura constitucional brasileira proporciona ambiente ótimo para o desenvolvimento da tese da mandamentalidade, tendo em conta o *judicial review* que se encontra à base de nosso constitucionalismo republicano, calcado em uma compreensão da teoria da separação dos poderes ligada ao ciclo constitucional norte-americano (separação dos poderes como doutrina de "freios e contrapesos", diferentemente do que ocorre, por exemplo, com a teoria da separação de poderes ligada ao ciclo constitucional francês, de funções constitucionais estanques). Isso talvez não só explique a construção da carga eficacial mandamental, mas também o excelente êxito do nosso mandado de segurança.

---

[15] É de sabença corrente que Pontes de Miranda se inspirou em Georg Kuttner para construção dogmática da classe das ações e sentenças preponderantemente mandamentais (conforme Tratados das Ações. São Paulo: Revista dos Tribunais, 1976, p. 9, tomo VI).

[16] Técnica Processual e Tutela dos Direitos. São Paulo: Revista dos Tribunais, 2004, p. 146.

[17] Sobre a caracterização da carga eficacial mandamental, consulte-se, entre outros, Pontes de Miranda, Comentários ao Código de Processo Civil, 5. ed. Rio de Janeiro: Forense, 1997, p. 204/212, tomo I; Tratado das Ações. São Paulo: Revista dos Tribunais, 1970, p. 117/122, tomo I; Tratado das Ações. São Paulo: Revista dos Tribunais, 1976, p. 3/12, tomo VI; Ovídio Araújo Baptista da Silva, "Sentença Mandamental". In: Sentença e Coisa Julgada, 4. ed. Rio de Janeiro: Forense, 2003, p. 21/69; Curso de Processo Civil, 4. ed. São Paulo: Revista dos Tribunais, 2000, p. 335/365, vol. II; José Carlos Barbosa Moreira, "A Sentença Mandamental – Da Alemanha ao Brasil". In: Temas de Direito Processual. São Paulo: Saraiva, 2001, p. 53/70, Sétima Série; Carlos Alberto Alvaro de Oliveira, "O Problema da Eficácia da Sentença". In: Revista Gênesis de Direito Processual Civil. Curitiba: Gênesis, 2003, p. 437/449, n. 29; Hermes Zaneti Júnior, Mandado de Segurança Coletivo – Aspectos Processuais Controversos. Porto Alegre: Sérgio Antônio Fabris Editor, 2001, p. 145/161; Daniel Francisco Mitidiero, Comentários ao Código de Processo Civil. São Paulo: Memória Jurídica Editora, 2004, p. 102/107, tomo I; "Por uma Nova Teoria Geral da Ação: as Orientações Unitárias e a Orientação Dualista da Ação". In: Introdução ao Estudo do Processo Civil – Primeiras Linhas de um Paradigma Emergente. Porto Alegre: Sérgio Antônio Fabris Editor, 2004, p. 101/108, em co-autoria com Hermes Zaneti Júnior.

[18] Pontes de Miranda, Comentários ao Código de Processo Civil, 5. ed. Rio de Janeiro: Forense, 1997, p. 4, tomo I.

[19] Neste sentido, por todos, Sérgio Buarque de Holanda, Raízes do Brasil, 26. ed., 17. tiragem. São Paulo: Companhia das Letras, 2003, p. 39.

De resto, tal como sucede acerca dos exemplos já lembrados, manifestações políticas igualmente se projetam no tecido processual. Representando a forma em sentido estrito uma das mais vivas garantias processuais contra o arbítrio estatal, vocacionada primacialmente à salvaguarda dos direitos e da liberdade individual,[20] natural que Estados despóticos ou totalitários se sintam tentados a aboli-la tanto quanto possível da malha processual, a minar, dessarte, a possível resistência do cidadão em face de eventuais investidas ilegítimas do poder constituído à sua esfera jurídica.[21] Pense-se, por exemplo, no direito processual civil nazista ou stalinista.[22]

1.1.1. Em especial: praxismo, processualismo e formalismo-valorativo em Direito Processual Civil

Postas essas considerações, parece-nos indubitável reconhecer ao direito processual civil o seu caráter histórico-cultural. Assentada essa inafastável realidade, cumpre-nos, agora, densificar um pouco mais o nosso discurso, visando a organizar em grandes linhas eventuais tendências em tema de processo civil.

Recolhem-se, na história, alguns endereços culturais que nos remetem, basicamente, a três modelos processuais: praxismo, processualismo e formalismo-valorativo.[23] O que se quer significar com cada um desses termos? É o que passamos a expor.

---

[20] Assim, por todos, Piero Calamandrei, "Istituzioni di Diritto Processuale Civile". In: Opere Giuridiche. Napoli: Morano Editore, 1970, p. 168, vol. IV. Anote-se, outrossim, que se está a empregar o conceito de forma em sentido estrito querendo representar-se o "invólucro do ato processual, a maneira como deve este se exteriorizar" (Carlos Alberto Alvaro de Oliveira, Do Formalismo no Processo Civil, 2. ed. São Paulo: Saraiva, 2003, p. 5), isto é, o seu "modo di apparire nella realtà" (Elio Fazzalari, Istituzioni di Diritto Processuale. Padova: Cedam, 1975, p. 157).

[21] Assim, ainda aqui, Galeno Lacerda, "Processo e Cultura". In: Revista de Direito Processual Civil. São Paulo: Saraiva, 1961, p. 79, vol. III.

[22] Acerca, L. A. Becker, "A Estória do Processo entre a Magia e o Absurdo". In: Elementos para uma Teoria Crítica do Processo. Porto Alegre: Sérgio Antônio Fabris Editor, 2002, p. 64/65, em co-autoria com E. L. Silva Santos. Especificamente sobre o processo civil nazista, consulte-se Peter Böhm, "Processo Civile e Ideologia nello Stato Nazionalsocialista". In: Rivista Trimestrale di Diritto e Procedura Civile. Milano: Giuffrè, 2004, p. 623/647, n. 2.

[23] A expressão "modelos processuais" quer ora significar a simples similitude entre esta ou aquela atitude em termos gerais, com elementos de conexão bastante parecidos, sem que tal importe, no entanto, verdadeira identidade entre as tendências recolhidas sob o mesmo rótulo. O sentido que se dá à palavra "modelo", pois, embora se aproxime, não coincide integralmente com aquele empregado por Miguel Reale quando conceitua modelos como "estruturas normativas que ordenam fatos segundo valores, numa qualificação tipológica de comportamentos futuros, a que se ligam determinadas conseqüências" ("Para uma Teoria dos Modelos Jurídicos". In: Estudos de Filosofia e de Ciência do Direito. São Paulo: Saraiva, 1978, p. 17).

O praxismo em direito processual civil congrega todas as manifestações culturais que formam aquilo que Nicola Picardi apontou como sendo a pré-história do processo civil, antes, portanto, do aparecimento da "ciência" processual.[24] Vale dizer: processo como *iudicium* e não ainda como *processus*. Ensartam-se nesse endereço o processo civil romano, em qualquer de seus três períodos (*legis actiones, per formulas* e *cognitio extra ordinem*),[25] e o processo civil comum (à evidência, aí retratados, em maior ou menor escala, igualmente os seus próprios elementos formativos: o romano, o canônico e o germânico bárbaro).[26]

A postura metodológica que informava o praxismo era a sincrética, com o que se oferecia corrente a caracterização do direito processual civil como direito adjetivo, como algo que só ostentava existência se ligado ao direito substantivo.[27] A respeito, refere Cân-

---

[24] "Processo Civile (Diritto Moderno)". In: Enciclopedia del Diritto. Milano: Giuffrè, 1987, p. 102/104, vol. XXVI.

[25] Sobre o processo civil romano, consultem-se, entre outros, Carlos Alberto Alvaro de Oliveira, Do Formalismo no Processo Civil, 2. ed. São Paulo: Saraiva, 2003, p. 16/24; José Rogério Cruz e Tucci e Luiz Carlos de Azevedo, Lições de História do Processo Civil Romano, 1. ed., 2. tiragem. São Paulo: Revista dos Tribunais, 2001; Max Kaser, Direito Privado Romano. Lisboa: Fundação Calouste Gulbenkian, 1999, 427/473; Mário Talamanca, "Processo Civile (Diritto Romano)". In: Enciclopedia del Diritto. Milano: Giuffrè, 1987, p. 1/79, vol. XXXVI; Humberto Cuenca, Proceso Civil Romano. Buenos Aires: Ejea, 1957; Leopold Wenger, Compendio de Derecho Procesal Civil Romano, apêndice à obra de Paul Jörs e Wolfgang Kunzel, Derecho Privado Romano. Barcelona: Editorial Labor, 1965, p. 511/544.

[26] Sobre o processo civil comum, consultem-se, entre outros, Carlos Alberto Alvaro de Oliveira, Do Formalismo no Processo Civil, 2. ed. São Paulo: Saraiva, 2003, p. 24/33, Francesco Calasso, Medio Evo del Diritto. Milano: Giuffrè, 1954, vol. I; Adriana Campitelli, "Processo Civile (Diritto Intermedio)". In: Enciclopedia del Diritto. Milano: Giuffrè, 1987, p. 79/101, vol. XXXVI; Heinrich Brunner e Claudius von Schnerin, Historia del Derecho Germânico. Barcelona: Editorial Labor, 1936, p. 313/320.

[27] A respeito do ponto, a clássica crítica de Galeno Lacerda: "erro arraigado, cometido até por autores de tomo, consiste em definir o direito processual como direito adjetivo, ou como direito formal. O primeiro, de impropriedade manifesta, legou-nos Bentham. Tão impróprio é definir o arado como adjetivo da terra, o piano como adjetivo da música, quanto o processo como adjetivo do direito em função do qual ele atua. Instrumento não constitui qualidade da matéria que modela, mas ente ontologicamente distinto, embora a esta vinculado por um nexo de finalidade. Se não é qualidade, também não será forma, conceito que pressupõe a mesma e, no caso, inexistente integração ontológica com a matéria. A toda evidência, processo não significa forma do direito material. Aqui, o erro provém de indevida aplicação aos dois ramos do direito das noções metafísicas de matéria e forma, como conceito complementares. Definidas as normas fundamentais, reguladoras das relações jurídicas, como direito material, ao direito disciplinador do processo outra qualificação não restaria senão a de formal. O paralelo se revela primário em seu simplismo sofístico. O direito material há de regular as formas próprias que substanciam e especificam os atos jurídicos materiais, ao passo que o direito processual, como instrumento de definição e realização daquele em concreto, há de disciplinar, também, as formas que substanciam e especificam os atos jurídicos processuais. Em suma, a antítese não é direito material – direito formal e sim, direito material – direito instrumental. Isto porque instrumento, como ente *a se*, possui matéria e formas próprias, independentes da matéria e da forma da realidade jurídica, dita material, sobre a qual opera" (Comentários ao

dido Rangel Dinamarco que no período do sincretismo "os conhecimentos eram puramente empíricos, sem qualquer consciência de princípios, sem conceitos próprios e sem a definição de um método. O processo mesmo, como realidade da experiência perante os juízos e tribunais, era visto apenas em sua realidade física exterior e perceptível aos sentidos: confundiam-no com o mero procedimento quando o definiam como sucessão de atos, sem nada se dizerem sobre a relação jurídica que existe entre seus sujeitos (relação jurídica processual), nem sobre a conveniência política de deixar caminho aberto para a participação dos litigantes (contraditório)".[28] A racionalidade que informava o fenômeno jurídico de um modo geral era a racionalidade prática, com a mobilização argumentativa dos sujeitos processuais direcionada à resolução de problemas concretos, à consecução do justo pelo *iudicium*. O sentido ético do jurídico, com o seu inexorável apelo a valores (o virtuoso, o bom, o justo), participava de maneira bastante íntima dessa visão de mundo: o direito, enquanto tal, só poderia visar ao justo.

Sucedeu ao praxismo aquilo que ora estamos a designar por processualismo, movimento cultural próprio da Idade Moderna no campo do processo civil. Seu principal intento fora a tecnicização do direito e a despolitização de seus operadores,[29] reduzidos à condição de verdadeiros "escravos do poder", como bem observa Ovídio Araújo Baptista da Silva,[30] a postular o processo civil como um instrumento puramente técnico, totalmente alheio a valores em sua intencionalidade operacional.[31]

Código de Processo Civil, 7. ed. Rio de Janeiro: Forense, 1998, p. 23/24, vol. VIII, tomo II). A despeito, alguns processualistas portugueses ainda hoje insistem em considerar o processo civil como um "direito adjetivo", conforme, entre outros, Jorge Augusto Pais de Amaral, Direito Processual Civil, 2. ed. Coimbra: Almedina, 2001, p. 16.

[28] Instituições de Direito Processual Civil, 3. ed. São Paulo: Malheiros, 2003, p. 255, vol. I; A Instrumentalidade do Processo, 8. ed. São Paulo: Malheiros, 2000, p. 17/18; Fundamentos do Processo Civil Moderno, 4. ed. São Paulo: Malheiros, 2001, p. 727/278, tomo II.

[29] Assim, por todos, Giovanni Tarello, Storia della Cultura Giuridica Moderna. Bologna: Il Mulino, 1976, p. 16.

[30] Jurisdição e Execução na Tradição Romano-Canônica, 2. ed. São Paulo: Revista dos Tribunais, 1997, p. 219.

[31] Todavia, como bem pondera Carlos Alberto Alvaro de Oliveira, "Durante muito tempo acreditou-se que o processo, enquanto mero instrumento de realização do direito material, se apresentasse com todas as galas da neutralidade e da imparcialidade, à salvo das influências do Poder. A concepção que se tinha da ciência processual, na primeira metade deste século, como bem mostra Vittorio Denti (Processo Civile e Giustizia Sociale, Milano, 1971, Ed. di Comunità, p. 17 e segs.), era a de que deveria estar afastada do meio social, voltada para a elaboração de princípios e categorias dotados de intrínseca validade. Daí o enorme desenvolvimento de conceitos como jurisdição, ação, coisa julgada, ato processual, procedimento, lide, questão, etc. Porém, destaca com agudeza Vittorio Denti (*op. et loc. cits.*), em realidade a neutralidade dessa construção era apenas aparente, correspondendo plenamente à ideologia

O método de que se servia o processualismo era o científico ou autonomista, através do qual os estudiosos se lançaram à tarefa de expulsar da disciplina processual todo e qualquer resíduo de direito material, forçados que estavam a justificar o direito processual civil como um ramo próprio e autônomo da árvore jurídica.[32] No que toca à racionalidade jurídica, essa se identificava com uma racionalidade teórica, do tipo positivo, apta a retirar do plano do processo o problema da justiça, colocando em seu lugar o problema da norma jurídica (identificada essa com aquilo que provém do Estado, mais especificamente do Poder Legislativo, de maneira vertical, autoritativa). O direito, então, tendia à norma estatal, passível de uma única interpretação "verdadeira" (a tarefa do juiz, então, cingia-se a descobrir a "vontade concreta da lei", na célebre expressão de Giuseppe Chiovenda[33]), assumindo foros de clareza, certeza e previsibilidade (projeto iluminista-racionalista para ciência jurídica,[34] destrinchado principalmente pelas codificações oitocentistas, na precisa opinião de Giovanni Tarello[35]). Nesse quadrante, o processo civil acabou relegado a um expediente de índole técnica, de todo infenso a valores em seu trato cotidiano.

Deságua-se, de postremeiro, no formalismo-valorativo, entendido esse como movimento cultural destinado a concretizar valores constitucionais no tecido processual (no formalismo ou na forma em sentido amplo, no exato sentido que dá à expressão Carlos Alberto Alvaro de Oliveira[36]) à força do caráter nitidamente instrumental do processo, trazendo novamente ao plano dos operadores do processo

---

conservadora da qual a ciência jurídica havia extraído os seus princípios informadores" ("Procedimento e Ideologia no Direito Brasileiro Atual". In: Revista da Ajuris. Porto Alegre: s/ed., 1985, p. 79, n. 33).

[32] Neste sentido, por todos, Cândido Rangel Dinamarco, Instituições de Direito Processual Civil, 3. ed. São Paulo: Malheiros, 2003, p. 255/257, vol. I; A Instrumentalidade do Processo, 8. ed. São Paulo: Malheiros, 2000, p. 18/21; Fundamentos do Processo Civil Moderno, 4. ed. São Paulo: Malheiros, 2001, p. 728/729, tomo II.

[33] Assim, Instituições de Direito Processual Civil, 3. ed. São Paulo: Saraiva, 1969, p. 40, vol. I.

[34] Assim, entre outros, Karl Engisch, Introdução ao Pensamento Jurídico, 8. ed. Lisboa: Fundação Calouste Gulbenkian, 2001, p. 206.

[35] Storia della Cultura Giuridica Moderna. Bologna: Il Mulino, 1976, p. 18.

[36] Segundo Carlos Alberto Alvaro de Oliveira, o formalismo ou forma em sentido amplo abrange "a totalidade formal do processo, compreendendo não só a forma, ou as formalidades, mas especialmente a delimitação dos poderes, faculdades e deveres dos sujeitos processuais, coordenação de sua atividade, ordenação do procedimento e organização do processo, com vistas a que sejam atingidas suas finalidades primordiais", investindo-se, assim, na "tarefa de indicar as fronteiras para o começo e o fim do processo, circunscrever o material a ser formado, estabelecer dentro de quais limites devem cooperar e agir as pessoas atuantes no processo para o seu desenvolvimento", com o que "contém, portanto, a própria idéia do processo como organização da desordem, emprestando previsibilidade a todo o procedimento" (Do Formalismo no Processo Civil, 2. ed. São Paulo: Saraiva, 2003, p. 6/7).

a busca pelo justo.[37] O método é o instrumental,[38] e a racionalidade que perpassa o fenômeno é a racionalidade prática (quer na sua vertente processual, tópica-retórica, quer na sua vertente material),[39] resgatando-se, em um outro nível qualitativo, o pensamento problemático para o direito processual civil. O processo deixa de ser visto como mera técnica, tal como tínhamos a propósito do direito moderno, assumindo a estatura de um verdadeiro instrumento ético, sem que se deixe de reconhecer, no entanto, a sua estruturação igualmente técnica.[40] Tal é o momento que ora se está a viver: formalismo-valorativo, em que a valores constitucionais impregnam a técnica do processo, escrevendo mesmo, como bem observa Vittorio Denti, um novo *"capitolo di storia della nostra cultura giuridica"*.[41]

Lecionando a respeito, bem refere Cândido Rangel Dinamarco que "visto por essa perspectiva integrada, o processo deixa de ser considerado mero instrumento técnico para a realização do direito material. Dizia-se que a missão do juiz seria a efetivação das leis substanciais, não lhe competindo o juízo do bem ou do mal, do justo ou do injusto. Sentenças injustas seriam o fruto de leis injustas e a responsabilidade por essa injustiça seria do legislador, não do juiz. Mas o juiz moderno tem solene compromisso com a justiça. Não só deve participar adequadamente das atividades processuais, endereçando-as à descoberta de fatos relevantes e à correta interpretação da lei, como ainda (e principalmente) buscando oferecer às partes a

---

[37] A expressão "formalismo-valorativo" representa, para além um modelo histórico de processo civil, um verdadeiro método de pensamento, método esse que emerge naturalmente da obra Do Formalismo no Processo Civil, 2. ed. São Paulo: Saraiva, 2003, de Carlos Alberto Alvaro de Oliveira. A expressão, de resto, fora cunhada mesmo por Carlos Alberto Alvaro de Oliveira, no ano de 2004, em seminários realizados no âmbito do programa de pós-graduação em direito (mestrado e doutorado) da Universidade Federal do Rio Grande do Sul.

[38] Assim, Cândido Rangel Dinamarco, Instituições de Direito Processual Civil, 3. ed. São Paulo: Malheiros, 2003, p. 257, vol. I; A Instrumentalidade do Processo, 8. ed. São Paulo: Malheiros, 2000, p. 21/24; Fundamentos do Processo Civil Moderno, 4. ed. São Paulo: Malheiros, 2001, p. 729/730, tomo II. Não se pode esquecer, porém, que, por vezes, tendo em vista a problematicidade inerente ao fenômeno jurídico, o processo civil deixa de ser apenas o instrumento para a aplicação do direito material, assumindo uma força conformadora do fenômeno jurídico. O ponto, aliás, é de suma importância: na perspectiva do formalismo valorativo, o processo civil deixa de ser tão-somente um instrumento para realização do direito material e passa a ser encarado como um expediente técnico-valorativo que visa a realizar o direito no caso concreto, que visa a pacificar com justiça. Instrumento sim, porém, por vezes constitutivo do jurídico.

[39] Sobre a racionalidade prática e as suas duas vertentes, consulte-se, por todos, Antônio Castanheira Neves, Metodologia Jurídica – Problemas Fundamentais. Coimbra: Coimbra Editora, 1993, p. 71/81.

[40] Assim, por todos, Cândido Rangel Dinamarco, Instituições de Direito Processual Civil, 3. ed. São Paulo: Malheiros, 2003, p. 60/62, vol. I.

[41] "Valori Costituzionali e Cultura Processuale". In: Rivista di Diritto Processuale. Padova: Cedam, 1984, p. 443, vol. XXXIX.

solução que realmente realize o escopo de fazer justiça. Eis porque a doutrina atual considera pobre e insuficiente a indicação do processo como mera técnica instrumentalmente conexa ao direito material. Ele é uma técnica, sim, mas técnica que deve ser informada pelos objetivos e ideologias revelados na ciência processual e levada a efeito com vista à efetivação do valor do justo. Conjuntamente com o próprio direito substancial, o processo é instrumentalmente conexo ao supremo objetivo de pacificar com justiça".[42]

Praxismo, processualismo e formalismo valorativo: cá estão os nossos três modelos processuais, sinalizados por três endereços culturais (pré-história processual, modernidade processual e contemporaneidade processual). O que agora merece ressalto, à guisa de finalização, é que o formalismo valorativo deixa evidente o imbricamento entre o processo civil, a Constituição e a cultura, sendo esse último, pois, o método mais adequado para estudar o direito processual civil contemporâneo.

Como se pode compreender o direito processual civil brasileiro nesses três modelos processuais?

O direito processual civil brasileiro, como o direito pátrio em geral, não pode ser estudado "desde as sementes", porque "nasceu do galho de planta, que o colonizador português – gente de rija têmpera, no ativo século XVI e naquele cansado século XVII em que se completa o descobrimento da América – trouxe e enxertou no novo continente".[43] Uma volta às sementes, pois, afigura-se de todo recomendável para análise mais precisa do nosso processo civil, da maneira como aquelas tendências processuais de que há pouco falávamos se manifestaram entre nós.

No que ora nos interessa, porque integrantes de nossa mais funda tradição, parece-nos fecundo separar o antigo direito processual civil lusitano em dois períodos distintos: período de individualização do direito português (também conhecido como período de direito costumeiro ou foraleiro) e período de inspiração romano-canônica (subdivido em dois: período da recepção do direito romano em Portugal e período das Ordenações).[44] Vejamos um pouco mais de perto cada uma dessas fases do direito português e de como o processo civil então ganhava corpo na prática jurídica.

---

[42] Instituições de Direito Processual Civil, 3. ed. São Paulo: Malheiros, 2003, p. 60/61, vol. I.

[43] Pontes de Miranda, Fontes e Evolução do Direito Civil Brasileiro, 2. ed. Rio de Janeiro: Forense, 1981, p. 27.

[44] Acerca da terminologia empregada, consulte-se Mário Júlio de Almeida Costa, História do Direito Português, 2. ed. Coimbra: Almedina, 1992, p. 174/175; Nuno J. Espinosa Gomes da Silva, História do Direito Português. Lisboa: Fundação Calouste Gulbenkian, 1985, p. 99, 129 e 185, vol. I.

O período de direito consuetudinário e foraleiro, dito por Mário Júlio de Almeida Costa "período de individualização do direito português",[45] vai do século XII ao século XIII, especificamente do ano em que Afonso Henriques passa a intitular-se rei (e, pois, da fundação da nacionalidade portuguesa, 1140) até o início do reinado de Afonso III (1248). O sistema jurídico vai principalmente dominado pelo costume (notadamente de origem germânica, sem que se possa, no entanto, descartar a confluência de outras fontes, como a muçulmana e a francesa) e pelos forais, fato advindo da necessidade de criação espontânea do direito, porquanto o Estado, nesta altura, mais interessado estava no intento da Reconquista do que na organização do seu próprio cotidiano jurídico e no de seus súditos.[46]

No que concerne aos costumes, sustenta-se normalmente a sua origem germânica (ainda que de certo modo já "romanizados", uma vez que os visigodos, no quando da ocupação da península ibérica, já haviam sentido em dada medida a poderosa influência romana[47]), mas não se pode recusar, de outro lado, a confluência de elementos muçulmanos (senão de maneira mais sensível na conformação do direito propriamente dita, tendo em conta a difícil barreira representada pela mentalidade cristã então vicejante, principalmente na construção do vocabulário técnico-jurídico), franceses (como a posse de ano e dia e sua proteção processual via "ações de força", consoante observa Ovídio Araújo Baptista da Silva,[48] tidas pelos velhos juristas portugueses como ações com *mandatum de manutenendo*, em que a força mandamental despontava nítida[49]) e, ainda, a influência de fatores próprios do momento do Estado de Reconquista, que assim não se filiam nem a essa nem àquela experiência anterior (como a instituição do "concelho", em que os homens se reuniam, longe da autoridade régia, para discussão de interesses comuns).[50] Cumpre lembrar, de resto, que a própria expressão "direito consuetudinário" àquele tempo tinha uma abrangência muito mais genero-

---

[45] História do Direito Português, 2. ed. Coimbra: Almedina, 1992, p. 174.

[46] Consoante observa Nuno J. Espinosa Gomes da Silva, História do Direito Português. Lisboa: Fundação Calouste Gulbenkian, 1985, p. 106, vol. I.

[47] Assim, Nuno J. Espinosa Gomes da Silva, História do Direito Português. Lisboa: Fundação Calouste Gulbenkian, 1985, p. 40/41, vol. I; Marcello Caetano, História do Direito Português (1140-1495), 2. ed. Lisboa: Editorial Verbo, 1985, p. 92.

[48] Procedimentos Especiais – Exegese do Código de Processo Civil (arts. 890 a 981). Rio de Janeiro: Aide Editora, 1993, p. 226.

[49] Pontes de Miranda, Comentários ao Código de Processo Civil, 2. ed. Rio de Janeiro: Forense, 2004, p. 185, tomo XIII.

[50] Assim, Nuno J. Espinosa Gomes da Silva, História do Direito Português. Lisboa: Fundação Calouste Gulbenkian, 1985, p. 109/111, vol. I.

sa que aquela hoje ostentada: com efeito, enquanto hodiernamente se identifica o costume com a prática constante e reiterada de dada conduta que se acredita boa e obrigatória, no quando do período de individualização do direito português tomava-se por costume toda manifestação normativa despida de caráter legislativo, enriquecendo-se, dessarte, a sua abrangência semântica e, pois, a sua densidade jurídica.[51]

Quanto ao direito foraleiro, destaca-se o Código Visigótico, também conhecido como *lex gothorum, forum judicum* ou *liber iudicialis*, tido por Marcello Caetano como um "dos mais notáveis monumentos jurídicos da Idade Média",[52] nele refletindo-se basicamente compromissos romanos, eclesiásticos e germânicos antigos.[53] Referido foral compunha-se de um primeiro título ("De la eleccion de los príncipes et del insinnamiento como deben iudgar derecho et de la pena de aquellos que iudgan torto"), no qual se continham doze livros (Libro I, "Del facedor de la ley et de las leyes", Libro II, "De los juicios y causas", Libro III, "De los casamientos é de las nascencias", Libro IV, "Del linage natural", Libro V, "De las avenencias é de las compras", Libro VI, "De los malfechos é de las penas é de los tormentos", Libro VII, "De los furtos é de los engannos", Libro VIII, "De las fuerzas é de los dammos é de los quebrantamientos", Libro IX, "De los siervos foidos é de los que se tornan", Libro X, "De las particiones é de los tiempos é de los annos é de las lindes", Libro XI, "De los fisicos é de los mercadores de ultramar é de los marineros" e Libro XII, "De devedar los tuertos é derraigar las sectas é sus dichos").

Outras fontes, de postremeiro, tiveram lugar no período que ora estamos a tratar: pense-se, por exemplo, no papel desempenhado pelas Cartas de Privilégio, nas Leis da Cúria de Leão e dos Concílios de Coiança e Oviedo e nas Concórdias, todas, porém, com importância menos marcada na caracterização do sistema jurídico da época. A doutrina é algo tranqüila a respeito.[54]

Quanto ao processo civil, esse se encontrava basicamente regido pelo *forum judicum* que, em seu segundo livro ("de los juicios y causas"), cuidava das cousas relativas ao direito judiciário. Vinha dividido em cinco títulos: "de los jueces, y de lo que iudgan", "de

---

[51] Neste sentido, Mário Júlio de Almeida Costa, História do Direito Português, 2. ed. Coimbra: Almedina, 1992, p. 190/191.

[52] História do Direito Português (1140-1495), 2. ed. Lisboa: Editorial Verbo, 1985, p. 106.

[53] Assim, Marcello Caetano, História do Direito Português (1140-1495), 2. ed. Lisboa: Editorial Verbo, 1985, p. 106.

[54] Por todos, Mário Júlio de Almeida Costa, História do Direito Português, 2. ed. Coimbra: Almedina, 1992, p. 186/194.

los compezamientos de los pleytos", "de los mandadores y de las cosas que mandam", "de las testimonias y de lo que testimoniam" e "de los escriptos que deben valer ó nón, é de las mandas de los muertos", cada qual com inúmeras subdivisões internas (o primeiro deles, e talvez o mais interessante, por exemplo, tinha trinta e uma subdivisões: "en quanto tiempo deven valer las leys que son emendadas", "que el rey é los pueblos devem seer sometidos de las leys", "que tod omne deve saber las leys", "que las cosas del príncipe deven seer ante ordenadas, é las del pueblo depues", "de toller la cobdicia de los príncipes, é cuemo deven seer fechos por escriptos en su nombre de los príncipes", "de los que son rebelles, ó mal obedientes contral príncipe, ó contral pueblo, ó contra la tierra", "que ningúm omne non deve blasphemar el príncipe, nil maldezir", "de toller las leys de los omnes estrannos", "que ningum omne non aya otro libro si non este que es fecho d'nuevo", "de los dias, é de las fiestas que non deven tener pleytos", "que los iuezes non oyan ningum pleyto, si no aquel que contenudo es en las leys", "que los pleytos pues que una vez fueren acabados, que non sean depues reboltos", "que ningun omne non deve seer iuez si no al qui lo mandare el príncipe, ó aquel que fuere de consentimiento de las partes, ó demandado de los otros iuezes", "quales pleytos deven iudgar, é á quales personas los deven dar à iudgar", "que los iuezes deven iudgar los pleytos criminales, é los otros", "de la pena que deven aver aquellos que iudgan, é non an poder de iudgar", "de los que son lamados por letras del iuez, ó por seyello, é non quisieren venir", "del iuez que non quier oyr à aquel quel demanda quel faga derecho, ó quel iudga tuerto por enganno, ó por non saber", "del iuez que iudga tuerto por ruego, ó por ignorancia", "del iuez que faz perder alguna cosa por arte, ó por enganno á alguna de las partes", "del iuez que bien quiere entender el pleyto, que deve primeramientre afazer", "del iuez que a sospechosa alguna de las partes", "del iuez cuemo deve iudgar", "del pro, é del danno que deve aver el sayon", "que tod omne à quien es dado poder de iudgar aya nombre iuez", "que tod atamiento que fuere fecho por fuerza del alcalde depues iuyzio non derecho, non vala", "que el iuyzio, que es dado por mandado del rey, ó por miedo, si es torticero, non vala", "del poder que an los obispos sobre los iuezes, que iudgan tuerto", "que el iuez deve dar razon de quantol demandaren","de la pena que deve aver el iuez, que toma las cosas aienas, ó las manda tomar" e "de los que non quieren venir por mandado del rey"). O dever de julgar ficava a cargo dos homens do povo, regularmente investidos na função de juiz, sendo que os feitos raramente terminavam por sentença de mérito, com um juízo de valor sobre o pedido do demandante, mas antes por desistência de alguma das partes ou por transação de ambas, dado altamente demonstrativo d'uma autêntica crise na cultura jurídica da época.[55]

Consoante já se frisou, o período de influência do direito comum em Portugal pode ser agrupado em dois grandes grupos: o primeiro marca a recepção do direito romano renascido em terras lusas, ao passo que o segundo dá conta especificamente da estratificação do direito comum nas Ordenações portuguesas. Em termos cronológicos, os séculos XIII a XVIII oferecem-se como berço e palco desta inspiração, tocando o lapso temporal que se alonga dos anos de 1248 a 1447 àquele primeiro grupo, sobrando aos anos de 1446 a 1750 a amarração do segundo.

No tocante à recepção do direito romano em Portugal, temos de assentar logo de início que se está a aludir à "recepção do direito romano renascido" e não, simplesmente, à "recepção do direito romano", locução que, sem a devida complementação, poderia conduzir à falsa idéia de que este direito até então poderia ter sido completamente ignorado pela experiência cultural da Alta Idade Média. Em realidade, sendo a Igreja a única instituição de vulto que sobreviveu à derrocada da Antigüidade, fazendo o elo entre o romano e o bárbaro, e sendo o direito romano a sua *lex approbata* (*lex saeculi*), pertinente aos seus negócios terrenos, sobra certo que a influência e a prática deste ordenamento nunca desapareceu, consoante bem observam Paul Koschaker[56] e Nuno J. Espinosa Gomes da Silva.[57] Nesta mesma vertente, escrevendo igualmente sobre o "renascimento do direito romano", teve a oportunidade de registrar Mário Júlio de Almeida Costa que aquela designação não se mostra "inteiramente pacífica. Na verdade, a palavra 'renascimento' inculca a idéia de que o direito romano justinianeu tenha deixado, em absoluto, de ser conhecido, estudado e aplicado. Ora, isso jamais se verificou. No Oriente, as fontes justinianeias permaneceram até à queda de Constantinopla (1453). Claro que não pode pensar-se numa aplicação completa e inalterada ao longo de tantos séculos. Após a morte de Justiniano, a sua obra legislativa tornou-se largamente objecto de paráfrases, traduções para grego, resumos, etc. E essa literatura deu ensejo a que se introduzissem modificações substanciais. A vigência das colectâneas justinianeias, no Ocidente, foi, sem dúvida,

---

[55] Conforme anota Nuno J. Espinosa Gomes da Silva, História do Direito Português. Lisboa: Fundação Calouste Gulbenkian, 1985, p. 111, vol. I.

[56] Europa y el Derecho Romano. Madrid: Editorial Revista de Derecho Privado, 1955, p. 103.

[57] História do Direito Português. Lisboa: Fundação Calouste Gulbenkian, 1985, p. 141/142, vol. I.

algo efêmera. Liga-se, bem dizer, à Itália, mercê do domínio bizantino e de uma promulgação expressa, pelos meados do século VI (a 'pragmatica sanctio' de 554), cuja eficácia persistiria cerca de catorze anos. Seguiu-se a conquista dos Lombardos (568), que não abrangeu todo o território transalpino, embora quebrasse a sua unidade política e circunscrevesse o direito justinianeu a determinadas cidades, como Roma e Ravena, que conservaram relativa autonomia. Também sabemos que as tropas bizantinas ocuparam o Sul da Península Ibérica. Não terá sido, contudo, uma presença susceptível de conduzir a grandes influências jurídicas. De qualquer modo, as colectâneas justinianeias chegaram ao mundo ocidental, ainda nessa época. Uma vez conhecidas, continuaram, mais ou menos, a ser conservadas e até analisadas, designadamente nos centros de cultura eclesiástica. Mas isto não significa que, durante os primeiros séculos medievos, tenham conseguido divulgação notória ou alcance efectivo. Pelo contrário, os textos justinianeus, de um modo geral, perderam-se ou caíram no esquecimento. Ora, é para assinalar o contraste entre essa difusão muito modesta ou indiferença e o interesse decisivo que o seu estudo, já com antecedentes no século XI, assume no século XII em diante que se explica e mesmo se justifica a qualificação de renascimento do direito romano".[58] Quando se alude, pois, à "recepção do direito romano" quer-se apontar precisamente o fenômeno da "recepção do direito romano renascido". Vale dizer: quer-se reportar ao reencontro do direito romano através do estudo das fontes justinianas genuínas, à risca de um estudo independente e autônomo da idéia jurídica romana. Até o seu renascimento, o direito romano vinha sendo estudado pelos juristas medievais dissolvido nas *artes liberales*, constituídas, por exemplo, pelo *trivium* da gramática, da lógica (dialética) e da retórica, sem que houvesse, salvo no oriente bizantino, escolas de formação especificamente jurídicas.[59] É, pois, com a Escola de Bolonha, Irnério à frente (*primus illuminator scientiae nostrae*, dito ainda *lucerna juris*), e o método da glosa e, posteriormente, dos comentários, que o panorama se modificou sensivelmente.[60] Aliás, há

---

[58] História do Direito Português, 2. ed. Coimbra: Almedina, 1992, p. 206/207.

[59] Assim, Franz Wieacker, História do Direito Privado Moderno, 2. ed. Lisboa: Fundação Calouste Gulbenkian, 1993, p. 19.

[60] A glosa consistia em mera explicação gramatical, de caráter tão-somente exegético, de palavras ou frases suscetíveis de mais de uma interpretação. O expoente desta vertente é Acúrsio, autor da célebre obra Magna Glosa, escrita provavelmente entre 1220 e 1234. Nos comentários, de outro lado, os autores já possuem uma preocupação em construir um sistema lógico entre as proposições jurídicas, apto a superar eventuais e aparentes contradições. O primeiro jurista desta escola é Cino de Pistoia (1270-1336), mas certamente o mais afamado é Bártolo (1313-1353), seguido de Baldo (1327-1400), tudo conforme Nuno J. Espinosa Gomes da Silva, História do Direito Português. Lisboa: Fundação Calouste Gulbenkian, 1985, p. 142/145,

quem sustente mesmo que o *Corpus Iuris Civilis* tenha sido recepcionado na Europa e, notadamente, na Alemanha, apenas formalmente, uma vez que, materialmente, o direito romano recepcionado teria sido o direito romano já tocado pelos glosadores e comentaristas, ávidos por colocá-lo em hora com as necessidades do dia.[61] O mesmo se afirma, a propósito, do direito recebido em Portugal, a ponto de se asseverar firmemente que "o romanismo português foi inteiramente, ou quase inteiramente – enquanto na verdade significativo – de cunho escolástico ou bartolista".[62]

Resta-nos, agora, saber "por que" o direito romano renasceu em Portugal e "como" precisamente se deu esta recepção.

Por que renasceu o direito romano em Portugal? Em breve escorço, pode-se afirmar que a recepção do direito romano em Portugal teve um intento bastante específico: transformar o rei em imperador. Vale dizer: seu desiderato específico fora o de ampliar o espectro de atuação política real, no que, inclusive, a Igreja Católica exerceu um papel sobremaneira destacado.[63] Uma das conseqüências de maior vulto desta anchura política mais dilargada do rei está em que esse passa a legislar, apropriando-se do papel de criador do direito (aqui, aliás, o início de nosso "centralismo jurídico"[64]).

Como, de outro lado, ocorreu a recepção do direito romano em Portugal? Nuno J. Espinosa Gomes da Silva ressalta a influência de obras doutrinárias e legais castelhanas, escritas em idioma de mais fácil acesso que o latim, com soluções justinianas indicadas de maneira resumida.[65] Dentre as primeiras, *Flores de Derecho* (também conhecida como *Flores de las Leyes*), *Doctrinal de los Pleytos* e *Nuevos Tiempos del Juicio*, todas de Jácome Ruiz (Mestre Jacob das Leis), todas versando preponderantemente o direito processual civil (melhor, o direito judiciário civil, tendo em conta que, àquele tempo, ainda não havíamos feito a passagem do *iudicium* ao *processus*, como

---

vol. I. Sobre o método da glosa e dos comentários, ainda, Paul Koschaker, Europa y el Derecho Romano. Madrid: Editorial Revista de Derecho Privado, 1955, p. 143/145.

[61] Assim, Paul Koschaker, Europa y el Derecho Romano. Madrid: Editorial Revista de Derecho Privado, 1955, p. 240.

[62] Mário Júlio de Almeida Costa, "Fundamentos Históricos do Direito Brasileiro". In: Estudos de Direito Civil Brasileiro e Português (I Jornada Luso-Brasileira de Direito Civil). São Paulo: Revista dos Tribunais, 1980, p. 111.

[63] Nuno J. Espinosa Gomes da Silva, História do Direito Português. Lisboa: Fundação Calouste Gulbenkian, 1985, p. 153/157, vol. I.

[64] Acerca, Judith Martins-Costa, A Boa-Fé no Direito Privado, 2. tiragem. São Paulo: Revista dos Tribunais, 2000, p. 238/241.

[65] História do Direito Português. Lisboa: Fundação Calouste Gulbenkian, 1985, p. 159, vol. I.

bem assinalam Nicola Picardi[66] e Hermes Zaneti Júnior[67]). Dentre as segundas, cumpre assinalar o *Fuero Real*, composto entre 1252 e 1255, e *Las Siete Partidas*, obra que, em Castela, começa ostentando caráter legislativo, passa a uma feição doutrinária e finalmente, em 1348, adquire o valor de direito subsidiário. Referido diploma fora vertido para o português ainda no século XIII, tendo influenciado inequivocamente a redação das Ordenações Afonsinas. Marcello Caetano,[68] ainda, aponta a influência das classes cultas, letrada, na difusão do direito romano em Portugal, sendo que Mário Júlio de Almeida Costa acrescenta à lista de Gomes da Silva e Marcello Caetano a presença de jurisconsultos estrangeiros na Península Ibérica, o maior acesso ao *Corpus Iuris Civilis* e à glosa respectiva e o ensino do direito romano, de modo autônomo, nas Universidades.[69]

De resto, no período de recepção do direito romano vigiam em Portugal, ainda, outras fontes jurídicas: quanto aos assuntos temporais, que ora nos interessam mais de perto, ainda se oferecia grande a influência do costume e, no âmbito local, os forais continuavam a ser a principal fonte de direito. Algumas leis gerais, porém, começavam a pulular aqui e ali, como concreta expressão da apropriação do direito pelo soberano.[70]

Como vinha disciplinado o processo civil nesse período? A Terceira Partida cuidava do assunto (consoante lá gravado, "tercera partida" é a "que fabla de la Iufticia, e como fe ha de fazer ordenadamente en cada logar, por palabra de Iuyzio, e por obra de fecho, para defembargar los pleytos") em trinta e dois títulos, cada qual devidamente subdividido em "leys", representando, essencialmente, uma tábua de soluções processuais romanas. A matéria apresentava-se da seguinte maneira (ora se reproduz a ordem dos títulos): "de la jufticia", "del demandador, e de las cofas que ha de catar ante que ponga la demanda", "de los demandados, e de las cofas que deven demandar", "de los juezes, e de las cofas que deven fazer guardar", "de los perfoneros", "de los abogados", "de los emplazamientos", "de los affentamientos", "quando deven meter la cofa que contien-

---

[66] "Processo Civile (Diritto Moderno)". In: Enciclopedia del Diritto. Milano: Giuffrè, 1987, p. 101/117, vol. XXXVI.

[67] "O Problema da Verdade no Processo Civil: Modelos de Prova e de Procedimento Probatório". In: Introdução ao Estudo do Processo Civil – Primeiras Linhas de um Paradigma Emergente. Porto Alegre: Sérgio Antônio Fabris Editor, 2004, p. 115/164, em co-autoria com Daniel Francisco Mitidiero.

[68] História do Direito Português (1140-1495), 2. ed. Lisboa: Editorial Verbo, 1985, p. 340.

[69] História do Direito Português, 2. ed. Coimbra: Almedina, 1992, p. 225/231.

[70] Assim, Nuno J. Espinosa Gomes da Silva, História do Direito Português. Lisboa: Fundação Calouste Gulbenkian, 1985, p. 165/167, vol. I.

den en mano del fiel", "como fe deven começar los pleytos por demanda, e por refpuefta", "de las juras que las partes fazen en los pleytos, defpues que fon començados por demanda, e por refpuefta", "de las preguntas que los juezes pueden fazer a las partes en juyzio, defpues que el pleyto es començado por demanda, e por refpuefta, a que llaman en latin, pofitiones", "de las conofcencias, e de las refpuestas que fazen las partes en juyzio a las demandas, e a las preguntas que fon fechas en razon dellas", "de las pruevas, e de las fofpechas que los omne aduzen en juyzio fobre las cofas negadas, e dubdofas", "de los plazos que deven dar los judgadores a las partes en juyzio, para provar fus intenciones", "de los teftigos", "de los pefqueridores que han poderio de recebir pruevas por fi de fu officio, maguer las partes no fe las aduxeffen delante", "de las efcrituras porque fe pruevan los pleytos", "de los efcrivanos, e quãtas maneras fon dellos, e que pro nafce de fu officio quando lo fazen lealmente", "de los fellos, e de los felladores de la cancellaria", "de los confejeros", "de los juyzios que dan fin, e acabamiento a los pleytos", "de las alçadas que fazen las partes quando fe tienen por agraviadas de los juyzios que dan contra ellas", "como los juyzios fe pueden revocar, e oyr de cabo, quando el Rey quifiere fazer merced a alguna de las partes, maguer non fe ouiffe alçado dellos", "de como fe pueden quebrantar los juyzios que fueffen dados contra los menores de veynte, e cinco años, o fus guardadores, maguer non fue effe tomada alçada", como fe puede defatar el juyzio que es dado por falfas cartas, o por falfas pruevas contra ley", "como los juyzios q fon valederos deven fer cumpridos, e quien los puede cumplir", "de las cofas en que ome puede auer feñorio, e como lo puede ganar", "de los tiepos porque ome pierde las fus cofas, e como lo puede ganar", de los tiepos porque ome pierde las fus cofas, tambien muebles como rayzes", "en quãtas maneras puede ome ganar poffefsion, tenencia de las cofas", "de las ferundumbres q han unas cofas en otras, e como fe pueden poner", "de las lavores nuevas como fe puede embargar que fe non fagan, e de las viejas que fe quieren fazer como fe han de fazer". A influência romana era patente, tanto que se observava com bastante agudeza o princípio dispositivo em sentido material (também conhecido como princípio da demanda, Título II), a garantia do contraditório (representada pela conformação do juízo como um ato de três pessoas, Títulos II, III, IV e X) e a imparcialidade jurisdicional (Título III), princípios mesmo fundamentais da experiência romana, segundo observa Max Kaser.[71]

---
[71] Direito Privado Romano. Lisboa: Fundação Calouste Gulbenkian, 1999, p. 428.

Seguindo-se no tempo, chega-se à época das Ordenações, a qual representa, antes de tudo, um esforço de sistematização das fontes de direito então vigentes em Portugal, a fim de que se tornasse melhor identificável o direito incidente e aplicável ao trato cotidiano da vida. Três Ordenações: Afonsinas (1446), Manuelinas (1521) e Filipinas (1603).

Em termos estruturais, as Ordenações Afonsinas foram repartidas em cinco livros, sendo que esses ainda se dividiam em títulos e esses, de seu turno, em parágrafos, sempre precedidos de um proêmio. A forma quinária, aliás, traz à lembrança a organização das decretais de Gregório IX, consoante observa Pontes de Miranda.[72] Quanto à matéria tratada em cada um dos livros, lembra Nuno J. Espinosa Gomes da Silva que "o Livro I, que compreende 72 títulos, contém regimentos dos cargos públicos, quer régios, quer municipais. O Livro II, dividido em 123 títulos, contempla a matéria respeitante à Igreja e à situação dos clérigos, direitos do rei, em geral, e administração fiscal, jurisdição dos donatários, privilégios da nobreza, e legislação especial de judeus e mouros. O Livro III, abrangendo 128 títulos, ocupa-se do processo civil. O Livro IV, nos seus 112 títulos, trata do direito civil; enfim, o Livro V, com 121 títulos, versa direito e processo penal".[73]

"Substancialmente", consoante refere ainda Nuno J. Espinosa Gomes da Silva,[74] "as Ordenações Afonsinas constituem uma compilação, actualizada e sistematizada, das várias fontes de direito que tinham aplicação em Portugal. Assim, e grande parte, são elas formadas por leis anteriores, respostas a capítulos apresentados em Cortes, concórdias e concordatas, costumes, normas das Siete Partidas e disposições dos direitos romano e canônico". Do ponto de vista estritamente jurídico, pois, as Ordenações Afonsinas não chegaram a representar uma inovação de soluções, porquanto síntese dos elementos multiformes que presidiam a experiência jurídica portuguesa no período de afirmação do direito romano. Em termos de evolução histórica, todavia, os preceitos recolhidos na compilação publicada em nome de D. Afonso V possuem destacada importância. Deveras, no preciso diagnóstico de Mário Júlio de Almeida Costa, "as Ordenações Afonsinas assumem uma posição destacada na história do direito português. Constituem a síntese do trajecto que, desde a fundação da nacionalidade, ou, mais aceleradamente, a partir de Afonso III, afirmou e consolidou a autonomia do sistema jurídico

---

[72] Fontes e Evolução do Direito Civil Brasileiro, 2. ed. Rio de Janeiro: Forense, 1981, p. 39.

[73] História do Direito Português. Lisboa: Fundação Calouste Gulbenkian, 1985, p. 192, vol. I.

[74] História do Direito Português. Lisboa: Fundação Calouste Gulbenkian, 1985, p. 192, vol. I.

nacional no conjunto peninsular. Além disso, representam o suporte da evolução subseqüente do direito português. Como se apreciará, as Ordenações ulteriores, a bem dizer, pouco mais fizeram do que, em momentos sucessivos, actualizar a coletânea afonsina. Embora não apresente uma estrutura orgânica comparável à dos códigos modernos e se encontre longe de oferecer uma disciplina jurídica tendencialmente completa, trata-se de uma obra muito meritória quando vista na sua época. Nada desmerece em confronto com as compilações semelhantes de outros países".[75] Outra sorte não lhe assiste, a propósito, no plano político, tendo em conta que, imediatamente, as Ordenações Afonsinas "resultavam da necessidade da afirmação nacional", consoante observa Pontes de Miranda.[76] Assim, também, a leitura de Mário Júlio de Almeida Costa: "a publicação das Ordenações Afonsinas liga-se ao fenómeno geral da luta pela centralização. Traduz esta colectânea jurídica uma espécie de equilíbrio das várias tendências ao tempo não perfeitamente definidas, ou seja, uma área intermédia em que ainda podiam encontrar-se. De um outro ângulo, acentua-se a independência do direito próprio do Reino em face do direito comum, subalternizado no posto de fonte subsidiária por mera legitimação da vontade do monarca".[77]

As Ordenações Afonsinas constituíam-se em uma compilação de soluções jurídicas, sem qualquer pretensão de plenitude (típica das codificações racionalistas,[78] irremediavelmente conectada com a mentalidade continental de oitocentos[79]), com o que de logo tinham os juristas de então pensar em fontes jurídicas subsidiárias para operacionalização do direito em caso de lacunas e obscuridades das normas afonsinas. A fonte precípua era o direito próprio do Reino (*Ley do Regno, Estilo ou Custume suso dito*), sendo invocável, subsidiariamente, o direito comum (*Leyx Imperiaaes*, em assuntos temporais, e *Santos Canones*, em tema de pecado) e as glosas de Acúrsio e a opinião de Bartolo (*"se o caso de que se trauta em pratica, nom fosse determinado per ley do Regno, ou estilo, ou custume suso dito ou Leyx Imperiaaes, ou Santos Canones, entom mandamos que se guardem as grosas d'Acursio encorporadas nas ditas Leys. E quando pelas ditas grosas o caso non for determinado, mandamos, que se guarde a opiniom de Bartholo, nõ embargante que os outros Doutores diguam o contrario"*,

---

[75] História do Direito Português, 2. ed. Coimbra: Almedina, 1992, p. 274.
[76] Fontes e Evolução do Direito Civil Brasileiro, 2. ed. Rio de Janeiro: Forense, 1981, p. 274.
[77] História do Direito Português, 2. ed. Coimbra: Almedina, 1992, p. 274/275.
[78] Karl Engisch, Introdução ao Pensamento Jurídico, 8. ed. Lisboa: Fundação Calouste Gulbenkian, 2001, p. 206.
[79] Giovanni Tarello, Storia della Cultura Giuridica Moderna. Bologna: Il Mulino, 1976, p. 19.

Livro II, Título IX[80]), clara expressão da autoridade dos doutores que permeou todo o pensamento jurídico medieval.[81] Finalmente, tudo falhando, recorria-se à autoridade régia para solução da cinca.

O problema do direito subsidiário em Portugal e a sua solução coloca-nos na contingência de identificar, já aqui, outro traço decisivo para compreensão das mais fundas raízes do direito brasileiro, segundo anota Judith Martins-Costa: o "bartolismo".[82] Com efeito, tendo em conta a lacunosidade das Ordenações e a própria imperfeição das normas de sobredireito ali recolhidas, natural que os julgadores se encontrassem na situação de buscar respostas aos problemas práticos na autoridade dos doutores (que, afinal, encarnavam a própria autoridade do *Corpus Iuris Civilis*, como repositório próprio de "todo o conjunto de saber possível", consoante observa Antônio Castanheira Neves,[83] já que os juristas medievais viam no *Corpus*, nas glosas e nos comentários, não apenas testemunhos históricos sobre dada realidade, mas a própria *ratio scripta*, a própria razão "convertida em palavra"[84]).

Dessarte, o problema da sistematização do direito português fora solucionado pelas Ordenações Afonsinas. Outros, porém, estavam na hora do dia das preocupações lusitanas, dentre os quais o de maior envergadura era o da divulgação do direito do Reino: esse desiderato tocaria especificamente às Ordenações Manuelinas.[85] Às Ordenações Manuelinas, pois, acometeu-se precipuamente a tarefa de tornar público e do conhecimento de todos o direito reinol, no que contou com a poderosa ajuda da descoberta da imprensa, que em Portugal aporta, ao que parece, em 1487.[86]

---

[80] Guarde-se o ponto: nas Ordenações Afonsinas, assim como se dará nas Manuelinas, o problema do direito subsidiário vai versado no Livro II, referente, entre outros assuntos, às coisas da Igreja. Adiante, buscar-se-á explorar o tema.

[81] Antônio Castanheira Neves, Metodologia Jurídica – Problemas Fundamentais. Coimbra: Coimbra Editora, 1993, p. 86.

[82] A Boa-Fé no Direito Privado, 1. ed., 2. tiragem. São Paulo: Revista dos Tribunais, 2000, p. 241.

[83] Metodologia Jurídica – Problemas Fundamentais. Coimbra: Coimbra Editora, 1993, p. 86.

[84] Franz Wieacker, História do Direito Privado Moderno, 2. ed. Lisboa: Fundação Calouste Gulbenkian, 1993, p. 49.

[85] Assim, Nuno J. Espinosa Gomes da Silva, História do Direito Português. Lisboa: Fundação Calouste Gulbenkian, 1985, p. 206, vol. I.

[86] Segundo Mário Júlio de Almeida Costa, além da preocupação com a difusão do direito do Reino, também haveria contado para elaboração das Ordenações Manuelinas a vaidade de D. Manuel, então rei de Portugal. Com efeito, após indicar a hipótese alvitrada no texto, refere Mário Júlio de Almeida Costa que "ainda se menciona outra aspecto. O de que não seria indiferente a D. Manuel, que assistiu a pontos altos da gesta dos descobrimentos, ligar o seu nome a uma reforma legislativa de vulto. A suposição alicerça-se em vários testemunhos, inclusive na importância atribuída pelo rei ao direito e à realização da justiça" (História do Direito Português, 2. ed. Coimbra: Almedina, 1992, p. 277/278).

Em termos de estrutura, as Ordenações Manuelinas mantiveram o que já tínhamos com as Ordenações Afonsinas, registrando-se, no entanto, certa variação em seu conteúdo e o aporte de uma nova técnica legislativa. As disposições legais referentes aos judeus, por exemplo, desapareceram, tendo em conta a expulsão dos mesmos do Reino, em 1496, assim como a autonomização das normas fazendárias, que se excluíram das Ordenações principais para composição das Ordenações da Fazenda, em 1521. No que concerne à técnica legislativa, abandonou-se o estilo retrospectivo (mera transcrição de leis anteriores, com a indicação dos monarcas que as promulgaram), presente nas Ordenações de Afonso V, em função da adoção de um estilo decretório, como se de normas novas se tratasse. De postremeiro, no que atine às soluções encampadas, não se registra qualquer transformação radical ou profunda em relação às Ordenações precedentes, mantendo-se, essencialmente, o direito anterior.[87]

Tal como se sucedeu a propósito das Ordenações Afonsinas, também no que toca às Ordenações Manuelinas sentiu-se a necessidade de regular o direito subsidiário. No âmbito destas, a solução da celeuma vinha proposta no Livro II, Título V, no que se manteve a primazia das fontes nacionais, seguida do recurso ao direito comum (romano e canônico, com a peculiaridade de que agora o direito romano deveria guardar-se pela boa razão em que é fundado), à glosa de Acúrsio e aos comentários de Bartolo (desde que não colidentes com a comum opinião dos doutores, caso em que esta tinha primazia, outro dado novo em relação às Ordenações Afonsinas) e, por derradeiro, tudo gorando, buscava-se a autoridade régia.[88] Ainda aqui, pois, mantida a tradição bartolista, dado que os mesmos

---

[87] Assim, Nuno J. Espinosa Gomes da Silva, História do Direito Português. Lisboa: Fundação Calouste Gulbenkian, 1985, p. 209/210, vol. I.

[88] A respeito da diferente conformação que se opera no direito subsidiário das Ordenações Afonsinas para as Ordenações Manuelinas e Filipinas, escreve Mário Júlio de Almeida Costa: "cifram-se em duas as diferenças essenciais de conteúdo que separam no âmbito do direito subsidiário, as Ordenações Manuelinas e as Ordenações Filipinas do precedente texto afonsino. A saber: I – Quanto à aplicação dos textos de direito romano e de direito canônico, deixa-se de referir a distinção entre problemas jurídicos temporais e espirituais. Apenas se consagra o critério do pecado, que fornecia o único limite à prevalência subsidiária do direito romano sobre o direito canônico, qualquer que fosse a natureza do caso omisso. II – A respeito da Glosa de Acúrsio e da opinião de Bartolo, cuja ordem de precedência se conserva, estabelece-se o requisito de a 'comum opinião dos doutores' não contrariar essas fontes. Relativamente a Bartolo, a restrição seria definida tão-só pelos autores que tivessem escrito depois dele. O facto de a letra da lei colocar a 'communis opinio' como filtro da Glosa de Acúrsio e da opinião de Bartolo levou à interpretação, posto que não pacífica, de que aquela constituía, em si mesma, uma fonte subsidiária. Por outras palavras: na falta de direito nacional, de direito romano e de direito canônico, caberia recorrer à opinião comum, antes da Glosa de Acúrsio e da opinião de Bartolo" (História do Direito Português, 2. ed. Coimbra: Almedina, 1992, p. 311).

problemas que pontuavam as Ordenações Afonsinas continuaram a se insinuar pelas vestes das novas Ordenações.

O intento de compilar-se novamente o direito português nasce do elevado número de legislações esparsas posteriores ao arranjo manuelino, o que de certa maneira poderia infirmar a posição central das Ordenações, sobre dificultar o acesso à ordem jurídica do dia. Nessas paragens que se justifica a compilação filipina.

As Ordenações Filipinas datam de 1603, sendo que sobra patente do exame de seu conteúdo (essencialmente inalterado em relação às disposições manuelinas) que o desiderato legislativo cingia-se a uma "pura revisão actualizadora das Ordenações Manuelinas".[89] Estruturalmente, manteve-se o esquema livros, títulos e parágrafos, observando-se o lastro de nossa cultura.

Quanto ao direito subsidiário, restou inalterado o esquema desenhado pelas Ordenações Manuelinas, tirante no que tocava à sua localização. Com efeito, antes albergado no Livro II das Ordenações precedentes, o problema do direito subsidiário vinha agora impostado no Livro III das Ordenações Filipinas, alocado na estrutura referente às cousas do então direito judiciário civil. Como observa Mário Júlio de Almeida Costa, "este último aspecto do enquadramento não parece fortuito. Na verdade, a referida transposição significa que o problema do direito subsidiário deixou de ser disciplinado a propósito das relações entre a Igreja e o Estado (liv. II), deslocando-se para o âmbito do processo (liv. III). Ora, pode detectar-se aí, como salienta Braga da Cruz, a ruptura da 'última amarra' que ligava a questão do direito subsidiário à idéia anterior de um conflito de jurisdições entre o poder temporal e o poder eclesiástico, simbolizados, respectivamente, pelo direito romano e pelo direito canônico. Tornou-se, em suma, de acordo com a atitude da época, um puro e simples problema técnico-jurídico".[90]

Buscando uma síntese da evolução histórica das fontes de direito no período das Ordenações, escreve Nuno J. Espinosa Gomes da Silva que "desde a entrada em vigor das Ordenações Afonsinas até ao fim do período que estudamos isto é, durante cerca de três séculos, se mantém um mesmo sistema de hierarquização das fontes, com a única alteração de se haver introduzido a *communis opinio*, tutelando a *glosa de Acúrsio* e a *Bártoli opinio*. Pode, assim, dizer-se que, durante todo esse tempo, a matéria temporal vai ser, praticamente, regida pelos direito português e romano; constituirá o direito portu-

---

[89] Mário Júlio de Almeida Costa, História do Direito Português, 2. ed. Coimbra: Almedina, 1992, p. 285.

[90] História do Direito Português, 2. ed. Coimbra: Almedina, 1992, p. 310.

guês a regra, uma vez, no imperativo das Ordenações, só se deverá recorrer ao direito comum, na falta de direito pátrio. Sabemos já, também, que o direito português, codificado nas várias Ordenações, não formava um todo orgânico, dado que fora legislado tendo como pressuposto a vigência do direito comum. De um modo geral, o rei legislara para esclarecer, ou contrariar regras de direito justinianeu: nomeadamente, no âmbito do direito privado, a lei nacional surgira como tomada de posição, frente ao direito comum. Deste modo, ao menos substancialmente, quase pode dizer-se que o direito romano constituíra a regra, e o pátrio, a excepção".[91] Neste especial, o trabalho de colocar o manancial comum a bem do desenvolvimento da sociedade sobra destinado, em um primeiro momento, à doutrina (representado por Acúrsio e Bartolo e, depois, pela comum opinião dos doutores) e, logo em seguida, à jurisprudência, que acaba por funcionar como o grande elemento de evolução e estabilização do direito no período das Ordenações (pense-se, por exemplo, no papel dos assentos judiciários).

O processo civil desenhado nas Ordenações (tanto Afonsinas, como Manuelinas e Filipinas) é um típico exemplo de processo comum,[92] forjado pela confluência dos elementos romano, canônico e germânico antigo. Suas soluções são soluções muitas vezes de força (como se percebe com bastante nitidez em alguns institutos, como, por exemplo, nas "cartas de segurança", com o vinco mandamental a toda prova,[93] Ordenações Filipinas, Livro V, Título CXXVIII), com adiantamento de execução à cognição (como nas nossas antigas ações cominatórias, também conhecidas como "ação de embargos à primeira",[94] Ordenações Filipinas, Livro III, Título LXXVIII, § 5º), atitude típica do direito germânico mais remoto, nada obstante a firmeza da concepção de juízo como um ato de três pessoas (Ordenações Afonsinas, Livro III, Título XX, § 1º), a denotar a fiel observância do contraditório e da imparcialidade na decisão da causa, herança induvidosamente romana, e o tom conciliatório agregado à figura judicial (Ordenações Manuelinas, Livro III, Título XV, § 1º), de corte canônico. O procedimento era secreto e escrito, essencialmente dominado pelos princípios da demanda e dispositivo, com certa proeminência do autor em relação ao juízo (tanto que chamado em

---

[91] História do Direito Português. Lisboa: Fundação Calouste Gulbenkian, 1985, p. 254, vol. I.

[92] Assim, Enrico Tullio Liebman, "Il Nuovo 'Codigo de Processo Civil' Brasiliano". In: Problemi del Processo Civile. Napoli: Morano Editore, 1962, p. 483.

[93] Sobre o assunto, Ovídio Araújo Baptista da Silva, Curso de Processo Civil, 4. ed. São Paulo: Revista dos Tribunais, 2000, p. 349/351, vol. II.

[94] Acerca, Pontes de Miranda, Comentários ao Código de Processo Civil, 2. ed. Rio de Janeiro: Revista Forense, 1959, p. 5/12, tomo V.

determinadas oportunidades de "Senhor do Preito" pelas Ordenações, por exemplo, Afonsinas, Livro III, Título XXIII), dividido em fases bem distintas (sistema de preclusão por fases, com larga adoção das técnicas da eventualidade e da concentração), rigidamente regrado com relação à formação da prova.[95] A racionalidade que informava o fenômeno jurídico era uma racionalidade prática, voltada a orientar a ação dos sujeitos envolvidos na dialética processual,[96] pronta para resolução das questões postas para discussão.[97]

Nesse especial, a propósito, cumpre assinalar uma importante particularidade que singulariza a experiência jurídica brasileira: até o advento do Código de Processo Civil vigente, o nosso direito processual civil não havia sofrido nenhum acidente histórico notável, capaz de propiciar um distanciamento mais profundo entre a tradição lusitana quinhentista e o direito então praticado[98] (livramo-nos, por certo, da "radical renovação dos princípios de direito processual"[99] propiciada pelo *Code de Procédure Civile* napoleônico de 1806 que apanhou o direito continental com toda a sua força: vale dizer, conseguimos adiar a invasão francesa para 1973, dando maior espaço para o desenvolvimento natural de nossa tradição cultural). Como é cediço, mesmo após a nossa independência continuaram a ter vigência no Brasil as Ordenações Filipinas, sendo que o processo civil brasileiro só fora alcançado por legislação nacional quando o Decreto n. 763, de 1890, mandou que se aplicasse ao foro cível o Regulamento n. 737, de 1850 (que, nada obstante tenha procurado simplificar algumas formas, manteve basicamente a estrutura do processo, particularizando-se apenas por aportar uma nova técnica legislativa à ordem jurídica nacional[100]). Antes, a Consolidação Ri-

---

[95] Sobre o assunto, Carlos Alberto Alvaro de Oliveira, Do Formalismo no Processo Civil, 2. ed. São Paulo: Saraiva, 2003, p. 30/33.

[96] Acerca, Antônio Castanheira Neves, Metodologia Jurídica – Problemas Fundamentais. Coimbra: Coimbra Editora, 1993, p. 87.

[97] O processo, então, era visto sobretudo como um método para solução de questões, conforme Giuseppe Chiovenda, Instituições de Direito Processual Civil, 3. ed. São Paulo: Saraiva, 1969, p. 127, vol. I.

[98] Neste sentido, assinala Enrico Tullio Liebman que o direito brasileiro restou infenso à grande fratura produzida no direito europeu em função da influência francesa, dos Códigos Napoleônicos, o que lhe possibilitou uma evolução histórica linear, sem maiores rupturas (conforme "Istituti del Diritto Comune nel Processo Civile Brasiliano". In: Problemi del Processo Civile. Napoli: Morano Editore, 1962, p. 498/502). Nesse sentido, ainda, Carlos Alberto Alvaro de Oliveira, Do Formalismo no Processo Civil, 2. ed. São Paulo: Saraiva, 2003, p. 33.

[99] Franz Wieacker, História do Direito Privado Moderno, 2. ed. Lisboa: Fundação Calouste Gulbenkian, 1993, p. 7.

[100] Assim, Enrico Tullio Liebman, "Istituti del Diritto Comune nel Processo Civile Brasiliano". In: Problemi del Processo Civile. Napoli: Morano Editore, 1962, p. 500. Sobre o assunto, mais extensamente, Carlos Alberto Alvaro de Oliveira, Do Formalismo no Processo Civil, 2. ed. São

bas, aprovada por Resolução Imperial de 1876, havia apenas recolhido o direito luso-brasileiro então aplicável à praxe forense, tornando-o mais facilmente identificável.[101] Neste panorama, o papel da doutrina fora enorme: cumpria-lhe subsidiar a aplicação do direito luso-brasileiro, então lacunoso e imperfeito, sobre indicar soluções mais rentes à ordem do dia, quiçá alçando mão do direito comparado e da autoridade de doutrinadores estrangeiros (aqui, a manifestação de nosso "bartolismo", de que há pouco falávamos, deveras impregnado em nossa tradição jurídica[102]).

O Código de Processo Civil de 1939, a que se chegou depois de um certo período em que tivemos inúmeros Códigos estaduais na matéria (pluralismo que só poderia ter fracassado, tendo em conta o nosso acentuado centralismo jurídico), mesclava alguns elementos modernos com institutos tipicamente pertencentes ao direito intermédio. Informado pela técnica da oralidade, o legislador de 1939 imprimiu ao processo um nítido sabor publicístico, outorgando ao juiz o encargo de dirigi-lo com o fito de alcançar ao povo justiça pronta e eficaz. Note-se: o juiz então galgou o posto de diretor do processo. A anunciada síntese entre romanismo e germanismo, base do processo civil moderno, segundo conhecida lição de Giuseppe Chiovenda,[103] estava então a manifestar-se, ainda que de maneira tímida, limitada basicamente à primeira parte daquele diploma (única, consoante Alfredo Buzaid,[104] elaborada à luz dos "princípios modernos da ciência do processo", na qual Buzaid, a nosso ver equivocadamente, identificava inclusive a existência de um verdadeiro "processo de conhecimento"), com o que ainda se poderia vislumbrar no processo civil de então nítidos traços do processo comum luso-brasileiro.[105]

Com efeito, desde nossas mais fundas raízes experimentávamos o praxismo como modelo processual. Esse quadro só veio a alterar-se com o Código de Processo Civil de 1973, diploma normativo que

---

Paulo: Saraiva, 2003, p. 44/46; José da Silva Pacheco, Evolução do Processo Civil Brasileiro, 2. ed. Rio de Janeiro: Renovar, 1999, p. 128/131.

[101] Acerca, José da Silva Pacheco, Evolução do Processo Civil Brasileiro, 2. ed. Rio de Janeiro: Renovar, 1999, p. 132/135.

[102] Acerca, Judith Martins-Costa, A Boa-Fé no Direito Privado, 2. tiragem. São Paulo: Revista dos Tribunais, 2000, p. 241/246.

[103] "Romanesimo e Germanesimo nel Processo Civile". In: Saggi di Diritto Processuale Civile. Roma: Società Editrice "Foro Italiano", 1930, p. 181/224, vol. I.

[104] Exposição de Motivos. Brasília, 1972, ns. 3 e 4.

[105] Conforme o clássico estudo de Enrico Tullio Liebman, "Istituti del Diritto Comune nel Processo Civile Brasiliano". In: Problemi del Processo Civile. Napoli: Morano Editore, 1962, p. 502/516.

inaugurou entre nós, inequivocamente, o processualismo, impondo um método científico ao processo civil à força de construções alimentadas pela lógica teórico-positiva, evadindo-o da realidade. Enxertando em nossa tradição elementos estranhos à mesma (pense-se, por exemplo, na positivação de um "Processo de Conhecimento" seguido, no mais das vezes, de um rígido "Processo de Execução"), não surpreende que suas linhas mestras tenham gorado em menos de trinta e poucos anos mercê de sucessivas reformas, que pouco mais fizeram além de resgatar algo que era próprio e peculiar à nossa cultura, ainda que em um outro nível de compreensão (pense-se na "nova" disciplina das ações cominatórias, art. 287, CPC, muito semelhante a que tínhamos a propósito no regime das Ordenações, e na positivação de tutelas interditais, arts. 273, 461 e 461-A, CPC).

O formalismo-valorativo no Brasil desembarca com a Constituição de 1988. É nela que devemos buscar as bases de um processo cooperativo, com preocupações éticas e sociais. Superado aquele estágio anterior de exacerbação técnica, de vida breve entre nós, recobra-se a consciência de que o processo está aí para concretização de valores, não sendo estranho à função do juiz a consecução do justo, tanto que se passa a vislumbrar, no processo, o escopo de realizar a justiça no caso concreto, como bem preleciona Carlos Alberto Alvaro de Oliveira,[106] convocando-se uma racionalidade prática para condução do debate judiciário. Mais: a tomada de consciência de que a força normativa da Constituição deve alcançar todo o direito processual civil, não sendo esse outra coisa que não o próprio direito constitucional aplicado,[107] fez acentuar os poderes do juiz no processo, armando-o de técnicas capazes de proporcionar ao jurisdicionado

---

[106] "O Processo Civil na Perspectiva dos Direito Fundamentais". In: Alvaro de Oliveira, Carlos Alberto (org.), Processo e Constituição. Rio de Janeiro: Forense, 2004, p. 12. Ainda assim, Daniel Francisco Mitidiero, Comentários ao Código de Processo Civil. São Paulo: Memória Jurídica Editora, 2004, p. 16, tomo I.

[107] Explorando as relações entre Constituição e Processo Civil, consulte-se, entre outros, na doutrina brasileira, Carlos Alberto Alvaro de Oliveira, Do Formalismo no Processo Civil, 2. ed. São Paulo: Saraiva, 2003, p. 106/108; "O Processo Civil na Perspectiva dos Direitos Fundamentais". In: Alvaro de Oliveira, Carlos Alberto (org.), Processo e Constituição. Rio de Janeiro: Forense, 2004, p. 1/15; Luiz Guilherme Marinoni, Técnica Processual e Tutela dos Direitos. São Paulo: Revista dos Tribunais, 2004, p. 165247; Hermes Zaneti Júnior, "Processo Constitucional: Relações entre Processo e Constituição". In: Introdução ao Estudo do Processo Civil – Primeiras Linhas de um Paradigma Emergente. Porto Alegre: Sérgio Antônio Fabris Editor, 2004, p. 23/62, em co-autoria com Daniel Francisco Mitidiero; na doutrina estrangeira, entre outros, Enrico Tullio Liebman, "Diritto Costituzionale e Processo Civile". In: Problemi del Processo Civile. Napoli: Morano Editore, 1962, p. 149/154; Eduardo Juan Couture, "Las Garantías Constitucionales del Proceso Civil". In: Estudios de Derecho Procesal Civil. Buenos Aires: Ediar Editores, 1948, p. 19/95, tomo I; Nicolò Trocker, Processo Civile e Costituzione. Milano: Giuffrè, 1974; Luigi Paolo Comoglio, La Garanzia Costituzionale dell'Azione ed il Processo Civile. Padova: Cedam, 1970.

o efetivo acesso à ordem jurídica justa, sem que, no entanto, essa incrementação de poderes redunde em arbítrio, porque esse deve agir lealmente no processo, observando e fazendo observar a garantia do contraditório, sobrando evidente que, nesse panorama, o próprio conceito de jurisdição transforma-se sobremaneira, consoante já tivemos a oportunidade de registrar alhures[108] e teremos o ensejo de retomar em seguida. A Constituição de 1988 imprimiu o método instrumentalista, próprio do formalismo-valorativo, bem aproveitando a doutrina o ambiente cultural propício para transformação de nosso processo civil, que, afinal, ainda é uma empresa a destrinchar.

1.2. PROCESSO E CONSTITUIÇÃO

As relações entre o processo civil e a Constituição são relações dialógicas, de recíproca implicação. Há na doutrina contemporânea um diálogo constante entre o direito processual civil e o direito constitucional, a ponto de muitos autores falarem, de um lado, em uma teoria processual da Constituição[109] e, de outro, surpreendendo o tema por um ângulo diverso de visão, em uma teoria constitucional do processo, como desdobramento da força normativa da Constituição especificamente canalizada para o campo de atuação do processo civil.[110] No fundo, uma processualização da Constituição, a par de

---

[108] Daniel Francisco Mitidiero, Comentários ao Código de Processo Civil. São Paulo: Memória Jurídica Editora, 2004, p. 26/61, tomo I.

[109] Assim, entre outros, José Joaquim Gomes Canotilho, Direito Constitucional e Teoria da Constituição, 3. ed. Coimbra: Almedina, 1999, p. 1292/1295; na doutrina brasileira, Willis Santiago Guerra Filho, Teoria Processual da Constituição, 2. ed. São Paulo: Celso Bastos Editor, 2000, principalmente p. 21/25.

[110] Sobre a força normativa da Constituição, consulte-se o clássico Konrad Hesse, A Força Normativa da Constituição. Porto Alegre: Sérgio Antônio Fabris Editor, 1991. Para uma aplicação dessa idéia ao processo civil, consulte-se, entre outros, na doutrina brasileira, Carlos Alberto Alvaro de Oliveira, Do Formalismo no Processo Civil, 2. ed. São Paulo: Saraiva, 2003, p. 83/108; "A Garantia do Contraditório". In: Do Formalismo no Processo Civil, 2. ed. São Paulo: Saraiva, 2003, p. 227/243; "O Processo Civil na Perspectiva dos Direitos Fundamentais". In: Alvaro de Oliveira, Carlos Alberto (org.), Processo e Constituição. Rio de Janeiro: Forense, 2004, p. 1/15; Luiz Guilherme Marinoni, Técnica Processual e Tutela dos Direitos. São Paulo: Revista dos Tribunais, 2004, p. 165/247; Novas Linhas do Processo Civil, 4. ed. São Paulo: Malheiros, 2000, p. 181/265; Cândido Rangel Dinamarco, Instituições de Direito Processual Civil, 3. ed. São Paulo: Malheiros, 2003, p. 188/253, vol. I; Nélson Nery Júnior, Princípios do Processo Civil na Constituição Federal, 5. ed. São Paulo: Revista dos Tribunais, 1999; Ada Pellegrini Grinover, As Garantias Constitucionais do Direito de Ação. São Paulo: Revista dos Tribunais, 1973; Os Princípios Constitucionais e o Código de Processo Civil. São Paulo: José Bushatsky Editor, 1975; Hermes Zaneti Júnior, "Processo Constitucional: Relações entre Processo e Constituição". In: Introdução ao Estudo do Processo Civil – Primeiras Linhas de um Paradigma Emergente. Porto Alegre: Sérgio Antônio Fabris Editor, 2004, p. 23/62, em co-au-

uma concomitante constitucionalização do processo ("materialização do direito processual"[111]).

As duas abordagens nos interessam.

Consoante observa José Joaquim Gomes Canotilho, uma das tendências sugeridas pelo discurso constitucional contemporâneo é a processualização da Constituição, que responderia às exigências de uma moral racional flexível ou mora racional comunicativa. "Concordantemente com a relativização dos 'critérios absolutos de verdade'", escreve Canotilho, "a processualização visa não tanto garantir posições jurídicas subjectivas ou prestações sociais mas sim assegurar ou estabelecer condições de possibilidade dessas prestações e dessas garantias. A *processualização da constituição* radicaria, portanto, na transformação do contexto social de liberdade geral num sistema de justificação do novo contexto social de idéias e interesses".[112] Não se quer com isso, porém, esvaziar a materialidade inerente ao direito constitucional. De modo nenhum. Como reconhece o próprio constitucionalista lusitano, "a reflexividade pós-moderna não elimina a compreensão racional da modernidade constitucional. A consciência projectante dos homens e a força conformadora do direito permanecem como *background* filosófico-político do constitucionalismo moderno. A constituição de um estado de direito democrático

---

toria com Daniel Francisco Mitidiero; Daisson Flach, "Processo e Realização Constitucional: a Construção do 'Devido Processo'". In: Amaral, Guilherme Rizzo e Carpena, Márcio Louzada (coords.), Visões Críticas do Processo Civil Brasileiro – Uma Homenagem ao Prof. Dr. José Maria Rosa Tesheiner. Porto Alegre: Livraria do Advogado, 2005, p. 11/30; Sérgio Luís Wetzel de Mattos, "O Processo Justo na Constituição Federal de 1988". In: Revista da Ajuris. Porto Alegre: s/ed., 2003, p. 215/260, n. 91; Maristela da Silva Alves, "Processo e Constituição". In: Revista da Ajuris. Porto Alegre: s/ed., 2002, p. 256/272, n. 85, tomo I; na doutrina italiana, Enrico Tullio Liebman, "Diritto Costituzionale e Processo Civile". In: Problemi del Processo Civile. Napoli: Morano Editore, 1962, p. 149/154; Nicolò Trocker, Processo Civile e Costituzione – Problemi di Diritto Tedesco e Italiano. Milano: Giuffrè, 1974; "Il Nuovo articolo 111 della Costituzione e il 'Giusto Processo' in Materia Civile: Proflili Generali". In: Rivista Trimestrale di Diritto e Procedura Civile. Milano: Giuffrè, 2001, p. 381/410, n. 2; Luigi Paolo Comoglio, La Garanzia Costituzionale dell'Azione ed il Processo Civile. Padova: Cedam, 1970; "I Modelli di Garanzia Costituzionale del Processo". In: Rivista Trimestrale di Diritto e Procedura Civile. Milano: Giuffrè, 1991, p. 673/741, anno XLV; Sergio Chiarloni, "Il Nuovo art. 111 Cost. e il Processo Civile". In: Rivista di Diritto Processuale. Padova: Cedam, 2000, anno LV, p. 1.010/1.034, n. 4; Andrea Proto Pisani, "Giusto Processo e Valore della Cognizione Piena". In: Rivista di Diritto Civile. Padova: Cedam, 2002, p. 265/280, n. 2; na doutrina argentina, Augusto M. Morello, Constitución y Proceso – La Nueva Edad de las Garantías Jurisdiccionales. La Plata: Libreria Editora Platense, 1998; na doutrina uruguaia, Eduardo Juan Couture, "Las Garantías Constitucionales del Proceso Civil". In: Estudios de Derecho Procesal Civil. Buenos Aires: Ediar Editores, 1948, tomo I; na doutrina peruana, Juan Monroy Gálvez, Introducción al Proceso Civil. Bogotá: Temis, 1996, p. 271, tomo I.

[111] Assim, Willis Santiago Guerra Filho, Teoria Processual da Constituição, 2. ed. São Paulo: Celso Bastos Editor, 2002, p. 27.

[112] Direito Constitucional e Teoria da Constituição, 3. ed. Coimbra: Almedina, 1999, p. 1294.

terá de continuar a propor uma melhor organização da relação homem-mundo e das relações intersubjectivas (entre e com os homens) segundo um projecto-quadro de 'estruturas básicas da justiça'".[113]

De outro lado, a conexão cada vez mais explorada entre o processo civil e a Constituição, acentuada após o segundo pós-guerra com a constitucionalização e a fundamentalização de variegadas garantias processuais, impele a uma teoria constitucional do processo, seja no que toca à vivificação da análise da matriz constitucional do processo civil, seja no que concerne à nova leitura dos institutos processuais fundamentais. Com efeito, a doutrina contemporânea está a cuidar para que se preencham adequadamente os espaços deixados pelo abstracionismo de cariz pandectístico que dominou a "ciência" processual da primeira metade do breve século XX, substancializando o processo com as normas constitucionais. O processo de maneira alguma pode ser identificado com a pura forma, sendo de todo inadequado não atentar ao conteúdo do direito processual civil contemporâneo. Aliás, formalismo não é sinônimo de forma, como já demonstrou outrora magistralmente Carlos Alberto Alvaro de Oliveira.[114]

Partindo-se de uma postura constitucional de processo, própria do formalismo-valorativo, mostra-se fundamental a análise do devido processo legal processual brasileiro, porque nele se encontra a disciplina mínima de nosso formalismo, emanada diretamente de nossa Constituição, o nosso modelo constitucional de processo civil, como observam Cândido Rangel Dinamarco[115] e João Batista Lopes.[116] Cuidando o processo civil, no fundo, da "domesticação do arbítrio estatal dentro do processo",[117] natural que a cláusula do *procedural due process of law*, erigida entre nós à categoria de direito fundamental, formal e materialmente,[118] galgue posição de destaque. O devido processo legal processual brasileiro é o nosso modelo mínimo de processo êquo: da sua fiel consecução, pois, depende mesmo a própria obtenção da justiça através do processo, uma vez que somente de um processo justo podem advir decisões justas, como bem observa, entre outros, Marie-Emma Boursier.[119]

---

[113] Direito Constitucional e Teoria da Constituição, 3. ed. Coimbra: Almedina, 1999, p. 1295.
[114] Do Formalismo no Processo Civil, 2. ed. São Paulo: Saraiva, 2003, p. 6/9.
[115] Instituições de Direito Processual Civil, 3. ed. São Paulo: Malheiros, 2003, p. 180, vol. I.
[116] Curso de Direito Processual Civil. São Paulo: Atlas, 2005, p. 38, vol. I.
[117] Carlos Alberto Alvaro de Oliveira, Do Formalismo no Processo Civil, 2. ed. São Paulo: Saraiva, 2003, p. 83.
[118] Sobre o assunto, Ingo Wolfgang Sarlet, A Eficácia dos Direitos Fundamentais, 4. ed. Porto Alegre: Livraria do Advogado, 2004, p. 86/90.
[119] Le Principe de Loyauté en Droit Processuel. Paris: Dalloz, 2003, p. 425.

Em seu aspecto objetivo, o direito fundamental à jurisdição prestada de acordo com o devido processo legal processual revela a posição que esse ocupa em nossa escala de valores constitucionais, o que é altamente ilustrativo da dignidade emprestada à categoria pelo constituinte. Em seu aspecto subjetivo, faz justiciável, sindicável o próprio direito ao devido processo legal processual.[120] Aliás, é mesmo por definição, como lembra Jorge Miranda,[121] que os direitos fundamentais têm de receber proteção judiciária, essa mesma, de resto, passível de atuação judiciária.

Segundo Carlos Alberto Alvaro de Oliveira, a construção de um processo justo, do devido processo legal processual brasileiro, é uma empresa que só se pode ultimar tendo em conta as peculiaridades dos mais diversos casos concretos levados à apreciação do Poder Judiciário, tendo em conta o caráter principiológico assumido pelos direitos fundamentais no constitucionalismo contemporâneo.[122] Vale dizer: a construção de um "processo justo e êquo",[123] embora conte com bases constitucionais mínimas, com um "conteúdo mínimo essencial",[124] com um "núcleo forte ineliminável", na expressão de Andrea Proto Pisani,[125] só pode ser atualizada e finalizada em concreto, haja vista a problematicidade inerente ao fenômeno jurídico.[126] Não há, pois, um devido processo legal processual desenhado cabalmente em abstrato, como observa Giovanni Verde,[127] decorrendo mesmo essa insuficiência das previsões legislativas da natureza do direito, arredio a apreensões apriorísticas, sempre reducionistas da

---

[120] Acerca da perspectiva objetiva e da perspectiva subjetiva dos direitos fundamentais, consulte-se, entre outros, José Carlos Vieira de Andrade, Os Direitos Fundamentais na Constituição Portuguesa de 1976, 2. ed. Coimbra: Almedina, 2001, p. 109/155.

[121] Manual de Direito Constitucional, 3. ed. Coimbra: Coimbra Editora, 2000, p. 257, tomo IV.

[122] "O Processo Civil na Perspectiva dos Direitos Fundamentais". In: Alvaro de Oliveira, Carlos Alberto (org.), Processo e Constituição. Rio de Janeiro: Forense, 2004, p. 15.

[123] A expressão é de Cândido Rangel Dinamarco, Instituições de Direito Processual Civil, 3. ed. São Paulo: Malheiros, 2003, p. 247, vol. I.

[124] Luigi Paolo Comoglio, La Garanzia Costituzionale dell'Azione ed il Processo Civile. Padova: Cedam, 1970, p. 156. Entre outros elementos, lembra Comoglio a necessidade de observância do juiz natural, da independência e da imparcialidade do órgão jurisdicional, da igualdade entre as partes e do contraditório. Acerca, consulte-se, com grande proveito, Carlos Alberto Alvaro de Oliveira, Do Formalismo no Processo Civil, 2. ed. São Paulo: Saraiva, 2003, p. 85/87.

[125] "Giusto Processo e Valore della Cognizione Piena". In: Rivista di Diritto Civile. Padova: Cedam, 2002, p. 267, n. 2.

[126] Assim, por todos, Antônio Castanheira Neves, Metodologia Jurídica – Problemas Fundamentais. Coimbra: Coimbra Editora, 1993, p. 33/34.

[127] Com efeito, ressalta Giovanni Verde que "il giusto processo, insomma, non appartiene alla 'natura dele cose'; è il precipitato di valori mutevoli ed è collegato a diverse ed egualmente possibili soluzioni tecniche, tra cui bisogna operare scelte secondo una scala di priorità" ("Giustizia e Garanzie nella Giurisdizione Civile". In: Rivista di Diritto Processuale. Padova: Cedam, 2000, p. 308, n. 2).

complexidade das coisas, já que situado no domínio histórico-cultural, como apanha Antônio Menezes Cordeiro.[128] Nada obstante, parece-nos fecunda a pormenorização das bases mínimas de nosso formalismo processual, ainda que se trate de empresa precária e sujeita à atualização concreta (o devido processo legal é sempre um conceito em construção, como bem destaca Daisson Flach[129]), concorrendo, no mínimo, para densificação do sentimento constitucional dentro da esfera do processo civil.[130]

Refere a nossa Constituição que "ninguém será privado da liberdade ou de seus bens sem o devido processo legal" (art. 5º, LIV).[131] Trata-se de norma que, concomitantemente, principia e enfeixa a disciplina do processo civil brasileiro (a rigor, principia e enfeixa a disciplina do processo jurisdicional brasileiro, seja civil, penal ou trabalhista). Principia, porque dela poderíamos extrair todas as demais, nas abalizadas opiniões de Carlos Alberto Alvaro de Oliveira[132] e Nélson Nery Júnior;[133] enfeixa, porquanto propicia abertura a outras normas que eventualmente se façam necessárias para compor, em concreto, o devido processo legal processual brasileiro.[134]

Embora a doutrina tenha dificuldades em demarcar precisamente o que compõe e o que não compõe o devido processo legal processual, tendo em conta mesmo a sua indefinibilidade apriorística,[135] certo é que esse tem um conteúdo mínimo sem o qual, eviden-

---

[128] Introdução à Edição Portuguesa de Pensamento Sistemático e Conceito de Sistema na Ciência do Direito, de Claus-Wilhelm Canaris, 3. ed. Lisboa: Calouste Gulbenkian, 2002, p. XX.

[129] "Processo e Realização Constitucional: a Construção do 'Devido Processo'". In: Amaral, Guilherme Rizzo e Carpena, Márcio Louzada (coords.), Visões Críticas do Processo Civil Brasileiro – Uma Homenagem ao Prof. Dr. José Maria Rosa Tesheiner. Porto Alegre: Livraria do Advogado, 2005, p. 11/30.

[130] Sobre o sentimento constitucional, consulte-se Pablo Lucas Verdú, Sentimento Constitucional – Aproximação ao Estudo do Sentir Constitucional como Modo de Integração Política. Rio de Janeiro: Forense, 2004.

[131] Para um histórico da cláusula, consulte-se, na doutrina brasileira, Ada Pellegrini Grinover, As Garantias Constitucionais do Direito de Ação. São Paulo: Revista dos Tribunais, 1973, p. 23/38; na doutrina italiana, referindo-se especificamente ao ambiente constitucional europeu, Nicolò Trocker, "Il Nuovo articolo 111 della Costituzione e il 'Giusto Processo' in Materia Civile: Proflili Generali". In: Rivista Trimestrale di Diritto e Procedura Civile. Milano: Giuffrè, 2001, p. 383/386, n. 2.

[132] Do Formalismo no Processo Civil, 2. ed. São Paulo: Saraiva, 2003, p. 85.

[133] Princípios do Processo Civil na Constituição Federal, 5. ed. São Paulo: Revista dos Tribunais, 1999, p. 30.

[134] Cândido Rangel Dinamarco, Instituições de Direito Processual Civil, 3. ed. São Paulo: Malheiros, 2003, p. 245, vol. I.

[135] Assim, por todos, Carlos Alberto Alvaro de Oliveira, "O Processo Civil na Perspectiva dos Direitos Fundamentais". In: Gênesis Revista de Direito Processual Civil. Curitiba: Gênesis, 2002, p. 659/670, n. 26.

temente, se está a frustrar essa norma constitucional. Assim, ensina Nicolò Trocker, em atenção ao direito constitucional italiano (precisamente, art. 111[136]), que *"giusto è il processo che si svolge nel rispetto dei parametri fissati dalle norme costituzionali e dei valori condivisi dalla collettività. E tale è il processo che si svolge davanti ad un giudice imparziale nel contraddittorio di tutti gli interessati in un tempo ragionevole"*.[137] Com relação ao direito brasileiro, observa Carlos Alberto Alvaro de Oliveira que "para além das garantias correspondentes ao órgão judicial e do caráter fundamental da garantia de acesso à jurisdição, do ponto de vista estritamente processual, o conceito de devido processo legal compreende a estruturação correta do procedimento, permitindo tendencialmente aos litigantes as garantias da publicidade, contato direto do juiz com as partes e tramitação rápida do expediente. Todavia, como o processo não se resume a uma simples seqüência ordenada de atos, o princípio não se esgota em assegurar a regularidade do procedimento, abrangendo também a possibilidade de ambas as partes sustentarem suas razões e apresentarem suas provas e, assim, influírem por meio do contraditório na formação do convencimento do juiz. Por tais razões, o aspecto mais essencial do devido processo legal é o de assegurar o contraditório e a ampla defesa. No fundo, a garantia do devido processo legal constitui a expressão constitucional do formalismo processual; o informalismo excessivo (em que as partes perigam sossobrar ao arbítrio e ao poder do Estado) e o excesso de formalismo (em que o conteúdo – o direito material e a justiça – corre o risco de periclitar por razões de forma) estabelecem os seus limites externos. Aspecto importante, substrato mesmo do princípio em análise, concerne à igualdade. É preciso atentar, porém, para que a igualdade entre as partes não seja apenas formal mas também material, real. Para esse efeito, a expressão e o próprio conceito aí implicado de igualdade de armas (*Waffengleichheit*) mostram-se altamente significativos".[138] Vale dizer: a fórmula mínima do devido processo legal processual brasileiro está em garantir-se a inafastabilidade da jurisdição, o juiz natural, a paridade de armas, o contraditório, a ampla defesa, a publicidade, a motiva-

---

[136] Reza o art. 111, primeira, segunda e terceira partes da Constituição italiana: "La giurisdizione si attua mediante il giusto processo regolato dalla legge. Ogni processo si svolge nel contraddittorio tra le parti, in condizioni di parità, davanti a giudice terzo e imparziale. La legge ne assicura la ragionevole durata".

[137] "Il Nuovo articolo 111 della Costituzione e il 'Giusto Processo' in Materia Civile: Profili Generali". In: Rivista Trimestrale di Diritto e Procedura Civile. Milano: Giuffrè, 2001, p. 386, n. 2.

[138] Do Formalismo no Processo Civil, 2. ed. São Paulo: Saraiva, 2003, p. 85/86.

ção da sentença e a duração razoável do processo.[139] Fora daí, fere-se nosso perfil constitucional de processo, desprestigiando-se, pois, a dimensão objetiva dos direitos fundamentais encartados em nosso formalismo processual, como observa Joan Picó i Junoy.[140]

1.2.1. Em especial: o devido processo legal processual brasileiro

O processo civil, em si considerado, é um direito fundamental,[141] cuja essencialidade fora ainda mais acentuada em face da "vocação do nosso tempo para a jurisdição", bem diagnosticada por Nicola Picardi.[142] Trata-se mesmo de um "direito charneira", como bem apontado por Boaventura de Sousa Santos, na medida em que a sua própria realização é uma condição de efetivação dos demais direitos fundamentais, na medida em que a sua "denegação acarretaria a de todos os demais".[143] Inicia-se o processo com o exercício da "ação" processual, apresentando-se ao Poder Judiciário dada situação jurídica para que esse a resolva, fazendo justiça. O direito ao processo, pois, concretiza-se, sob o ponto de vista do demandante, outorgando-se ao mesmo o direito e a pretensão à tutela jurídica, franqueando-se a esse a "ação" processual como um veículo eficaz de acesso ao processo. Do ponto de vista do Estado,

---

[139] Ao lado da acepção processual da cláusula do devido processo legal, a doutrina costuma aludir também à existência do *substantive due process of law*, que, ao fim e ao cabo, funcionaria como uma proibição à produção de atos normativos não-razoáveis (sobre esse assunto, consulte-se, por todos, Nélson Nery Júnior, Princípios do Processo Civil na Constituição Federal, 5. ed. São Paulo: Revista dos Tribunais, 1999, p. 35/38).

[140] "El Sistema Español de Garantías Constitucionales del Proceso". In: Revista Peruana de Derecho Procesal. Lima: Estudio Monroy Abogados, 1999, p. 270, vol. III. A observação, embora referente especificamente ao processo civil espanhol, tem cabida entre nós, em face da similitude das normas jurídicas envolvidas. Quanto à dimensão objetiva dos direitos fundamentais, consulte-se, na doutrina brasileira, por todos, Ingo Wolfgang Sarlet, A Eficácia dos Direitos Fundamentais, 4. ed. Porto Alegre: Livraria do Advogado, 2004, p. 151/161; na portuguesa, por todos, José Carlos Vieira de Andrade, Os Direitos Fundamentais na Constituição Portuguesa de 1976, 2. ed. Coimbra: Almedina, 2001, p. 138/155.

[141] Assim, na doutrina brasileira, Carlos Alberto Alvaro de Oliveira, "O Processo Civil na Perspectiva dos Direitos Fundamentais". In: Alvaro de Oliveira, Carlos Alberto (org.), Processo e Constituição. Rio de Janeiro: Forense, 2004, p. 1/15; Luiz Guilherme Marinoni, Técnica Processual e Tutela dos Direitos. São Paulo: Revista dos Tribunais, 2004, p. 165/247; Cândido Rangel Dinamarco, Instituições de Direito Processual Civil, 3. ed. São Paulo: Malheiros, 2003, p. 247, vol. I; na doutrina peruana, Juan José Monroy Palacios, Bases para la Formulación de una Teoría Cautelar. Lima: Comunidad, 2002, p. 70/71.

[142] "La Vocazione del Nostro Tempo per la Giurisdizione". In: Rivista Trimestrale di Diritto e Procedura Civile. Milano: Giuffrè, 2004, p. 41/71, n. 1.

[143] Pela Mão de Alice – O Social e o Político na Pós-Modernidade, 9. ed. São Paulo: Cortez Editora, 2003, p. 167; nesse mesmo sentido, Luiz Guilherme Marinoni, Técnica Processual e Tutela dos Direitos. São Paulo: Revista dos Tribunais, 2004, p. 184/185.

garante-se o direito ao processo através da inafastabilidade da jurisdição, devendo o órgão jurisdicional prestar tutela jurisdicional adequada, tempestiva e efetiva a quantos dela necessitem, promovendo-se, dessarte, o acesso à ordem jurídica justa, ao processo justo e équo.

A Constituição da República garante a abstração da "ação" processual e a inafastabilidade da jurisdição, como já comentamos noutro lugar,[144] em seu art. 5º, XXXV, em que se afirma que "a lei não excluirá da apreciação do Poder Judiciário lesão ou ameaça a direito".[145] A propósito, a Lei Fundamental da Alemanha igualmente o faz em seu art. 19, IV.[146] Todos, pois, têm direito de acorrer ao Poder Judiciário, de provocar a jurisdição mediante o exercício da "ação" processual, instaurando-se, dessarte, o processo.[147]

Discorrendo sobre a inafastabilidade do Poder Judiciário, ensina Ricardo de Oliveira Paes Barreto que, por esse princípio, "nem a lei, nem a vontade das partes pode retirar da apreciação jurisdicional lesão ou ameaça a direito",[148] mas temos que atender que, aí, está a se extrapolar o conteúdo dessa cláusula constitucional. Com efeito, mostra-se possível aos sujeitos de dada relação jurídica afastar a apreciação jurisdicional, preferindo-se a arbitragem como meio de

---

[144] Daniel Francisco Mitidiero, Comentários ao Código de Processo Civil. São Paulo: Memória Jurídica Editora, 2004, p. 59, tomo I.

[145] Na realidade, como bem pondera Ovídio Araújo Baptista da Silva, "quando, porém, a Constituição, ou algum outro texto de direito público, afirma, querendo referir-se à garantia de acesso ao Poder Judiciário, que a lei assegura a todos o direito de serem ouvidos pelos tribunais, 'em caso de lesão ou ameaça de lesão do direito', está a fazer afirmação incorreta: o direito de ser ouvido pelos tribunais é assegurado a todos indistintamente, tanto aos que tenham quanto aos que não tenham sofrido qualquer violação ou ameaça a seus direitos; e até mesmo àqueles que, não tendo direito algum, exijam que o Estado lhes preste tutela jurisdicional, ainda que seja para que o juiz o declare sem direito" (Curso de Processo Civil, 5. ed. São Paulo: Revista dos Tribunais, 2000, p. 88, vol. I). De resto, sobre a garantia do acesso à jurisdição no direito comparado e seu cotejo com o direito brasileiro, consulte-se Carlos Alberto Alvaro de Oliveira, Do Formalismo no Processo Civil, 2. ed. São Paulo: Saraiva, 2003, p. 89/103; sobre a norma da inafastabilidade do controle jurisdicional em geral, consulte-se Zaiden Geraige Neto, O Princípio da Inafastabilidade do Controle Jurisdicional – Art. 5º, XXXV, da Constituição Federal. São Paulo: Revista dos Tribunais, 2003.

[146] Conforme a indicação de Ingo Wolfgang Sarlet, A Eficácia dos Direitos Fundamentais, 4. ed. Porto Alegre: Livraria do Advogado, 2004, p. 82.

[147] A única situação constitucional em que se afasta expressamente a jurisdição é a contida no art. 217, § 1º, que impõe o prévio recurso à justiça desportiva como condição de acesso à jurisdição. Problema que se imbrica com essa temática, mas que com ele não se confunde (uma vez que já pressupõe a existência do processo, da jurisdição e, portanto, do exercício da "ação"), reside nos limites da atividade jurisdicional. Sobre esse assunto, consulte-se, entre outros, José Maria Rosa Tesheiner, Elementos para uma Teoria Geral do Processo. São Paulo: Saraiva, 1993, p. 31/35; Cláudio Ari Mello, Democracia Constitucional e Direitos Fundamentais. Porto Alegre: Livraria do Advogado, 2004, p. 203/300.

[148] Curso de Direito Processual Civil, 2. ed. Rio de Janeiro: Renovar, 2003, p. 6.

solução de seus eventuais conflitos.[149] Certo, é evidente que esse afastamento não é absoluto, sobrando possível ao Poder Judiciário, em alguns casos específicos, como bem lembra Eduardo Silva da Silva,[150] controverter a atividade arbitral, mas aí já se está a laborar no terreno da exceção. Na generalidade dos casos é constitucionalmente possível optar pela solução arbitral, sem que se agrida, com isso, a cláusula da inafastabilidade da jurisdição. O Supremo Tribunal Federal, de resto, já se pronunciou inúmeras vezes nesse sentido.[151] Eventual inconstitucionalidade reside na exclusão legal da apreciação do Poder Judiciário de qualquer alegação de lesão ou ameaça a direito e não na opção privada ao juízo arbitral, calcada na autonomia negocial, que ostenta igualmente estatura constitucional entre nós.[152]

Diante do regime constitucional passado (especificamente, art. 153, § 4º, segunda parte, com a redação outorgada pela EC n. 7, de 1977), costumava-se aludir à existência no ordenamento brasileiro, em alguns casos (notadamente em pleitos contra a Fazenda Pública), de uma espécie de jurisdição condicionada, na medida em que se autorizava à legislação infraconstitucional exigir o prévio esgotamento da via administrativa para que se pudesse recorrer à via jurisdicional. O direito constitucional vigente não repetiu essa odiosa ressalva. Como ensina Nélson Nery Júnior, "não mais se permite, no sistema constitucional brasileiro, a denominada jurisdição condicionada ou instância administrativa de curso forçado. Já se decidiu que não é de acolher-se a alegação da Fazenda Pública, em ação judicial, de que não foram esgotadas as vias administrativas para obter-se o provimento que se deseja em juízo".[153]

De outro lado, os processualistas adquiriram a consciência que não basta enunciar formalmente a cláusula da inafastabilidade da

---

[149] A arbitragem, entre nós, vem disciplinada na Lei n. 9.307, de 1996. Sobre o assunto, entre outros, consulte-se Eduardo Silva da Silva, Arbitragem e Direito da Empresa – Dogmática e Implementação da Cláusula Compromissória. São Paulo: Revista dos Tribunais, 2003.

[150] "Constituição, Jurisdição e Arbitragem". In: Alvaro de Oliveira, Carlos Alberto (org.), Processo e Constituição. Rio de Janeiro: Forense, 2004, p. 403.

[151] Por exemplo, STF, Pleno, AGRSE n. 5.206, rel. Min. Maurício Corrêa, DJ 30.04.04. Na doutrina, porém, há ainda quem se posicione pela inconstitucionalidade da Lei de Arbitragem nesse especial; por todos, nesse sentido, consulte-se Walter Camejo Filho, "Garantia do Acesso à Justiça". In: Alvaro de Oliveira, Carlos Alberto (org.), Processo e Constituição. Rio de Janeiro: Forense, 2004, p. 27/30.

[152] Nesse sentido caminha a lição de Eduardo Silva da Silva, "Constituição, Jurisdição e Arbitragem". In: Alvaro de Oliveira, Carlos Alberto (org.), Processo e Constituição. Rio de Janeiro: Forense, 2004, p. 394/400.

[153] Princípios do Processo Civil na Constituição Federal, 5. ed. São Paulo: Revista dos Tribunais, 1999, p. 99/100.

jurisdição, da abstração da "ação" processual: é necessário que a jurisdição seja da mesma forma socialmente acessível. Sabido que o custo do processo e a própria inaptidão eventual dos cidadãos para reconhecimento dos seus direitos podem constituir um concreto e grave obstáculo ao acesso desses à jurisdição, como lembra Luiz Guilherme Marinoni,[154] nossa Constituição assegurou em seu art. 5º, LXXIV, o direito do cidadão à assistência jurídica integral e gratuita,[155] erigindo-o à categoria de direito fundamental, outorgando ao próprio Estado o encargo de destrinchar o efetivo acesso à justiça, com o que constitucionalizou entre nós aquilo que Mauro Cappelletti e Bryan Garth com muita propriedade chamaram de primeira onda renovatória do processo civil.[156] O direito ao processo só pode ser considerado socialmente efetivo, isto é, efetivo para todos, democraticamente eficiente, se as barreiras prévias ao seu acesso forem vencidas. Nossa Constituição procura superar o custo do processo através, por exemplo, da concessão do benefício da gratuidade judiciária a determinados litigantes,[157] buscando superar a falta de informação jurídica mediante a defensoria pública, cuja missão constitucional é, justamente, "a orientação jurídica e a defesa, em todos os graus, dos necessitados" (art. 134, *caput*, CRFB).

De postremeiro, lembra a doutrina que o art. 5º, XXXV, CRFB, não se cinge a enunciar a cláusula da inafastabilidade da jurisdição, avançando muito mais além, consagrando em realidade um verdadeiro direito à tutela jurisdicional adequada, tempestiva e efetiva e, em contrapartida, um autêntico dever do Estado de prestar jurisdição com idênticos predicados.[158] Lecionando a propósito do conteúdo do direito à tutela efetiva, refere Luiz Guilherme Marinoni que "o direito à prestação jurisdicional efetiva não pode ser considerado um direito a uma prestação fáctica. Mas também não pode ser visto apenas como i) o direito à técnica processual adequada; ii) o direito de participar por meio de procedimento adequado ou iii) o direito à

---

[154] Novas Linhas do Processo Civil, 4. ed. São Paulo: Malheiros, 2000, p. 20 e seguintes.

[155] Sobre o tema, consulte-se, entre outros, José Carlos Barbosa Moreira, "O Direito à Assistência Jurídica. Evolução no Ordenamento Brasileiro de Nosso Tempo". In: Revista da Ajuris. Porto Alegre: s/ed., 1992, p. 60/75, n. 55.

[156] Acesso à Justiça. Porto Alegre: Sérgio Antônio Fabris Editor, 1988, p. 31.

[157] O benefício da gratuidade judiciária vem disciplinado entre nós na Lei n. 1.060, de 1950. Sobre o assunto, entre outros, consulte-se Daniel Francisco Mitidiero, Comentários ao Código de Processo Civil. São Paulo: Memória Jurídica Editora, 2004, p. 198/199, tomo I; José Carlos Barbosa Moreira, "O Direito à Assistência Jurídica. Evolução no Ordenamento Brasileiro". In: Revista da Ajuris. Porto Alegre: s/ed., 1992, p. 60/75, n. 55; Araken de Assis, "Benefício da Gratuidade". In: Revista da Ajuris. Porto Alegre: s/ed., 1998, p. 162/200, n. 73.

[158] Sobre o tema, amplamente, Luiz Guilherme Marinoni, Técnica Processual e Tutela dos Direitos. São Paulo: Revista dos Tribunais, 2004, p. 165/247.

resposta do juiz. Na verdade, o direito à tutela jurisdicional efetiva engloba esses três direitos, pois exige técnica processual adequada (norma processual), instituição de procedimento capaz de viabilizar a participação (p. ex., ações coletivas) e, por fim, a própria resposta jurisdicional".[159] Tal dever de proteção, ademais, grava não só o Estado em sua função legislativa, mas também em sua função jurisdicional, autorizando o juiz a proceder, sempre mediante a observância da garantia do contraditório (e, pois, lealmente), do modo que for mais conveniente para o alcance da tutela jurisdicional adequada, tempestiva e efetiva, concretizando-se, assim, o pleno acesso à jurisdição, móvel que alimenta e anima o art. 5º, XXXV da nossa Constituição, porque, tudo somado, os direitos fundamentais têm mesmo incidência e aplicação imediata (art. 5º, § 1º, CRFB). Nessa linha, aliás, mostra-se inadequado entender que "só tem direito à tutela jurisdicional aquele que tem razão, não quem ostenta direito inexistente", como ensinava Enrico Tullio Liebman[160] e como continua a reproduzir a doutrina dominante no Brasil,[161] porque o núcleo da garantia do acesso à justiça está em predispor a todos aqueles que se afirmam titulares de dada situação de vantagem meios adequados não só para efetivação do direito material, mas também para a perseguição dessa situação de vantagem em juízo. Não é só o resultado que importa; importa igualmente o caminho que leva ao resultado. Não conceber o direito à tutela jurisdicional como um direito que grava o processo em toda a sua extensão significa comprimir os desígnios de nosso constituinte, exegese que esbarra, evidentemente, nas diretrizes traçadas pelo constitucionalismo contemporâneo acerca da interpretação dos direitos fundamentais.[162]

    O devido processo legal processual brasileiro deve-se desenvolver, necessariamente, obedecendo à garantia do juiz natural. Assim é que, diante do nosso direito constitucional, "ninguém será processado nem sentenciado senão pela autoridade competente" (art. 5º, LIII), não havendo lugar para instalação de "juízo ou tribunal de

---

[159] Técnica Processual e Tutela dos Direitos. São Paulo: Revista dos Tribunais, 2004, p. 185.

[160] Manual de Direito Processual Civil. Rio de Janeiro: Forense, 1984, p. 147, vol. I.

[161] Assim, entre outros, Cândido Rangel Dinamarco, "Tutela Jurisdicional". In: Fundamentos do Processo Civil Moderno, 4. ed. São Paulo: Malheiros, 2001, p. 807, tomo II; José Roberto dos Santos Bedaque, Direito e Processo – Influência do Direito Material sobre o Processo. São Paulo: Malheiros, 1995, p. 24; Flávio Luiz Yarshell, Tutela Jurisdicional. São Paulo: Atlas, 1998, p. 28/30.

[162] Sobre a interpretação dos direitos fundamentais, consulte-se, fundamentalmente, Paulo Bonavides, Curso de Direito Constitucional, 7. ed., 2. tiragem. São Paulo: Malheiros, 1998, p. 532/599.

exceção" (art. 5º, XXXVII).[163] A maioria das Constituições contemporâneas contempla idêntica garantia (por exemplo, art. 25, primeira parte, Constituição italiana; art. 24, Constituição espanhola; art. 18, Constituição argentina; art. 29, Constituição colombiana; art. 47, Constituição russa).

A garantia do juiz natural envolve, no mínimo, dois aspectos relevantes: a) a independência e a imparcialidade jurisdicional e b) a pré-determinação de critérios específicos para fixação da competência jurisdicional. Juiz natural, pois, é juiz imparcial, independente e competente.

No estado atual da doutrina brasileira, a imparcialidade é considerada como uma característica fundamental do conceito de jurisdição, participando de sua essência.[164] Mauro Cappelletti, aliás, não vacila em considerá-la uma das virtudes passivas da atividade jurisdicional, suficiente mesmo para apartar a jurisdição das demais atividades estatais.[165] Nossa Constituição busca tutelar a imparcialidade e a independência jurisdicional garantindo aos juízes vitaliciedade, inamovibilidade e irredutibilidade de subsídio (art. 95, *caput*), vedando, logo em seguida, algumas atividades aos membros do Poder Judiciário (art. 95, parágrafo único).[166] Infraconstitucionalmente, nosso Código de Processo Civil assegura aos jurisdicionados o acesso ao juiz natural erigindo o dever do juiz de abster-se em atuar no feito quando impedido ou suspeito (art. 137), possibilitando às partes igualmente a argüição desses motivos mediante exceção

---

[163] Sobre o juiz natural, consulte-se, entre outros, Carlos Alberto Alvaro de Oliveira, Do Formalismo no Processo Civil, 2. ed. São Paulo: Saraiva, 2003, p. 87/88; Nélson Nery Júnior, Princípios do Processo Civil na Constituição Federal, 5. ed. São Paulo: Revista dos Tribunais, 1999, p. 64/69; Cristiane Catarina de Oliveira Ferreira, "Visão Atual do Princípio do Juiz Natural". In: Alvaro de Oliveira, Carlos Alberto (org.), Processo e Constituição. Rio de Janeiro: Forense, 2004, p. 95/110; Carlos Augusto Silva, "O Princípio do Juiz Natural e sua Repercussão na Jurisprudência do Supremo Tribunal Federal". In: Alvaro de Oliveira, Carlos Alberto (org.), Processo e Constituição. Rio de Janeiro: Forense, 2004, p. 111/134.

[164] Assim, na doutrina brasileira, por todos, Ovídio Araújo Baptista da Silva, Curso de Processo Civil, 5. ed. São Paulo: Revista dos Tribunais, 2000, p. 40, vol. I; na doutrina italiana, por todos, Andrea Proto Pisani, Lezioni di Diritto Processuale Civile, 4. ed. Napoli: Jovene, 2002, p. 10. Sobre o nosso conceito de jurisdição, consulte-se Daniel Francisco Mitidiero, Comentários ao Código de Processo Civil. São Paulo: Memória Jurídica Editora, 2004, p. 51/53, tomo I; nesse mesmo sentido, Hermes Zaneti Júnior, "Processo Constitucional: Relações entre Processo e Constituição". In: Introdução ao Estudo do Processo Civil – Primeiras Linhas de um Paradigma Emergente. Porto Alegre: Sérgio Antônio Fabris Editor, 2004, p. 47, em co-autoria com Daniel Francisco Mitidiero. Ainda assim, observa Giuseppe Capograssi que a "objetividade" do magistrado é mesmo a essência do processo jurisdicional ("Giudizio, Processo, Scienza, Verità". In: Rivista di Diritto Processuale. Padova: Cedam, 1950, p. 14, vol. V, parte I).

[165] Juízes Legisladores? Porto Alegre: Sérgio Antônio Fabris Editor, 1999, p. 75/76; Juízes Irresponsáveis? Porto Alegre: Sérgio Antônio Fabris Editor, 1989, p. 33.

[166] Nesse sentido, por todos, José Afonso da Silva, Curso de Direito Constitucional Positivo, 14. ed. São Paulo: Malheiros, 1997, p. 547/548.

processual (art. 304) ou, no caso específico de impedimento, a qualquer tempo, mediante mero requerimento nos autos.[167] A importância que nossa ordem jurídica dispensa à imparcialidade é tamanha que a decisão jurisdicional proferida por juiz suspeito de impedimento é passível de ação rescisória (art. 485, II, primeira parte). Aliás, idêntico tratamento, nesse particular, é dispensado à sentença proferida por juiz incompetente (art. 485, II, *in fine*).

Juiz natural é juiz competente. Ao contrário do que ocorre em Portugal, em que a "indicação do tribunal competente (...) pertence ao legislador ('margem de livre regulação do legislador')", como noticia José Joaquim Gomes Canotilho,[168] o direito constitucional brasileiro cuidou de traçar a competência dos órgãos jurisdicionais brasileiros (arts. 102, 105, 108, 109, 114, 124, 125, § 1º), cumprindo às normas do Código de Processo Civil organizar o tema e, no espaço permitido pela Constituição, definir o que previamente não fora acertado constitucionalmente. Como é óbvio, se a competência deve ser definida previamente à ocorrência da *res judicanda*, é evidente que o próprio órgão jurisdicional já deve existir ao tempo do fato, com o que, na exigência do juiz competente, se compreende também a exigência de pré-constituição do próprio órgão judiciário, vedando-se, assim, os tribunais de exceção. Tal, aliás, o conteúdo mínimo da garantia do juiz natural no direito italiano, consoante observa Giuseppe Tarzia,[169] vedação que entre nós se encontra formulada expressamente.

Nossa Constituição, ao afirmar que todos são iguais perante a lei (art. 5º, I), preceito que o nosso legislador infraconstitucional cuidou de colocar sob os cuidados do órgão jurisdicional, determinando ao mesmo que assegure "às partes igualdade de tratamento" (art. 125, I), firmou no ordenamento jurídico brasileiro a garantia da paridade de armas entre os sujeitos do processo.[170] Cuida-se de pres-

---

[167] Nesse sentido, com as devidas indicações bibliográficas, Daniel Francisco Mitidiero, Comentários ao Código de Processo Civil. São Paulo: Memória Jurídica Editora, 2004, p. 564, tomo I.

[168] Direito Constitucional e Teoria da Constituição, 3. ed. Coimbra: Almedina, 1999, p. 460.

[169] Lineamenti del Processo Civile di Cognizione, 2. ed. Milano: Giuffrè, 2002, p. 8.

[170] Sobre o assunto, consultar, na doutrina brasileira, Francisco Glauber Pessoa Alves, O Princípio Jurídico da Igualdade e o Processo Civil Brasileiro. Rio de Janeiro: Forense, 2003; Nélson Nery Júnior, Princípios do Processo Civil na Constituição Federal, 5. ed. São Paulo: Revista dos Tribunais, 1999, p. 42/63; Rogério Lauria Tucci e José Rogério Cruz e Tucci, Constituição de 1988 e Processo – Regramentos e Garantias Constitucionais do Processo. São Paulo: Saraiva, 1989, p. 37/59; F. C. Santiago Dantas, "Igualdade perante a Lei e 'Due Process of Law'". In: Problemas de Direito Positivo. Rio de Janeiro: Forense, 1953; Sérgio Luiz Wetzel de Mattos, "O Processo Justo na Constituição de 1988". In: Revista da Ajuris. Porto Alegre: s/ed., p. 227/230, n. 91; Maristela da Silva Alves, "Princípio da Isonomia Constitucional". In: Alvaro de Oliveira, Carlos Alberto (org.), Processo e Constituição. Rio de Janeiro: Forense,

suposto para que o contraditório encontre ambiente propício ao seu cabal e pleno desenvolvimento.

O art. 125, I, CPC, tal como já referimos alhures,[171] consagrou a igualdade substancial entre os sujeitos do processo, deferindo ao órgão jurisdicional a tarefa de assegurar essa paridade no curso do procedimento. A propósito do assunto, o legislador português fora mais explícito e preciso ao afirmar que "o tribunal deve assegurar, ao longo de todo o processo, um estatuto de igualdade substancial das partes, designadamente no exercício de faculdades, no uso de meios de defesa e na aplicação de cominações ou de sanções processuais" (art. 3º-A, CPC). A doutrina peruana, ademais, trabalha essa mesma noção como conteúdo do princípio da socialização do processo, segundo o qual *"el juez debe evitar que la desigualdad entre las personas por razones de sexo, raza, religión, idioma o condición social, política o económica, afecte el desarollo o resultado del proceso"* (Título Preliminar do Código de Processo Civil peruano, art. 6º).[172] Todas essas disposições, no entanto, possuem o mesmo conteúdo normativo e apontam na mesma direção.

Ensina Cândido Rangel Dinamarco que o princípio da igualdade, da paridade de armas, impõe uma dúplice responsabilidade ao Estado, sendo dever dos órgãos legislativos e judiciários não criar desigualdades e neutralizar as que eventualmente existam.[173] Costuma-se referir que a previsão de prazos especiais para a Fazenda Pública e para o Ministério Público contida no art. 188, CPC, fere a garantia da paridade de armas.[174] Quer nos parecer, no entanto, como já comentamos noutro lugar, que essa previsão atende "à realidade da complexa vida íntima estatal, cheia de entraves burocráticos, em que os elementos que devem servir de base às manifestações

---

2004, p. 135/149; na doutrina italiana, Giuseppe Tarzia, "Parità delle Armi tra le Parti e Poteri del Giudice nel Processo Civile". In: Problemi del Processo Civile di Cognizione. Padova: Cedam, 1989, p. 311 e seguintes; Nicolò Trocker, "Il Nuovo Articolo 111 della Costituzione e il 'Giusto Processo' in Materia Civile: Profili Generali". In: Rivista Trimestrale di Diritto e Procedura Civile. Milano: Giuffrè, 2001, p. 396/398, n. 2; mais profundamente, ainda, Alessandro Giuliani, "L'Ordo Judiciarius Medioevale (Riflessioni su un Modello Puro di Ordine Isonomico)". In: Rivista di Diritto Processuale. Padova: Cedam, 1988, p. 598/614, vol. XLIII, parte II; na doutrina portuguesa, António Montalvão Machado e Paulo Pimenta, O Novo Processo Civil, 4. ed. Coimbra: Almedina, 2002, p. 28.

[171] Daniel Francisco Mitidiero, Comentários ao Código de Processo Civil. São Paulo: Memória Jurídica Editora, 2004, p. 529/560, tomo I.

[172] Sobre o assunto, Juan Monroy Gálvez, Introducción al Proceso Civil. Bogotá: Temis, 1996, p. 100/102, tomo I.

[173] Instituições de Direito Processual Civil, 3. ed. São Paulo: Malheiros, 2003, p. 208, vol. I.

[174] Assim, entre outros, José S. Sampaio, Os Prazos no Código de Processo Civil, 6. ed. São Paulo: Revista dos Tribunais, 2002, p. 28/29; Cândido Rangel Dinamarco, Instituições de Direito Processual Civil, 3. ed. São Paulo: Malheiros, 2003, p. 211/214, vol. I.

em juízo das precitadas entidades nem sempre se oferecem à mão",[175] o que justificaria a existência de prazos mais dilargados para a manifestação desses entes e órgãos. A jurisprudência do Supremo Tribunal Federal, de resto, inclina-se nesse mesmo sentido.[176]

Tido como elemento de legitimação do poder jurisdicional[177] e mesmo como nota distintiva do conceito de processo contemporâneo,[178] a garantia do contraditório, gravada entre nós no art. 5º, LIV, CRFB, representa uma autêntica abertura para participação direta do jurisdicionado no poder estatal, tornando o processo um verdadeiro ambiente de inspiração democrática. Afeiçoado, no direito moderno, à simples bilateralidade da instância,[179] de nítida inspiração liberal, como anota Andrea Proto Pisani,[180] hoje ganha feições ativas, significando direito a conhecer e a participar, "participar conhecendo e participar agindo", consoante ensina Mauro Cappelletti,[181] mais consentâneas ao Estado Democrático Social de Direito erigido pela nossa Constituição. A sua observância era uma marca comum a todo processo civil romano, em todos os seus períodos (*legis actiones*, *per formulas* e *cognitio extra ordinem*),[182] e já na Lei n. VIII, Título III da Terceira Partida de *Las Siete Partidas* achava assento. Nosso direito reinol, a propósito, fora estruturalmente pensado em função da dialética judiciária, da atuação em contraditório dos sujeitos do processo (*judicium est actum trium personarum*, conforme gravado nas

---

[175] Daniel Francisco Mitidiero, Comentários ao Código de Processo Civil. São Paulo: Memória Jurídica Editora, 2005, p. 155, tomo II; nesse mesmo sentido, Luiz Guilherme Marinoni, Novas Linhas do Processo Civil, 4. ed. São Paulo: Malheiros, 2000, p. 259/260.

[176] Por exemplo, STF, Pleno, Embargos de Divergência nos Embargos Declaratórios no RE n. 194.925/MG, rel. Min. Ilmar Galvão, j. em 24.03.1999, DJ 19.04.2002, p. 59.

[177] Assim, por todos, Carlos Alberto Alvaro de Oliveira, "A Garantia do Contraditório". In: Do Formalismo no Processo Civil, 2. ed. São Paulo: Saraiva, 2003, p. 237.

[178] Assim, por todos, Elio Fazzalari, Istituzioni di Diritto Processuale, 8. ed. Padova: Cedam, 1996, p. 73/76; "La Dottrina Processualistica Italiana: dall'"Azione' al 'Processo' (1864-1994)". In: Rivista di Diritto Processuale. Padova: Cedam, 1994, p. 915/916, vol. XLIX, parte II; consulte-se, também, o verbete "Procedimento (Teoria Generale)". In: Enciclopedia del Diritto. Milano: Giuffrè, 1986, p. 819/836, vol. XXXV.

[179] Sobre o histórico do contraditório, consulte-se, entre outros, Nicola Picardi, "Il Principio del Contraddittorio". In: Rivista di Diritto Processuale. Padova: Cedam, 1998, p. 673/681, parte II; "'Audiatur et Altera Pars': Le Matrici Storico-Culturali del Contraddittorio". In: Rivista Trimestrale di Diritto e Procedura Civile. Milano: Giuffrè, 2003, p. 7/22, n.1; Robert Wyness Millar, Los Principios Formativos del Procedimiento Civil. Buenos Aires: Ediar, 1945, p. 47/55.

[180] "Dell'esercizio dell'azione". In: Allorio, Enrico (coord.), Commentario del Codice di Procedura Civile. Torino: UTET, 1973, p. 1086, vol. I, tomo II; mais recentemente, Lezioni di Diritto Processuale Civile, 4. ed. Napoli: Jovene, 2002, p. 203/204.

[181] "Spunti in Tema di Contraddittorio". In: Studi in Memoria di Salvatore Satta. Padova: Cedam, 1982, p. 211, vol. I.

[182] Assim, Max Kaser, Direito Privado Romano. Lisboa: Fundação Calouste Gulbenkian, 1999, p. 428.

Ordenações Afonsinas, Livro III, Título XX, § 1º). O direito comum medieval, aliás, tinha a garantia do contraditório como um momento central do juízo, o qual polarizava toda a atuação dos sujeitos do processo, sendo infenso, inclusive, à atuação do Príncipe, porque componente essencial do *ordo substantialis*,[183] do *iustum iudicium*, na terminologia de Antônio Manuel Botelho Hespanha.[184]

Em sua dimensão contemporânea, como estima Carlos Alberto Alvaro de Oliveira, "o conteúdo mínimo da garantia do contraditório não se esgota na ciência bilateral dos atos do processo e na possibilidade de contraditá-los, mas faz também depender a própria formação dos provimentos judiciais da efetiva participação das partes. Por isso, para que seja atendido esse mínimo, insta que cada uma das partes conheça as razões e argumentações expendidas pela outra, assim como os motivos e fundamentos que conduziram o órgão judicial a tomar determinada decisão, possibilitando-se sua manifestação a respeito em tempo adequado (seja mediante requerimentos, recursos, contraditas etc.). Também se revela imprescindível abrir-se a cada uma das partes a possibilidade de participar do juízo de fato, tanto na indicação da prova quanto na sua formação, fator este último importante mesmo naquela determinada de ofício pelo órgão judicial. O mesmo se diga no concernente à formação do juízo de direito, nada obstante decorra dos poderes de ofício do órgão judicial ou por imposição da regra *iura novit curia*, pois a parte não pode ser surpreendida por um novo enfoque jurídico de caráter essencial tomado como fundamento da decisão, sem ouvida dos contraditores".[185] Muitas legislações estrangeiras, de resto, contemplam a garantia do contraditório com esses generosos contornos (por exemplo, art. 16, CPC francês; § 278, III, ZPO alemã; § 182-A, ZPO austríaca; art. 3º, 3, CPC português), induvidosamente inspirados no princípio da cooperação, como de há muito lembra Eduardo Grasso,[186] presente, dentre outros ordenamentos, no português (art. 266, CPC).

---

[183] Sobre o assunto, fundamentalmente, Alessandro Giuliani, "L'*Ordo Judiciarius* Medioevale – Riflessioni su un Modelo Puro di Ordine Isonômico". In: Rivista di Diritto Processuale. Padova: Cedam, 1988, p. 598/614, vol. XLIII, parte II; Nicola Picardi, "'Audiatur et Altera Pars' – Le Matrice Storico-Culturali del Contraddittorio". In: Rivista Trimestrale di Diritto e Procedura Civile. Milano: Giuffrè, 2003, p. 7/22, n. 1.

[184] "Justiça e Administração entre o Antigo Regime e a Revolução". In: Hespanha, Antônio Manuel Botelho (org.), Justiça e Litigiosidade: História e Prospectiva. Lisboa: Fundação Calouste Gulbenkian, 1992, p. 386.

[185] "A Garantia do Contraditório". In: Do Formalismo no Processo Civil, 2. ed. São Paulo: Saraiva, 2003, p. 238. Sobre o assunto, ainda, Leonardo Greco, "O Princípio do Contraditório". In: Revista Dialética de Direito Processual. São Paulo: Dialética, 2005, p. 71/79, n. 24.

[186] "La Collaborazione nel Processo Civile". In: Rivista di Diritto Processuale. Padova: Cedam, 1966, p. 592, vol. XXI.

Conseqüência dessa postura a propósito do tema está em que se obriga o órgão jurisdicional a submeter ao contraditório suas possíveis decisões, inclusive no que toca à matéria que deva conhecer de ofício.[187] Vale dizer: leva-se o próprio magistrado ao contraditório, ao diálogo, fomentando-se a dialética no processo que, ao fim e ao cabo, é mesmo o método mais adequado para reconstrução do direito na incerteza indissociável do cenário processual.[188] Claro está que, nessa perspectiva, adota-se mesmo um novo referencial teórico para o direito processual civil: abandonam-se os solilóquios de um juiz centrado em seu próprio eu, certo de que a verdade, identificada na "vontade concreta da lei", pode ser descoberta solitariamente (porque *iura novit curia*, porque às partes só cabe trazer à relação processual o fato, pertencendo o direito ao julgador – *da mihi factum, dado tibo ius*), assumindo-se, ao revés, o contraditório *come cardine della ricerca dialettica*,[189] suficiente para o alcance do consenso judiciário e, pois, da justiça no caso concreto.[190] Dessarte, evita-se a surpresa, o juízo de *terza via*,[191] contribuindo-se para a construção de uma verdadeira cidadania processual, que é mesmo um dos fundamentos da República Federativa do Brasil no tocante ao direito processual civil (art. 1º, II, CRFB).

Temos que observar, ainda, que a garantia do contraditório pode, por vezes, restar postergada, diferida, sendo essa atitude perfeitamente legítima diante de nossa ordem constitucional. Sendo certo que o processo civil vem dominado pelo conflito incessante e

---

[187] Nesse sentido, na doutrina brasileira, inclusive com as indicações bibliográficas de estilo, Daniel Francisco Mitidiero, Comentários ao Código de Processo Civil. São Paulo: Memória Jurídica Editora, 2005, p. 518/519, tomo II; na doutrina italiana, Francesco Paolo Luiso, Diritto Processuale Civile, 3. ed. Milano: Giuffrè, 2000, p. 30, vol. I; sobre o tema, consulte-se, ainda, Sergio Chiarloni, "Questioni Rilevabili d'Ufficio, Diritto di Difesa e 'Formalismo delle Garanzie'". In: Rivista Trimestrale di Diritto e Procedura Civile. Milano: Giuffrè, 1987, p. 569/584, parte II.

[188] Nesse sentido, Michel Villey, Filosofia do Direito. São Paulo: Martins Fontes, 2003, p. 280.

[189] Nicola Picardi, "Il Principio del Contraddittorio". In: Rivista di Diritto Processuale. Padova: Cedam, 1998, p. 679/681, parte II; "'Audiatur et Altera Pars': Le Matrici Storico-Culturali del Contraddittorio". In: Rivista Trimestrale di Diritto e Procedura Civile. Milano: Giuffrè, 2003, p. 21/22, n. 1.

[190] Que, tudo sopesado, é mesmo o fim último do processo civil contemporâneo, conforme Carlos Alberto Alvaro de Oliveira, "O Processo Civil na Perspectiva dos Direitos Fundamentais". In: Do Formalismo no Processo Civil, 2. ed. São Paulo: Saraiva, 2003, p. 270. Há, aliás, uma necessidade crescente de pensar o Direito diante do caso concreto, dada a insuficiência dos esquemas positivos, bem observada igualmente por Luiz Guilherme Marinoni, Técnica Processual e Tutela dos Direitos. São Paulo: Revista dos Tribunais, 2004, p. 214.

[191] Sobre o tema, entre outros, Giuseppe Tarzia, Lineamenti del Processo Civile di Cognizione, 2. ed. Milano: Giuffrè, 2002, p. 10/11; Luigi Montesano, "La Garanzia Costituzionale del Contraddittorio e i Giudizi di 'Terza Via'". In: Rivista di Diritto Processuale. Padova: Cedam, 2000, p. 929 e seguintes.

brutal entre seus dois valores fundamentais, o da segurança jurídica e o da efetividade do processo, como não deixaram de notar Carlos Alberto Alvaro de Oliveira,[192] Ovídio Araújo Baptista da Silva[193] e Teori Albino Zavascki,[194] as soluções de compromisso entre ambos se oferecem como uma realidade inafastável do campo forense. Escrevendo sobre a possibilidade de antecipação da tutela *inaudita altera parte*, em que se franqueia a efetivação do direito provável sem a observância prévia do contraditório, assevera Luiz Guilherme Marinoni que tal expediente é de todo constitucional, na medida em que a jurisdição de urgência é um componente indissociável do acesso à justiça, não valendo argumentar com eventual ofensa ao contraditório como óbice à efetivação de medidas desse jaez, porquanto igualmente atende à garantia do contraditório a sua realização postecipada.[195] Atende à nossa garantia constitucional do contraditório, portanto, além do contraditório prévio, também o contraditório diferido, que é aquele que se realiza, na mesma relação processual, em momento posterior à efetivação de dada medida contra quem se deve dar a possibilidade de participar posteriormente.

Finalmente, igualmente se mostra legítimo o contraditório eventual, que é aquele que se realiza, por exemplo, com a execução de um título executivo extrajudicial, em que só se efetiva o contraditório mediante a iniciativa do executado e em um processo diferente daquele em que os atos executivos são efetuados. À guisa de diferenciar o contraditório prévio e o diferido do contraditório eventual, ensina Ovídio Araújo Baptista da Silva que "enquanto no chamado contraditório prévio e no contraditório diferido, as posições das partes não se alteram, em virtude da aplicação do princípio – o autor continua autor e o réu, como réu, haverá de contestar a ação –, no eventual aquele que figurara inicialmente como autor irá tornar-se demandado, na ação plenária subseqüente".[196] A técnica do contraditório eventual, de resto, é um importante expediente de sumarização material, concorrendo, pois, para outorgar efetividade à tutela jurisdicional, mercê da redução do campo do litígio.[197]

---

[192] "O Processo Civil na Perspectiva dos Direitos Fundamentais". In: Do Formalismo no Processo Civil, 2. ed. São Paulo: Saraiva, 2003, p. 270.

[193] Curso de Processo Civil, 3. ed. São Paulo: Revista dos Tribunais, 2000, p. 20, vol. III.

[194] Antecipação da Tutela, 2. ed. São Paulo: Saraiva, 1999, p. 61/65.

[195] A Antecipação da Tutela, 8. ed. São Paulo: Malheiros, 2004, p. 187/189. Nesse mesmo sentido a lição de Carlos Alberto Alvaro de Oliveira, "A Garantia do Contraditório". In: Do Formalismo no Processo Civil, 2. ed. São Paulo: Saraiva, 2003, p. 240/241.

[196] Processo e Ideologia – O Paradigma Racionalista. Rio de Janeiro: Forense, 2004, p. 157.

[197] A sumarização material não se confunde com a sumarização formal; há uma diferença fundamental entre os dois conceitos: o primeiro concerne à exclusão de parcelas do direito

Prevista juntamente com a garantia do contraditório em nossa Constituição encontra-se a garantia da ampla defesa, com os meios e recursos a ela inerentes (art. 5º, LIV, CRFB). Trata-se da garantia de "plenitude da defesa" no processo civil, como anotam Rogério Lauria Tucci e José Rogério Cruz e Tucci.[198]

A doutrina costuma ligar a garantia da ampla defesa ao réu, ao demandado, porque o conteúdo semântico do termo "defesa" induz à idéia de resistência a algo, de bloqueio a um golpe.[199] Em geral, a doutrina aponta em seu conteúdo o direito à informação, o direito ao contraditório e o direito à prova.[200] Mais analiticamente, ensina Alex Carocca Pérez que a garantia constitucional da ampla defesa implica, necessariamente, a possibilidade de alegar, provar, contradizer e ver suas alegações e provas sopesadas no quando do julgamento do feito.[201] Com a sua expansão para esfera processual civil, tem-se recomendado uma interpretação o mais abrangente possível,[202] a fim de que nenhum processo escape de sua disciplina.

Porém, como bem observa José Maria Rosa Tesheiner, a expressão "ampla defesa", consagrada pela nossa Constituição, é "ampla demais", servindo apenas em termos para o direito processual civil.[203] Inicialmente prevista em nosso direito constitucional tão-somente a propósito do direito processual penal,[204] nosso legislador constituinte estendeu-a igualmente ao processo civil, incorrendo em

---

material da cognição do juízo, ao passo que o segundo atine à abreviação do procedimento. A sumariedade formal diz respeito à forma do processo, referindo-se a sumariedade material à situação litigiosa nesse afirmada, conforme, por todos, Carlos Alberto Alvaro de Oliveira, Comentários ao Código de Processo Civil, 6. ed. Rio de Janeiro: Forense, 2002, p. 17, vol. VIII, tomo II, em co-autoria com Galeno Lacerda.

[198] Constituição de 1988 e Processo – Regramentos e Garantias Constitucionais do Processo. São Paulo: Saraiva, 1989, p. 60.

[199] Assim, na doutrina brasileira, Rui Portanova, Princípios do Processo Civil, 2. tiragem. Porto Alegre: Livraria do Advogado, 1997, p. 125; na doutrina chilena, Alex Carocca Pérez, "Garantía Constitucional de la Defensa". In: Revista Peruana de Derecho Procesal. Lima: Estudio Monroy Abogados, 1998, p. 370, vol. II.

[200] Assim, Rogério Lauria Tucci e José Rogério Cruz e Tucci, Constituição de 1988 e Processo – Regramentos e Garantias Constitucionais do Processo. São Paulo: Saraiva, 1989, p. 61.

[201] "Garantía Constitucional de la Defensa". In: Revista Peruana de Derecho Procesal. Lima: Estudio Monroy Abogados, 1998, p. 373/374, vol. II.

[202] Assim, Rosemiro Pereira Leal, Teoria Geral do Processo, 5. ed. São Paulo: Thompson-IOB, 2004, p. 104.

[203] Elementos para uma Teoria Geral do Processo. São Paulo: Saraiva, 1993, p. 45/46.

[204] Como se pode conferir no preciso histórico traçado por Pontes de Miranda, Comentários à Constituição de 1967 com a Emenda n. 1, de 1969, 2. ed. São Paulo: Revista dos Tribunais, 1971, p. 232/233, tomo V.

indevida assimilação,[205] fruto, como bem percebeu Daisson Flach,[206] de nossa "modernidade jurídica". Com efeito, prevendo-se a ampla defesa com os meios e recursos a ela inerentes para todo o direito processual civil brasileiro, nossa Constituição parece ter proscrito de nosso horizonte constitucional qualquer possibilidade de processo jurisdicional que não seja plenário do ponto de vista cognitivo, como leciona Ovídio Araújo Baptista da Silva.[207] Certo que essa eliminação simplesmente não pode se dar, tendo em conta a exigência de que a tutela jurisdicional seja adequada, tempestiva e efetiva (art. 5º, XXXV, CRFB) e que um dos notórios meios com que se alcançam tais predicados à função judicial é justamente a sumarização das demandas, como anota Andrea Proto Pisani,[208] cumpre encontrar uma solução de compromisso entre ambas normas constitucionais, que deverá ser aferida em concreto, à vista das especificidades inerentes a essa ou aquela situação carente de tutela e o respectivo procedimento destinado à sua proteção.

A publicidade é uma das características do devido processo legal processual brasileiro (arts. 5º, LIV, LX e 93, IX, CRFB), constituindo um dos pilares constitucionais de nosso formalismo processual.[209] Como se vê, a agonia de Joseph K., descrita com mão de mestre por Franz Kafka em seu célebre *O Processo*,[210] pela inacessibilidade dos atos processuais não teria lugar dentro do processo civil brasileiro, assim como também não teria, em regra, no processo civil lusitano (art. 167) e no processo civil italiano (art. 128, primeira parte).

A garantia da publicidade dos atos processuais prende-se, hodiernamente, à necessidade de fiscalização pelos participantes do processo e, em certos casos, também pelo povo em geral do conteúdo do que se faz em juízo. Não é à toa, pois, que Michele Taruffo a insere como um dos elementos essenciais à idéia de administração demo-

---

[205] Nesse sentido, por todos, Ovídio Araújo Baptista da Silva, "A 'Plenitude de Defesa' no Processo Civil". In: Da Sentença Liminar à Nulidade da Sentença. Rio de Janeiro: Forense, 2001, p. 107/127.

[206] "Processo e Realização Constitucional: a Construção do 'Devido Processo'". In: Amaral, Guilherme Rizzo e Carpena, Márcio Louzada (coords.), Visões Críticas do Processo Civil Brasileiro – Uma Homenagem ao Prof. Dr. José Maria Rosa Tesheiner. Porto Alegre: Livraria do Advogado, 2005, p. 23.

[207] "A 'Plenitude de Defesa' no Processo Civil". In: Da Sentença Liminar à Nulidade da Sentença. Rio de Janeiro: Forense, 2001, p. 109.

[208] Lezioni di Diritto Processuale Civile, 4. ed. Napoli: Jovene, 2002, p. 548.

[209] Do Formalismo no Processo Civil, 2. ed. São Paulo: Saraiva, 2003, p. 79/80.

[210] Franz Kafka, O Processo, 6. reimpressão. São Paulo: Companhia das Letras, 2003, p. 142.

crática da Justiça.[211] Vela-se, através da publicidade, a transparência da Justiça (como bem lembra José Carlos Barbosa Moreira, "não basta que se faça justiça: é preciso que se veja que está sendo feita justiça"[212]). Sobre ser uma garantia processual ligada à oralidade, como bem assinalam Robert Wyness Millar,[213] Egas Dirceu Moniz de Aragão,[214] Jefferson Carús Guedes[215] e José Cretella Neto,[216] é um postulado político, coarctado à própria idéia de Estado Democrático e Social de Direito (art. 1º, *caput*, CRFB), a permitir o controle da opinião pública nos serviços da Justiça.[217] Historicamente, teve sua forma mais pura no direito germânico primitivo, pelo dever de assistirem os homens livres aos julgamentos e participarem da administração da justiça. Em Roma também já havia publicidade geral, sem apresentar, no entanto, a mesma conotação de justiça popular construída no primitivo processo alemão.[218] Com o correr do tempo, como narra Pontes de Miranda, "os imperadores, com as basilicae, foi tirado o direito das partes à comparência às sessões (século V).

---

[211] "Il Significato Costituzionale dell'Obbligo di Motivazione". In: Dinamarco, Cândido Rangel; Grinover, Ada Pellegrini; Watanabe, Kazuo (coord.). Participação e Processo. São Paulo: Revista dos Tribunais, 1988, p. 38. Igualmente assinalando esta estreita conexão entre publicidade do processo e democracia, Eduardo Couture, "Las Garantías Constitucionales del Proceso Civil". In: Estudios de Derecho Procesal Civil. Buenos Aires: Ediar Editores, 1948, p. 20/21, tomo I; Enrique Vescovi, "Hacia un Proceso Civil Universal". In: Revista de Processo. São Paulo: Revista dos Tribunais, 1999, p. 182, n. 93. No mais, Mauro Cappelletti insere mesmo a publicidade do processo e a conseqüente publicidade das decisões jurisdicionais como um dos fatores que induzem à responsabilização social dos juízes (Juízes Irresponsáveis? Porto Alegre: Sérgio Antônio Fabris Editor, 1989, p. 47).

[212] "A Justiça no Limiar de Novo Século". In: Revista Forense. Rio de Janeiro: Forense, 1992, p. 73, n. 319. Deste mesmo autor, sobre o tema, consulte-se ainda "Publicité et Secret du Delibere dans la Justice Brésilienne". In: Temas de Direito Processual. São Paulo: Saraiva, 1989, p. 193/204, Quarta Série.

[213] Los Principios Formativos del Procedimiento Civil. Buenos Aires: Ediar, 1945, p. 185.

[214] Comentários ao Código de Processo Civil, 9. ed. Rio de Janeiro: Forense, 1998, p. 14, vol. II.

[215] O Princípio da Oralidade – Procedimento por Audiências no Direito Processual Civil Brasileiro. São Paulo: Revista dos Tribunais, 2003, p. 77/80.

[216] Fundamentos Principiológicos do Processo Civil. Rio de Janeiro: Forense, 2002, p. 100.

[217] Neste sentido, na doutrina brasileira, Moacyr Amaral Santos, Primeiras Linhas de Direito Processual Civil, 10. ed. São Paulo: Saraiva, 1983, p. 286, vol. I; Cláudia Marlise da Silva Alberton, Publicidade dos Atos Processuais e Direito à Informação. Rio de Janeiro: Aide Editora, 2000, p. 48; José Milton da Silva, Teoria Geral do Processo, 2. ed. Rio de Janeiro: Forense, 2003, p. 49; Patrícia Teixeira de Rezende Flores e Andréa Pécora, "Princípio da Publicidade: Restrições". In: Sérgio Gilberto Porto (org.), As Garantias do Cidadão no Processo Civil – Relações entre Constituição e Processo. Porto Alegre: Livraria do Advogado, 2003, p. 97/123; na doutrina argentina, Juan Carlos Bavasso Roffo, Publicidad del Proceso. Buenos Aires: Abeledo-Perrot, 1961, p. 39; na doutrina peruana, Juan Monroy Gálvez, Introducción al Proceso Civil. Bogotá: Temis, 1996, p. 84, tomo I.

[218] Tudo conforme Pontes de Miranda, Comentários ao Código de Processo Civil, 5. ed. Rio de Janeiro: Forense, 1997, p. 54, tomo I e Robert Wyness Millar, Los Principios Formativos del Procedimiento Civil. Buenos Aires: Ediar, 1945, p. 187/190.

A cortina – *vela* – velou os procedimentos, as discussões; de *secretum* ocio o nome *secretariuem* para designar a sala mais ao fundo, menos acessível. À frente, os serviços do juízo ou tribunal; mais à frente, os *canceli*, que separavam de tudo aquilo o público. Era o sinal de decadência, com a exceção para os *honorati*, pessoas das classes privilegiadas, que até sentavam ao lado dos juízes. Restava a prova testemunhal em presença das partes; porém as perguntas eram feitas pelo juiz. No entanto, o direito romano tivera o interrogatório por perguntas e reperguntas formuladas pelos advogados (M. A. von Bethmann Hollweg, *Der Civilprozess des gemeinen Rechts*, III, 277). O direito canônico, rompendo com o princípio da publicidade, ainda especial (perante as partes), quanto à prova testemunhal, tornou-a, já no século XII, só em presença do juiz e do secretário. O exemplo foi desgraçadamente seguido em juízos seculares (C. J. A. Mittermaier, Über das Teutschrechtliche Verfahren, *Archiv für die Civilistische Praxis*, V, 69 s.). A exclusão dos estranhos faz de publicidade especial, em lugar de geral, a prova testemunhal. Foi esse meio-termo que passou, em 1806, o direito francês, imitado pelas leis de outros povos. Outros, como a Espanha, conservaram a inquisição em segredo até 1881".[219]

Publicidade, em direito processual civil, pode ser geral ou especial. Se a publicidade é geral, tal como é a regra em nosso ordenamento jurídico, então a todos é franqueado acesso ao que se faz em juízo (a audiência de instrução e julgamento é, via de regra, pública, art. 444, CPC); se a publicidade é especial, tudo há de se passar com restrição ao público, cingindo-se a publicidade aos participantes do processo (caso dos processos que se desenvolvem sob o segredo de justiça, art. 155, CPC[220]), salvo a demonstração de interesse jurídico por terceiro. Fala-se também em publicidade imediata, que é a co-presença facultada à prática dos atos processuais, e em publicidade mediata, que é a possibilidade de se alcançar a qualquer cidadão comunicação do ocorrido no feito (direito de requerer certidões, por exemplo). Nosso Código contempla e entrelaça, aqui e ali, todas estas acepções da publicidade processual.[221]

---

[219] Comentários ao Código de Processo Civil, 5. ed. Rio de Janeiro: Forense, 1998, p. 54/55, tomo I. Lição, ademais, prestigiada por Carlos Alberto Alvaro de Oliveira, Do Formalismo no Processo Civil, 2. ed. São Paulo: Saraiva, 2003, p. 79/80.

[220] Sobre o segredo de justiça e sua disciplina no processo civil brasileiro, consulte-se Daniel Francisco Mitidiero, Comentários ao Código de Processo Civil. São Paulo: Memória Jurídica Editora, 2005, p. 34/37, tomo II.

[221] Sobre o assunto, consulte-se Pontes de Miranda, Comentários ao Código de Processo Civil, 5ª ed. Rio de Janeiro: Forense, 1997, p. 54, tomo I; Comentários ao Código de Processo Civil, 4ª ed. Rio de Janeiro: Forense, 1997, p. 51, tomo III; Robert Wyness Millar, Los Principios Formativos del Procedimiento Civil. Buenos Aires: Ediar, 1945, p. 187.

Dentro do aspecto de abrangência do devido processo legal processual brasileiro, todas as decisões do Poder Judiciário deverão ser motivadas (art. 93, IX, CRFB). Acaso não o sejam, sobra-lhes a pecha de invalidade.[222] Nosso Código de Processo Civil refere que "as sentenças e acórdãos serão proferidos com observância do disposto no art. 458; as demais serão fundamentadas, ainda que de modo conciso" (art. 165). Cumpre ao juiz decidir a causa de maneira fundamentada (art. 458, II, CPC), rejeitando, no todo ou em parte, o pedido formulado pelo autor. Nos casos de extinção do processo sem julgamento de mérito, o juiz decidirá em forma concisa (art. 459, CPC).[223] Tal como a publicidade, a motivação é um elemento essencial e inarredável de uma administração democrática da Justiça.[224]

O dever de motivação das decisões judiciais acompanha-nos de longa data, sendo possível remontá-lo às velhas partidas espanholas (*Las Siete Partidas*, Terceira Partida, Título IV, Lei VI), veículo que disseminou o direito romano em Portugal à época do renascimento desse,[225] passando daí às Ordenações Afonsinas (ainda que de maneira implícita, Livro III, Título LXIX, pr.), às Manuelinas e às Filipinas (em ambas de forma expressa, respectivamente, Livro III, Título L, § 6º e Livro III, Título LXVI, § 7º), como observa Carlos Alberto Alvaro de Oliveira.[226] Constitucionalmente, porém, é inovação que se deve à Constituição vigente,[227] ainda que se pudesse sacá-lo, implicitamente, da previsão da existência de um Estado de

---

[222] Sobre o grave problema das invalidades processuais, com as devidas indicações bibliográficas, consulte-se Daniel Francisco Mitidiero, Comentários ao Código de Processo Civil. São Paulo: Memória Jurídica Editora, 2005, p. 382/425, tomo II; "O Problema da Invalidade dos Atos Processuais no Direito Processual Civil Brasileiro Contemporâneo". In: Amaral, Guilherme Rizzo e Carpena, Márcio Louzada (coords.), Visões Críticas do Processo Civil Brasileiro – Uma Homenagem ao Prof. Dr. José Maria Rosa Tesheiner. Porto Alegre: Livraria do Advogado, 2005, p. 55/74.

[223] Para um panorama histórico e comparativo acerca do dever de motivação sentencial, consulte-se, por todos, Michele Taruffo, La Motivazione della Sentenza Civile. Padova: Cedam, 1975, p. 319/370.

[224] Nesse sentido, Michele Taruffo, "Il Significato Costituzionale dell'Obbligo di Motivazione". In: Dinamarco, Cândido Rangel; Grinover, Ada Pellegrini e Watanabe, Kazuo (coords.), Participação e Processo. São Paulo: Revista dos Tribunais, 1988, p. 41/42; sobre o assunto, consulte-se, ainda, Daniel Ustárroz, "A Democracia Processual e a Motivação das Decisões Judiciais". In: Porto, Sérgio Gilberto (org.), As Garantias do Cidadão no Processo Civil – Relações entre Constituição e Processo. Porto Alegre: Livraria do Advogado, 2003, p. 125/145.

[225] Sobre o assunto, por todos, Nuno J. Espinosa Gomes da Silva, História do Direito Português. Lisboa: Fundação Calouste Gulbenkian, 1985, p. 158/162, vol. I.

[226] Do Formalismo no Processo Civil, 2. ed. São Paulo: Saraiva, 2003, p. 88.

[227] Nesse sentido, Rogério Lauria Tucci e José Rogério Cruz e Tucci, Constituição de 1988 e Processo – Regramentos e Garantias Constitucionais do Processo. São Paulo: Saraiva, 1989, p. 78/79.

Direito, como bem demonstrou certa feita José Carlos Barbosa Moreira.[228]

Com efeito, existe um nexo imediato entre o acesso à justiça, entre a inafastabilidade da jurisdição e a garantia da motivação das decisões judiciais.[229] Sem motivação, não há que se falar em processo justo e em controle das decisões judiciais; não há, pois, democracia processual. À sentença carente de motivação não se reconhece, pois, um legítimo exercício de poder jurisdicional nos quadros do Estado Democrático de Direito.[230]

Dessarte, toda decisão jurisdicional, por força constitucional, tem de ser motivada, tendo em conta a necessidade de controle do poder jurisdicional por parte da sociedade, pendor de legitimidade dessa função em um Estado Democrático de Direito (art. 1º, CRFB). Não é à toa, pois, que Nicola Picardi considera que, contemporaneamente, o poder jurisdicional se caracteriza justamente por ser um poder limitado e controlável, um poder que se aloca entre o poder vinculado e o poder absoluto.[231] Essa motivação, aliás, tem de ter um conteúdo mínimo essencial, sem o qual não se reputa atendida essa ordem constitucional. A síntese desse conteúdo mínimo normalmente ocorre quando o julgador logra: a) individualizar os fatos, as normas jurídicas incidentes e aplicáveis ao caso concreto, a juridicização dos fatos e as suas conseqüências jurídicas; b) contextualizar os nexos de implicação e de coerência entre os enunciados fáctico-legais e c) justificar esses mesmos enunciados racionalmente, reportando-se ao ordenamento jurídico.[232] Não satisfaz os rigores do art. 93, IX, CRFB, por exemplo, a simples menção às normas legais, ou aos jargões contidos nas mesmas, sem qualquer enfrentamento da situação concreta trazida à consideração judicial,[233] praxe infelizmente comum entre nós.[234]

Enfeixando a disciplina do devido processo legal processual entre nós, garante-se a todos a duração razoável do processo. Deve-

---

[228] "A Motivação das Decisões como Garantia Inerente ao Estado de Direito". In: Temas de Direito Processual, 2. ed. São Paulo: Saraiva, 1988, p. 83/95, Segunda Série.

[229] Nicolò Trocker, Processo Civile e Costituzione. Milano: Giuffrè, 1974, p. 462.

[230] Michele Taruffo, La Motivazione della Sentenza Civile. Padova: Cedam, 1975, p. 319/320.

[231] "La Vocazione del Nostro Tempo per la Giurisdizione". In: Rivista Trimestrale di Diritto e Procedura Civile. Milano: Giuffrè, 2004, p. 56/57, n. 1.

[232] Michele Taruffo, La Motivazione della Sentenza Civile. Padova: Cedam, 1975, p. 467.

[233] Assim, por todos, Nélson Nery Júnior, Princípios do Processo Civil na Constituição Federal, 5. ed. São Paulo: Revista dos Tribunais, 1999, p. 176.

[234] Para um maior aprofundamento da questão da motivação da sentença e suas eventuais patologias, consulte-se, na doutrina brasileira, por todos, Athos Gusmão Carneiro, "Sentença Malfundamentada e Sentença Não-Fundamentada. Conceitos. Nulidades". In: Revista da Ajuris. Porto Alegre: s/ed., 1995, p. 5/12, n. 65.

ras, nossa Constituição assegura a todos, no âmbito judicial e administrativo, "a razoável duração do processo e os meios que garantam a celeridade de sua tramitação" (art. 5º, LXXVIII), alinhando-se em conteúdo, pois, com outras Constituições contemporâneas que prevêem a mesma garantia (por exemplo, Constituição portuguesa, art. 20, n. 3; Constituição italiana, art. 111, segunda parte). Em termos semelhantes, a Constituição espanhola assegura um processo sem dilações indevidas (art. 24, segunda parte).

A propósito do direito italiano, ensina Nicolò Trocker que o art. 111, segunda parte da Constituição italiana prevê o princípio da tempestividade da tutela jurisdicional.[235] Quanto ao direito brasileiro, outro não é o estado de coisas que o nosso art. 5º, LXXVIII, CRFB, visa a alcançar: assegura-se um processo de duração razoável com os meios que garantem a celeridade de sua tramitação justamente para que se adjudique aos sujeitos do processo uma tutela jurisdicional tempestiva.

Nossa Constituição, no art. 5º, LXXVIII, apenas explicita o que antes já poderíamos retirar do art. 5º, XXXV: a tutela jurisdicional deve ser tempestiva, porque justiça que tarde acode é manifesta injustiça. A doutrina italiana, aliás, antes mesmo da modificação constitucional que introduziu a garantia da *"durata ragionevole"* no âmbito do processo já igualmente a retirava da cláusula constitucional do acesso à jurisdição (art. 24).[236]

Ao contrário do que sucede na Itália, diante do ordenamento jurídico brasileiro a garantia da razoabilidade da duração do processo é plenamente sindicável pelo Poder Judiciário. Nossa Constituição desde logo outorga direito a um processo tempestivo. Essa tomada de posição não é isenta de conseqüências: enquanto que na Itália a Corte Constitucional *"non può sindicare la durata del singolo processo ma esclusivamente disposizioni che prevedano tempi lunghi, inutili passaggi di atti da un organo all'altro, formalità superflue, non giustificate da garanzie difensive"*,[237] o que só se mostra possível à Corte européia, o Poder Judiciário brasileiro pode aquilatar, caso a caso, a duração razoável do processo. Explica-se a diferença entre os sistemas: a Constituição italiana prevê que a lei assegurará a *"ragionevole*

---

[235] "Il Nuovo Articolo 111 della Costituzione e il 'Giusto Processo' in Materia Civile: Profili Generali". In: Rivista Trimestrale di Diritto e Procedura Civile. Milano: Giuffrè, 2001, p. 403, n. 2.

[236] Sobre o assunto, Giuseppe Vignera, "Le Garanzie Costituzionali del Processo Civile alla luce del 'Nuovo' art. 111 Cost.". In: Rivista Trimestrale di Diritto e Procedura Civile. Milano: Giuffrè, 2003, p. 1221/1240, n. 4.

[237] Sergio Chiarloni, "Il Nuovo art. 111 e il Processo Civile". In: Rivista di Diritto Processuale. Padova: Cedam, 2000, p. 1032, n. 4.

durata", ao passo que a Constituição brasileira assegura a duração razoável, o que é diretamente assegurado, também, pelo art. 6º da Convenção Européia dos Direitos do Homem. A sindicabilidade da matéria entre nós é manifesta.

A definição da razoabilidade da duração do processo exige que o julgador observe alguns critérios para aferição do atendimento à garantia constitucional. Giuseppe Tarzia, lembrando algumas diretrizes traçadas pela *Corte di Strasburgo* a respeito do tema, refere que a duração razoável do processo deve ser aquilatada à luz da complexidade da causa, do comportamento do autor durante o procedimento e do comportamento das autoridades judiciária, administrativa e legislativa.[238] Entre nós, outro bom parâmetro para aferição é fornecido expressamente pela nossa Constituição: saber se os meios que garantem a celeridade na tramitação do feito estavam, por exemplo, predispostos pelo ordenamento jurídico. Uma possível conseqüência da violação da garantia da tempestividade do processo é a indenizabilidade, via propositura de "ação" processual, o que pode se dar tanto contra a União como contra os Estados, conforme o caso. Outra, é a sindicabilidade dos atos processuais que importem em delonga insuportável para parte (por exemplo, a prática comum no foro dos magistrados de reservarem-se para analisar o pedido de antecipação de tutela tão-somente após a contestação do réu), consoante já decidiu o Tribunal de Justiça do Estado do Rio Grande do Sul.[239]

Oportuno, aliás, trazer à colação as judiciosas considerações constantes do voto do eminente relator, Dr. Pedro Luiz Pozza, processualista de escol: "do mesmo modo, afasto a preliminar de descabimento do agravo, porque o juiz *a quo* não teria indeferido a antecipação da tutela, mas simplesmente postergado seu exame para após a contestação da agravada. Ora, ainda que se possa admitir em casos especiais que o juiz, antes de proferir a decisão antecipatória da tutela, aguarde a manifestação do réu, há outros em que a situação fática não admite que isso seja feito. Ou seja, haverá hipóteses em que tal postura do juiz configura um verdadeiro indeferimento da medida postulada, pela urgência da parte em obter o provimento postulado – seja para imediato cumprimento, seja para interpor recurso. Não se pode de modo nenhum esquecer que o direito à jurisdição de urgência tem dimensão constitucional entre nós (art. 5º,

---

[238] Lineamenti del Processo Civile di Cognizione, 2. ed. Milano: Giuffrè, 2002, p. 13. Outras informações sobre o assunto podem ser encontradas em Antonio Didone, "Apuntes sobre la Duración Razonable del Proceso Civil". In: Revista Peruana de Derecho Procesal. Lima: Estudio Monroy Abogados, 2004, p. 185/197, n. VII.

[239] TJ-RS, 18ª Câmara Cível, AIAGI n. 70010827772, rel. Pedro Luiz Pozza, j. em 17.02.2005.

XXXV e LXXVIII), como salienta Luiz Guilherme Marinoni (A Antecipação da Tutela, 8. ed. São Paulo: Malheiros, 2004, pp. 155/166), assim como tem diante do direito italiano (art. 111 da Constituição italiana), como abaliza a doutrina (por todos, Andrea Proto Pisani, Lezioni di Diritto Processuale Civile, 4. ed. Napoli: Jovene, 2002, p. 596), sendo, ademais, um autêntico direito fundamental, perspectiva que coloca a problemática ora discutida em um outro plano de compreensão, escapando do alcance puramente infraconstitucional. Se o autor tem direito a obter do Poder Judiciário uma resposta ao seu pedido, como de fato tem (art. 5°, XXXV, CF), e se essa resposta não pode ignorar a passagem do tempo (art. 5°, LXXVIII, CF, redação da EC n. 45/2004), que por si só é um fator de dano ao autor (no mínimo de um *dano marginale*, como anota Italo Andolina, 'Cognizione' ed 'Esecuzione Forzata' nel Sistema della Tutela Giurisdizionale. Milano: Giuffrè, 1983, p. 17), evidente que se mostram suscetíveis de sindicalização por essa Corte eventuais decisões do juiz de primeiro grau que fazem tábua rasa do tempo no processo. Esse, por expressa disposição constitucional, é plenamente judicializável, porque a sua exata composição no processo é um elemento impossível de ser eliminado do devido processo legal processual brasileiro (art. 5°, LIV, CF), assim como é de outros ordenamentos jurídicos (como o Espanhol, em que o art. 24, segunda parte, Constituição, em que se assegura um processo 'sem dilações indevidas'). Ora, é evidente que, ao postergar a apreciação do pedido de antecipação de tutela o dd. magistrado de primeiro grau dilatou indevidamente o processo, afrontando o direito do autor a um processo tempestivo (art. 5°, LXXVIII, CF, redação da EC n. 45/2004). Importa lembrar, ainda, que pelo regime de fundamentalidade formal e material do direito fundamental a um processo justo e équo (art. 5°, LIV, CF), que engloba sem dúvida o direito fundamental a um processo tempestivo (art. 5°, LXXVIII, CF), não só o legislador é devedor de estruturas que possibilitem a adjudicação aos cidadãos de uma jurisdição com esses predicados, mas também o próprio Poder Judiciário coloca-se em uma situação de passividade em face dos cidadãos, porquanto os direitos fundamentais têm, entre nós, aplicação imediata (art. 5°, § 1°, CF). A doutrina, tanto constitucional (acerca, na doutrina brasileira, Ingo Wolfgang Sarlet, A Eficácia dos Direitos Fundamentais, 4. ed. Porto Alegre: Livraria do Advogado, 2004, p. 225 e seguintes; na doutrina portuguesa, José Carlos Vieira de Andrade, Os Direitos Fundamentais na Constituição Portuguesa de 1976, 2. ed. Coimbra: Almedina, 2001, p. 199 e seguintes), como a processual civil (assim, amplamente, Carlos Alberto Alvaro de Oliveira, "O Processo Civil na Perspectiva dos Direitos Fundamentais". In: Alvaro de Oliveira, Carlos Alberto (org.), Processo e Constituição. Rio de Janeiro: Forense, 2004, p. 5/6; Luiz Guilherme Marinoni, Técnica Processual e Tutela dos Direitos. São Paulo: Revista dos Tribunais, 2004, p. 165/247), é absolutamente tranqüila a respeito do ponto. No caso vertente, a postergação da decisão importou em verdadeira denegação da jurisdição de urgência, o que pode, induvidosamente, ser levado a este Tribunal de Justiça, à força dos preceitos constitucionais que regem a espécie. Pensar de modo diverso importa em ler o processo civil através de outro prisma que não o constitucional, o que é absolutamente inadmissível em face da força normativa da Constituição, que sói reconhecer-se no constitucionalismo contemporâneo (por todos, Konrad Hesse, A Força Normativa da Constituição. Porto Alegre: Sergio Antonio Fabris Editor, 1991)".

1.3. A INSTRUMENTALIDADE DO PROCESSO E A JUSTIÇA NO CASO CONCRETO

O modo como se estabelecem as relações entre o direito material e o processo civil perpassa todos os momentos da história desse último, sendo um problema recorrente em nossa disciplina, como bem observa Juan José Monroy Palacios.[240] A maneira como se dá precisamente esse nexo é, evidentemente, fruto da cultura do povo, do espírito da época, com o que não pode ser analisada de uma forma estanque, como se o jurídico pudesse conviver no mundo sem outros elementos, sem outros processos de adaptação social (como a política, a economia, a moda etc.). As relações entre o direito e o processo pressupõem tomadas de compromissos com esses ou aqueles valores, estruturando-se a partir daí o estado de coisas que se pretende alcançar com o direito processual civil. Vejamos como se dão as relações entre direito material e processo desde a compreensão unitária que os autores medievais tinham da cinca até a separação de ambos os planos, acentuando-se a finalidade instrumental do direito processual civil em relação ao direito material, voltado à realização da justiça no caso concreto.

As relações entre o direito e o processo na época do praxismo podem ser bem resumidas na conhecida fórmula da *actio* romana: o direito subjetivo violado fazia surgir a "ação" processual. Note-se bem: a "ação" apresentava-se no mundo como um mero apêndice do direito material, um desdobramento dele, segundo vieram a entender os

---
[240] La Tutela Procesal de los Derechos. Lima: Palestra, 2004, p. 122.

processualistas modernos, interpretando o conceito de ação como se de "ação" se cuidasse. O processo civil vinha todo subordinado ao direito material, sem qualquer autonomia científica: dessa época, pois, a idéia de tomar o direito processual como direito adjetivo, já criticada precedentemente. Assinalava-se ao processo tão-somente o escopo de realização de direitos subjetivos, sobrelevando o interesse da parte na resolução da cinca judiciária. Aliás, sequer se aludia ao termo processo, sendo esse encarado como mera sucessão de atos, como mero procedimento. Havia o *judicium*; não havia, ainda, o *processus*.[241]

Aliás, nada obstante a manifesta inadequação de colocar-se como escopo fundamental do processo a tutela dos direitos subjetivos, ainda há autores contemporâneos que assim compreendem a finalidade institucional do processo civil, fazendo tábua-rasa da natureza pública que permeia todas as normas de direito processual civil. Entre outros, já acenaram nesse sentido Francesco Paolo Luiso[242] e Fábio Cardoso Machado.[243] Ora, está assente na boa processualística que os escopos fundamentais do processo civil hodierno cifram-se à aplicação da direito,[244] à pacificação social[245] e à busca pela justiça do caso concreto,[246] com o que, apenas reflexamente, se busca tutelar as posições subjetivas das partes. A preocupação central, porém, não está polarizada na tutela dos direitos subjetivos, própria da cultura pré-moderna[247] (tirante, evidentemente, o período romano da *cognitio extra ordinem*, no qual a tônica publicística é notória[248]), mas na salvaguarda do acesso à juridicidade estatal. Não

---

[241] Sobre esse instigante tema, Nicola Picardi, "Processo Civile (Diritto Moderno)". In: Enciclopedia del Diritto. Milano: Giuffrè, 1987, p. 101/118, vol. XXXVI. Sobre o assunto, na doutrina brasileira, Hermes Zaneti Júnior, "O Problema da Verdade no Processo Civil: Modelos de Prova e de Procedimento Probatório". In: Introdução ao Estudo do Processo Civil – Primeiras Linhas de um Paradigma Emergente. Porto Alegre: Sérgio Antônio Fabris Editor, 2004, p. 115/164, em co-autoria com Daniel Francisco Mitidiero.

[242] Diritto Processuale Civile, 3. ed. Milano: Giuffrè, 2000, p. 3, vol. I.

[243] "Sobre o Escopo Jurídico do Processo: o Problema da Tutela dos Direitos". In: Estudos Jurídicos – Revista do Centro de Ciências Jurídicas da Universidade do Vale do Rio dos Sinos. São Leopoldo: UNISINOS, 2003, p. 125, vol. 36, n. 97.

[244] Assim, por todos, Pontes de Miranda, Comentários ao Código de Processo Civil, 5. ed. Rio de Janeiro: Forense, 1997, p. 36, tomo I.

[245] Que é, necessariamente, uma pacificação com justiça, na feliz síntese de Cândido Rangel Dinamarco, A Instrumentalidade do Processo, 8. ed. São Paulo: Malheiros, 2000, p. 159/162.

[246] Conforme, por todos, Carlos Alberto Alvaro de Oliveira, "O Processo Civil na Perspectiva dos Direitos Fundamentais". In: Gênesis Revista de Direito Processual Civil. Curitiba: Gênesis, 2002, p. 658, n. 26.

[247] Assim, por todos, Cândido Rangel Dinamarco, A Instrumentalidade do Processo, 8. ed. São Paulo: Malheiros, 2000, p. 18.

[248] Consulte-se, entre outros, Max Kaser, Direito Privado Romano. Lisboa: Fundação Calouste Gulbenkian, 1999, p. 466.

há compromisso mais engastado em uma pública e democrática administração da justiça que a preocupação com a efetividade de uma ordem jurídica justa, o que se persegue, justamente, com o direito processual civil.

Era comum entre os praxistas encarar-se o direito como um fenômeno unitário, sem que se assinalasse a diferença entre o plano do direito material e o plano do direito processual, obra fundamentalmente moderna, como não deixa de reconhecer Alessandro Giuliani.[249] Sintomática dessa orientação, como anota Riccardo Orestano,[250] a impostação que o direito processual civil merecia nos livros jurídicos da época: sirva de exemplo, por todos, as pandectas de Thibaut, que até a sétima edição, datada de 1828, incluía uma ampla exposição do direito processual civil em seu terceiro volume, posteriormente subtraída do plano geral da obra, haja vista os influxos do processualismo sobre a concepção jurídica de então.

Com o advento do processualismo, iniciado sem dúvida alguma com a célebre obra de Oskar Bülow[251] (mas que no Brasil só firmou raiz com o Código Buzaid, consoante já registramos), verdadeira "certidão de nascimento da ciência processual",[252] começa-se a pensar o direito processual civil como algo autônomo, desligado completamente do direito material.[253] Os processualistas lançaram-se à tarefa de construir a ciência processual, armando castelos conceituais amarrados principalmente no conceito de ação, verdadeiro pólo metodológico da nova ciência.[254] E aqui um ponto a ser guardado: o processualismo é fruto da doutrina, do racionalismo que então impregnava o ambiente acadêmico, como bem observa Ovídio Araújo Baptista da Silva.[255] Não é à toa, pois, que Knut Wolfgang

---

[249] Il Concetto di Prova – Contributto alla Logica Giuridica. Milano: Giuffrè, 1971, p. 232, nota de rodapé n. 1.

[250] "Azione. I – L'Azione in Generale: a) Storia del Problema". In: Enciclopedia del Diritto. Milano: Giuffrè, 1959, p. 790, vol. IV.

[251] Die Lehre von den Processeinreden und die Processvorausstzungen. Giessen: Emil Roth, 1868. Anote-se que existe uma excelente e acessível tradução dessa obra em espanhol: La Teoría de las Excepciones Procesales y los Presupuestos Procesales. Buenos Aires: Ejea, 1964.

[252] Cândido Rangel Dinamarco, Instituições de Direito Processual Civil, 3. ed. São Paulo: Malheiros, 2003, p. 258, vol. I.

[253] Para uma análise crítica, com grande proveito, Ovídio Araújo Baptista da Silva, Jurisdição e Execução na Tradição Romano-Canônica, 2. ed. São Paulo: RT, 1997, p. 161/180.

[254] Como não deixou de anotar Elio Fazzalari, "La Dottrina Processualistica Italiana: Dall''Azione' al 'Processo' (1864-1994)". In: Rivista di Diritto Processuale. Padova: Cedam, 1994, p. 911, vol. XLIX, parte II.

[255] Acerca, Jurisdição e Execução na Tradição Romano-Canônica, 2. ed. São Paulo: Revista dos Tribunais, 1997, p. 102/133. Para um exame das conseqüências do método racionalista (conceitualista e abstrato) para o direito processual civil, consulte-se Sergio Chiarloni, Introduzione allo Studio del Diritto Processuale Civile. Torino: G. Giappichelli Editore, 1975, p. 5/16.

Nörr indica como o marco inicial da história da ciência processual o direito processual racional,[256] nem se mostra surpreendente que Giuseppe Chiovenda, príncipe dos processualistas italianos, tenha construído toda a sua doutrina à base de um mentalismo conceitual exacerbado, como lembra Giovanni Tarello.[257] O "doutrinarismo" no campo do direito processual civil, na feliz expressão de Sergio Chiarloni,[258] é antes de tudo expressão do racionalismo jurídico.

O processo passa a ser entendido como uma relação processual abstrata, um vínculo jurídico que liga os sujeitos processuais. A ação passa a ocupar o centro das polêmicas, sendo essas disputadas com o fito de melhor equacionar as relações entre o direito e o processo civil.[259] A jurisdição consolida-se como um poder estatal: o direito processual civil apropriado pelo Estado, pelo príncipe,[260] ciente de que se trata de um precioso exercício de poder,[261] resta à mercê da consecução dos interesses estatais.

Aqui o ponto: no período do processualismo a relação entre direito subjetivo e ação polariza o relacionamento entre os planos do direito material e do direito processual. Afastam-se, num primeiro momento, os dois planos: o processo, embora sirva para aplicação do direito material, não teria qualquer compromisso em atentar às especificidades da situação jurídica material de vantagem em causa, dada a sua autonomia científica. O procedimento ordinário erige-se em procedimento padrão, prestigiando-se, aliás, a igualdade puramente formal, bem ao sabor das doutrinas liberais então mais largamente vicejantes.[262]

---

[256] "Alcuni Momenti della Storiografia del Diritto Processuale". In: Rivista di Diritto Processuale. Padova: Cedam, 2004, p. 2, parte I.

[257] "Quattro Buoni Giuristi per una Cattiva Azione". In: Dottrine del Processo Civile – Studi Storici sulla Formazione del Diritto Processuale Civile. Bologna: Il Mulino, 1989, p. 243/246.

[258] Introduzione allo Studio del Diritto Processuale Civile. Torino: G. Giappichelli Editore, 1975, p. 8.

[259] Que, no fundo, é o denominador comum entre todas as teorias que se propuseram a compreender o problema da ação, consoante a precisa anotação de Alessandro Pekelis, "Azione". In: Nuovo Digesto Italiano. Torino: UTET, 1937, p. 94, vol. II.

[260] Sobre o assunto, Nicola Picardi, "Il Giudice e la Legge nel Code Louis". In: Rivista di Diritto Processuale. Padova: Cedam, 1995, p. 33/48, vol. L, parte I.

[261] Sobre o assunto, com grande proveito, Carlos Augusto Silva, O Processo Civil como Estratégia de Poder: Reflexo da Judicialização da Política no Brasil. Rio de Janeiro: Renovar, 2004.

[262] A correlação entre procedimento comum ordinário e igualdade formal e procedimentos especiais ("tutelas jurisdicionais diferenciadas") e igualdade material é absolutamente encontradiça na doutrina. Na brasileira, por todos, Luiz Guilherme Marinoni, Novas Linhas do Processo Civil, 4. ed. São Paulo: Malheiros, 2000, p. 37/39; na italiana, por todos, Nicola Picardi, Appunti di Diritto Processuale Civile – I Processi Speciali, Esecutivi e Cautelari. Milano: Giuffrè, 2002, p. 3/5.

No processualismo, o direito material e o direito processual são duas realidades distintas que não se tocam, embora, curiosamente, sempre se tenha proclamado a vocação desse último para tutela daquele. Em suma: o processo civil deixa de ser entendido como uma continuação do direito material, totalmente subordinado a esse (como era entendido no período do praxismo) e alcança a máxima abstração, desligando-se do plano do direito material a pretexto de sua autonomia científica. Tal o estado da arte no processualismo.

Nessa quadra, chega-se ao formalismo-valorativo. Aqui o processo civil vai dominado pelos valores constitucionais e pela consciência de que é um instrumento ético. A relação entre o direito e o processo civil deixa de ter como único ponto de encontro o instituto da ação e passa a dominar o processo em toda a sua extensão.[263] Vale dizer: todo o processo reage ao direito material, como bem observa Elio Fazzalari.[264]

Mais profundamente, diz-se que o processo deve partir do direito material, da realidade substancial, e ao direito material deve voltar.[265] É a teoria da relação circular, bem surpreendida por Hermes Zaneti Júnior,[266] na esteira do pensamento de Carlos Alberto Alvaro de Oliveira. Com efeito, como observa Carlos Alberto Alvaro de Oliveira, "o direito material constitui a matéria-prima com que irá trabalhar o juiz, mas sob uma luz necessariamente diversa. O resultado desse trabalho, que é a tutela jurisdicional, refletida na eficácia da sentença, já não apresenta o direito material em estado puro, mas transformado, em outro nível qualitativo. O provimento jurisdicional, embora certamente se apóie no direito material, apresenta outra força, outra eficácia, e com aquele não se confunde, porque, além de constituir resultado do trabalho de reconstrução e até de criação por parte do órgão judicial, exibe o selo da autoridade estatal, proferida a decisão com garantias do devido processo legal".[267] O processo recebe direito material e devolve direito material, mas aí já tocado pela atividade jurisdicional, o que lhe outorga uma

---

[263] Assim, por todos, José Roberto dos Santos Bedaque, Direito e Processo – Influência do Direito Material sobre o Processo. São Paulo: Malheiros, 1995, p. 17.

[264] Note in Tema di Diritto e Processo. Milano: Giuffrè, 1957, p. 113; "La Dottrina Processualistica Italiana: Dall'"Azione' al 'Processo' (1864-1994)". In: Rivista di Diritto Processuale. Padova: Cedam, 1994, p. 923, vol. XLIX, parte II.

[265] Assim, Francesco Paolo Luiso, Diritto Processuale Civile, 3. ed. Milano: Giuffrè, 2000, p. 6, vol. I.

[266] "Direito Material e Direito Processual: Relações e Perspectivas". In: Revista Processo e Constituição – Coleção Galeno Lacerda de Estudos de Direito Processual Constitucional. Porto Alegre: Faculdade de Direito, UFRGS, 2004, p. 248, n. 1.

[267] "O Problema da Eficácia da Sentença". In: Gênesis Revista de Direito Processual Civil. Curitiba: Gênesis, 2003, p. 443, n. 29.

outra dignidade perante a ordem jurídica: o processo, que inicialmente revelara toda a "fragilidade" e "discutibilidade" do direito material, como observa Gustav Radbruch,[268] dissolve a incerteza e devolve ao plano do direito material situações jurídicas já não mais suscetíveis de revisão (ao menos, já não mais suscetíveis de revisão fora dos quadros do Poder Judiciário).[269]

Explorando um outro viés do tema, pode-se afirmar que o direito processual é essencial ao direito material, assim como esse é igualmente fundamental àquele. Existe, pois, uma interdependência existencial entre os dois planos, uma "interdependência funcional" entre ambos, como ensina Juan José Monroy Palacios.[270] Certo, sem o direito material, o processo civil simplesmente não teria função alguma;[271] agora, sem o direito processual, o direito material não conseguiria superar eventuais crises na sua realização. Tem razão Andrea Proto Pisani em afirmar, pois, que a importância do direito processual está em que da sua existência depende a existência mesmo – em nível de efetividade – do direito material.[272] Como de há muito referia Francesco Carnelutti, *"il diritto senza processo non potrebbe raggiungere il suo scopo; non sarebbe il diritto, in una parola"*.[273] Nesse mesmo sentido, nada obstante seu indisfarçável monismo, caminham igualmente as preciosas observações de José Joaquim Calmon de Passos a propósito do tema.[274]

O formalismo-valorativo trabalha com a idéia de efetividade do processo e procura estruturá-lo de modo que esse consiga propiciar aos cidadãos uma tutela jurisdicional adequada, tempestiva e efetiva (art. 5º, XXXV, CRFB), tendo em vista a consciência de que o direito material sem a assistência do processo simplesmente não é, ao menos em nível de efetividade. Essa efetividade, no entanto, vem balizada pela necessidade de observar-se o devido processo legal processual

---

[268] Filosofia do Direito, 6. ed. Coimbra: Armênio Amado Editor, 1979, p. 346.

[269] A irreversibilidade externa dos provimentos jurisdicionais é uma das características do conceito contemporâneo de jurisdição, conforme, entre outros, Daniel Francisco Mitidiero, Comentários ao Código de Processo Civil. São Paulo: Memória Jurídica Editora, 2004, p. 51/53, tomo I e Hermes Zaneti Júnior, "Processo Constitucional: Relações entre Processo e Constituição". In: Introdução ao Estudo do Processo Civil – Primeiras Linhas de um Paradigma Emergente. Porto Alegre: Sérgio Antônio Fabris Editor, 2004, p. 47, em co-autoria com Daniel Francisco Mitidiero.

[270] La Tutela Procesal de los Derechos. Lima: Palestra, 2004, p. 131.

[271] Como lembra, entre outros, José Roberto dos Santos Bedaque, Direito e Processo – Influência do Direito Material sobre o Processo. São Paulo: Malheiros, 1995, p. 17/18.

[272] Lezioni di Diritto Processuale Civile, 4. ed. Napoli: Jovene, 2002, p. 5.

[273] Diritto e Processo. Napoli: Morano Editore, 1958, p. 33.

[274] "Instrumentalidade do Processo e Devido Processo Legal". In: Revista Síntese de Direito Civil e Processual Civil. Porto Alegre: Síntese, 2000, p. 10/11, n. 07.

(art. 5º, LIV, CRFB), já delineado, ao fim e ao cabo, pendor de segurança jurídica dos cidadãos em face do Estado, como ensina Carlos Alberto Alvaro de Oliveira.[275]

Sendo o processo civil e o direito material duas realidades intimamente dependentes, ambas coordenadas a fim de que se adjudique a todos uma ordem jurídica efetiva, sobra natural a idéia de que o processo é um instrumento, já bem destacada por Cândido Rangel Dinamarco.[276] A questão é justamente essa: um instrumento para que? A um primeiro momento, afirma-se que o processo civil é um instrumento para realização do direito material, o que leva inclusive à relativização do binômio direito-processo,[277] permitindo a compreensão do processo civil como algo interdependente do direito material.[278] Em um segundo momento, porém, já totalmente imbuído o processualista dos valores constitucionais vigentes, passa-se a advogar a instrumentalidade do processo a fim de que se realize a justiça no caso concreto,[279] tendo em conta mesmo que um dos objetivos fundamentais da República Federativa do Brasil é a construção de uma sociedade justa (art. 3º, I, CRFB), desiderato que passa, necessariamente, pela construção de processos justos e de decisões equânimes, como observa Carlos Alberto Alvaro de Oliveira.[280]

Através do manejo dos dois valores fundamentais do processo civil (efetividade e segurança) e da problematicidade inerente ao fenômeno jurídico, o processo civil na perspectiva do formalismo valorativo procura construir soluções justas, pensadas à luz da concretude dos casos.[281] Vale dizer: o processo não é só um instrumento

---

[275] "O Processo Civil na Perspectiva dos Direitos Fundamentais". In: Do Formalismo no Processo Civil", 2. ed. São Paulo: Saraiva, 2003, p. 272.

[276] A Instrumentalidade do Processo, 8. ed. São Paulo: Malheiros, 2000.

[277] Assim, por todos, Cândido Rangel Dinamarco, A Instrumentalidade do Processo, 8. ed. São Paulo: Malheiros, 2000, p. 272.

[278] Assim, por todos, Andrea Proto Pisani, Lezioni di Diritto Processuale Civile, 4. ed. Napoli: Jovene, 2002, p. 5.

[279] Justiça no caso concreto que se busca através de uma teoria processual da justiça materialmente fundada (conforme a sugestão de Arthur Kaufmann, Filosofia do Direito. Lisboa: Fundação Calouste Gulbenkian, 2004, p. 426/435), trabalhando-se metodicamente com modelos de subsunção, se o elemento de previsão da norma estiver suficientemente definido, e com modelos de concreção, quando tal não ocorrer (conforme, entre outros, Karl Larenz, Metodologia da Ciência do Direito, 3. ed. Lisboa: Fundação Calouste Gulbenkian, 1997, p. 201). Aqui, aliás, salta nítida a natureza do processo jurisdicional como um instrumento para busca da justiça no caso concreto.

[280] "O Processo Civil na Perspectiva dos Direitos Fundamentais". In: Do Formalismo no Processo Civil, 2. ed. São Paulo: Saraiva, 2003, p. 270.

[281] Anote-se, de resto, que a preocupação com o "caso" é uma tendência constante dentro da processualística contemporânea, conforme, por todos, Luiz Guilherme Marinoni, Técnica Processual e Tutela dos Direitos. São Paulo: Revista dos Tribunais, 2004, p. 214. Igualmente, essa preocupação não é menor no âmbito da metodologia do direito, como anota Karl Larenz, Metodologia da Ciência do Direito, 3. ed. Lisboa: Fundação Calouste Gulbenkian, 1997, p. 168.

do direito material, mas em alguns casos é também um momento constitutivo desse, sendo a atividade jurisdicional sempre e em alguma medida, criativa da normatividade estatal.[282] Afinal, depois de tudo que se escreveu no último século no campo da filosofia do direito, como bem anota Ovídio Araújo Baptista da Silva,[283] continuar insistindo na função meramente intelectiva do juiz e, portanto, na neutralidade do processo quanto ao direito material, é algo anacrônico, incompatível mesmo com o nosso cotidiano forense.

O direito material logra inserção no processo *in status assertionis*. Afirma-se dada situação de vantagem na petição inicial, colocando o juiz na obrigação de sentenciar. O que "era", com o processo, passa a constituir-se em uma "expectativa de ser", como ensina Ovídio Araújo Baptista da Silva,[284] incerteza que só se ultimará com a prolação do provimento jurisdicional, na preciso magistério de Carlos Alberto Alvaro de Oliveira.[285]

As relações entre o direito material e o processo civil, nessa perspectiva, aparecem em termos de essencialidade (sem que tenhamos, no entanto, qualquer "integração ontológica", como corretamente observa Hermes Zaneti Júnior[286]), jungidos os dois planos à consecução do justo, que, tudo sopesado, é mesmo um dos objetivos primordiais da República Federativa do Brasil (art. 3º, I, CRFB). Concretiza-se no processo o direito material, dando-se pela confluência de ambos a construção de uma sociedade mais livre, justa e solidária, sendo o processo civil, nessa perspectiva, sobretudo um instrumento de justiça social.

---

[282] Sobre esse tema, procurando explicar o fenômeno da criação judicial do direito, consulte-se o clássico ensaio de Mauro Cappelletti, Juízes Legisladores? Porto Alegre: Sérgio Antônio Fabris Editor, 1999, e, mais recentemente, Nicola Picardi, "La Vocazione del Nostro Tempo per la Giurisdizione". In: Rivista Trimestrale di Diritto e Procedura Civile. Milano: Giuffrè, 2004, p. 41/71, n. 1. Ensaio de Cappelletti intrinsecamente ligado ao dantes mencionado e que se recomenda igualmente a leitura é Juízes Irresponsáveis? Porto Alegre: Sérgio Antônio Fabris Editor, 1989.

[283] Processo e Ideologia – O Paradigma Racionalista. Rio de Janeiro: Forense, 2004, p. 26/27. Para um aprofundamento dessa questão, consulte-se, entre outros, Antônio Castanheira Neves, Metodologia Jurídica – Problemas Fundamentais. Coimbra: Coimbra Editora, 1993, p. 34/81; Arthur Kaufmann, "A Problemática da Filosofia do Direito ao Longo da História". In: Kaufmann, Arthur e Hassemer, Winfried (orgs.), Introdução à Filosofia do Direito e à Teoria do Direito Contemporâneas. Lisboa: Fundação Calouste Gulbenkian, 2002, p. 57/208.

[284] "Direito Material e Processo". In: Gênesis Revista de Direito Processual Civil. Curitiba: Gênesis, 2004, p. 627/628, n 33.

[285] "O Problema da Eficácia da Sentença". In: Gênesis Revista de Direito Processual Civil. Curitiba: Gênesis, 2003, p. 443, n. 29.

[286] "Direito Material e Direito Processual: Relações e Perspectivas". In: Revista Processo e Constituição – Coleção Galeno Lacerda de Estudos de Direito Processual Constitucional. Porto Alegre: Faculdade de Direito, UFRGS, 2004, p. 261, n. 1.

2. Jurisdição, "Ação" e Processo na perspectiva do Processo Civil brasileiro contemporâneo

Sendo os conceitos de jurisdição, "ação" e processo a trilogia estrutural do processo civil, consoante a precisa observação de Ramiro Podetti,[287] natural que os novos influxos culturais determinem uma revisão nos conceitos propostos pelo processualismo, a fim de que se coadunem ao formalismo-valorativo. Cumpre, pois, enfrentar o tema à luz de nossos valores constitucionais.

2.1. JURISDIÇÃO

O primeiro conceito a ser enfrentado é o de jurisdição. O conceito de jurisdição coarctado ao processualismo será tratado como conceito tradicional, praticado pela ciência "normal", ao passo que o conceito ligado ao formalismo-valorativo será trabalhado como conceito contemporâneo, ligado à ciência "extraordinária".[288]

2.1.1. Conceito tradicional de jurisdição

A doutrina brasileira tende a entender que a jurisdição é uma atividade substitutiva do juiz, cujo objeto é a eliminação de uma lide com força de coisa julgada em uma atividade plenamente vinculada à lei.[289] É essa, por exemplo, a definição de José Frederico Marques.[290]

---

[287] Teoría y Tecnica del Proceso Civil y Trilogia Estructural de la Ciencia del Proceso Civil. Buenos Aires: Ediar Editores, 1963, p. 336.

[288] Sobre a jurisdição dentro da ciência "normal" e da ciência "extraordinária", consulte-se Daniel Francisco Mitidiero, Comentários ao Código de Processo Civil. São Paulo: Memória Jurídica Editora, 2004, p. 26/61, tomo I.

[289] Subtraímo-nos de traçar um quadro histórico da jurisdição, assunto que pode ser encontrado, por exemplo, em Ovídio Araújo Baptista da Silva, Jurisdição e Execução na Tradição Romano-Canônica, 2. ed. São Paulo: Revista dos Tribunais, 1997; Fábio Cardoso Machado,

O conceito proposto por José Frederico Marques congrega em si as opiniões de Giuseppe Chiovenda, Francesco Carnelutti, Piero Calamandrei e Enrico Allorio sobre a essência do ato jurisdicional, sendo, pois, paradigmático.[291] A maioria dos autores brasileiros repetem-no, com maior ou menor variação, suprimindo por vezes um ou outro elemento.

Consoante observa Giuseppe Chiovenda, o critério realmente diferencial, suficiente para apartar a jurisdição das outras atividades do Estado, é o da substitutividade, na medida em que o Estado, ao jurisdicionar, está sempre a substituir uma atividade pública por uma atividade alheia.[292] A doutrina de Chiovenda fez fortuna, repetindo-a, por exemplo, Alfredo Rocco,[293] Sergio Costa,[294] Alexandre Freitas Câmara,[295] Arruda Alvim,[296] Celso Agrícola Barbi[297] e Cândido Rangel Dinamarco.[298]

Está assente na doutrina contemporânea, porém, a imprestabilidade do conceito proposto por Chiovenda. A uma, porque não se pode vislumbrar uma atividade substitutiva do órgão jurisdicional quando esse decide, por exemplo, sobre questões processuais (competência, suspeição, impedimento etc.), sendo induvidoso, todavia, que ao fazê-lo está o juiz a prestar jurisdição, como afiança Galeno Lacerda;[299] a duas, porquanto, como observa Ovídio Araújo Baptista da Silva,[300] para Chiovenda o ordenamento jurídico seria pleno, cumprindo ao juiz tão-somente subsumir a norma ao caso concreto alçando mão de uma atividade puramente intelectiva, o que evidentemente

---

Jurisdição, Condenação e Tutela Jurisdicional. Rio de Janeiro: Lumen Juris, 2004; Elaine Harzheim Macedo, Jurisdição e Processo – Crítica Histórica e Perspectivas para o Terceiro Milênio. Porto Alegre: Livraria do Advogado, 2005, p. 19/100; Daniel Francisco Mitidiero, Comentários ao Código de Processo Civil. São Paulo: Memória Jurídica Editora, 2004, p. 21/61, tomo I.

[290] Ensaio sobre a Jurisdição Voluntária, 2. ed. São Paulo: Saraiva, 1959, p. 61.

[291] Para uma análise mais pormenorizada das teorias de Giuseppe Chiovenda, Francesco Carnelutti e Piero Calamandrei, assim como de outras não mencionadas no texto, sobre o conceito de jurisdição, consulte-se Eduardo Cambi, Jurisdição no Processo Civil – Compreensão Crítica. Curitiba: Juruá, 2003, p. 17/90.

[292] Instituições de Direito Processual Civil, 3. ed. São Paulo: Saraiva, 1969, p. 10/11, vol. II.

[293] La Sentenza Civile – Studi. Milano: Giuffrè, 1962, p. 8.

[294] Manuale di Diritto Processuale Civile, 4. ed. Torino: UTET, 1973, p. 77.

[295] Lições de Direito Processual Civil, 10. ed. Rio de Janeiro: Lumen Juris, 2004, p. 70, vol. I.

[296] Manual de Direito Processual Civil, 7. ed. São Paulo: Revista dos Tribunais, 2000, p. 179, vol. I.

[297] Comentários ao Código de Processo Civil, 11. ed. Rio de Janeiro: Forense, 2002, p. 11, vol. I.

[298] Instituições de Direito Processual Civil, 3. ed. São Paulo: Malheiros, 2003, p. 310/311, vol. I.

[299] Comentários ao Código de Processo Civil, 7. ed. Rio de Janeiro: Forense, 1998, p. 17, vol. VIII, tomo I; Despacho Saneador, 3. ed. Porto Alegre: Sérgio Antônio Fabris Editor, 1990, p. 102/104.

[300] Curso de Processo Civil, 5. ed. São Paulo: Revista dos Tribunais, 2000, p. 29/30, vol. I.

não mais se coaduna com a idéia, hoje largamente vencedora no campo da metodologia jurídica e da filosofia do direito, de que toda a interpretação carrega em si um ato mais ou menos criativo da ordem jurídica.[301] A teoria dos princípios jurídicos, aliás, é emblemática a propósito do assunto.[302] Finalmente, tal como já declinamos alhures,[303] com a teoria da substitutividade da jurisdição não temos como explicar a ação (de direito material) e a sentença (de procedência) preponderantemente mandamentais, já que nelas o juiz não substitui nenhuma atividade da parte, sendo a ordem dele emanada impensável antes do aparecimento do Estado.

Para Carnelutti, o caráter específico da jurisdição está na eliminação de uma lide,[304] entendida essa como um conceito pré-processual, como um conflito de interesses qualificado pela pretensão de um litigante a um bem e a resistência de outro à entrega do mesmo.[305] No Brasil, a teoria tem, entre outros seguidores, Galeno Lacerda[306] e Humberto Theodoro Júnior.[307]

---

[301] Sobre o assunto, no campo da metodologia jurídica, largamente, Antônio Castanheira Neves, Metodologia Jurídica – Problemas Fundamentais. Coimbra: Coimbra Editora, 1993, p. 83 e seguintes; no campo da filosofia do direito, embora a observação tenha sido declinada em obra geral, Hans-Georg Gadamer, Verdade e Método, 4. ed. Petrópolis: Editora Vozes, 1997, p. 490, vol. I.

[302] Sobre a teoria dos princípios, consulte-se a decisiva contribuição de Humberto Ávila, Teoria dos Princípios – Da Definição à Aplicação dos Princípios Jurídicos, 2. ed. São Paulo: Malheiros, 2003.

[303] Comentários ao Código de Processo Civil. São Paulo: Memória Jurídica Editora, 2004, p. 45, tomo I. Sobre o assunto, ainda, Jacqueline Pires Albernad, "O Conceito Clássico de Jurisdição em face da Sentença do 461: a Premissa da Substitutividade e a sua Insuficiência frente a Sentença de Procedência do Mesmo Dispositivo". In: Revista Processo e Constituição – Coleção Galeno Lacerda de Estudos de Direito Processual Constitucional. Porto Alegre: Faculdade de Direito, UFRGS, 2005, n. II.

[304] Sistema de Derecho Procesal Civil. Buenos Aires: UTEHA, 1944, p. 271, vol. I. Posteriormente, Carnelutti deixou de emprestar ao conceito de lide função central em sua teoria do processo, o que pode mesmo ser conferido a partir da sua última definição de jurisdição (Diritto e Processo. Napoli: Morano Editore, 1958, p. 18/19).

[305] Sobre o conceito de lide, consulte-se, entre outros, Francesco Carnelutti, Sistema di Diritto Processuale. Padova: Cedam, 1936, p. 907/908, vol. I; Istituzioni del Processo Civile Italiano, 5. ed. Roma: Società Editrice del Foro Italiano, 1956, p. 6/7, vol. I; Diritto e Processo. Napoli: Morano Editore, 1958, p. 53/56; Piero Calamandrei, "Il Concetto di 'Lite' nel Pensiero di Francesco Carnelutti". In: Opere Giuridiche. Napoli: Morano Editore, 1965, p. 200/226, vol. I; Enrico Tullio Liebman, "O Despacho Saneador e o Julgamento do Mérito". In: Estudos sobre o Processo Civil Brasileiro. São Paulo: José Bushatski Editor, 1976, p. 91/135; Alfredo Buzaid, Do Agravo de Petição no Sistema do Código de Processo Civil, 2. ed. São Paulo: Saraiva, 1956, p. 81/114; Daniel Francisco Mitidiero, Comentários ao Código de Processo Civil. São Paulo: Memória Jurídica Editora, 2004, p. 107/110, tomo I.

[306] Comentários ao Código de Processo Civil, 7. ed. Rio de Janeiro: Forense, 1998, p. 14 e seguintes, vol. VIII, tomo I.

[307] Curso de Direito Processual Civil, 40. ed. Rio de Janeiro: Forense, 2003, p. 30, vol. I.

Afora a óbvia objeção de que a teoria de Carnelutti, antes de explicar o que é a jurisdição, cinge-se a apontar a sua pretensa finalidade, como observa Francisco Wildo Lacerda Dantas,[308] essa padece da inadequação de partir de um conceito equivocado de lide, mais amplo que aquele a que se encontra confinada a atividade jurisdicional (art. 128, CPC), consoante a precisa impostação de Luiz Guilherme Marinoni.[309] Ainda, a doutrina de Carnelutti, ao fim e ao cabo, acaba por identificar a jurisdição com a mera declaração, expondo o normativismo que permeou todo o processualismo, como assevera Ovídio Araújo Baptista da Silva.[310] Ademais, a solução de conflitos não é apanágio exclusivo da jurisdição: diuturnamente as pessoas resolvem seus litígios de maneira autocompositiva ou buscando mecanismos extrajudiciais de solução de conflitos (o exemplo mais notório é a arbitragem), com o que não calha procurar o traço distintivo do ato jurisdicional na sua pretensa vocação para eliminação de uma lide.

Em ensaio bastante conhecido, Enrico Allorio procurou caracterizar a jurisdição como a função apta a produzir coisa julgada, afirmando existir um vínculo indestrutível entre essa e a jurisdição,[311] no que retomou uma antiga idéia de Piero Calamandrei, para quem ante o comportamento à coisa julgada é que se poderia distinguir se um ato revela ou não conteúdo genuinamente jurisdicional.[312] Autores contemporâneos de monta, como Elio Fazzalari,[313] continuam a defender a jurisdição como atividade vocacionada à produção de coisa julgada.

Ora, a coisa julgada sequer é um elemento essencial à jurisdição, atendendo antes a conveniências de política processual do que a uma hipotética imposição natural das coisas.[314] A propósito, o debate que

---

[308] Jurisdição, Ação (Defesa) e Processo. São Paulo: Dialética, 1997, p. 41.

[309] Novas Linhas do Processo Civil, 4. ed. São Paulo: Malheiros, 2000, p. 182.

[310] Curso de Processo Civil, 5. ed. São Paulo: Revista dos Tribunais, 2000, p. 32/40, vol. I.

[311] "Ensayo Polémico sobre la 'Jurisdicción' Voluntaria". In: Problemas de Derecho. Buenos Aires: Ejea, 1963, p. 15, tomo II.

[312] "Limiti fra Giurisdizione e Amministrazione nella Sentenza Civile". In: Opere Giuridiche. Napoli: Morano Editore, 1965, p. 91, vol. I. Para Calamandrei, a jurisdição caracteriza-se por ser uma atividade secundária, porque substitutiva, e declaratória, conforme "Limiti fra Giurisdizione e Amministrazione nella Sentenza Civile". In: Opere Giuridiche. Napoli: Morano Editore, 1965, p. 67/68, vol. I.

[313] "Processo Civile (Diritto Vigente)". In: Enciclopedia del Diritto. Milano: Giuffrè, 1987, p. 196, vol. XXXVI.

[314] Assim, entre outros, Karl von Savigny, Sistema de Derecho Romano Actual, 2. ed. Madrid: Centro Editorial de Góngora, s/ed., p. 168, tomo V; Adolf Wach, Manual de Derecho Procesal Civil. Buenos Aires: Ejea, 1977, p. 85, vol. I; Eduardo Juan Couture, Fundamentos del Derecho Procesal Civil. Buenos Aires: Aniceto Lopez Editor, 1942, p. 247.

se instaurou na doutrina acerca da desconsideração da coisa julgada bem o revela.³¹⁵ De resto, se aceitássemos a coisa julgada como uma característica da jurisdição, teríamos de repudiar por igual a jurisdicionalidade da atividade judicial levada a efeito no Processo de Execução (do Livro II do CPC, processo de execução obrigacional) e no Processo Cautelar, cujas decisões finais são incapazes, pela ínfima dose de declaratividade, de propiciar a formação da coisa julgada,³¹⁶ assunto que hoje ninguém mais se atreve colocar em discussão.³¹⁷

O conceito tradicional de jurisdição, ainda, encerra um traço nada desprezível: faz da jurisdição uma atividade plenamente vinculada à lei, entendida essa última como a expressão da vontade geral, integrada em um ordenamento jurídico pleno. Quem a exerce é o juiz "boca da lei", detentor de um poder nulo, rigidamente normatizado pela doutrina da separação de poderes do ciclo constitucional francês.

Importa observar, todavia, que tal entendimento ignora completamente a híbrida matriz de nosso Estado de Direito, que combina tanto elementos do *État Legal* como do *Rule of Law*, cujos instrumentos que operacionam a vinculação à juridicidade estatal são distintos: enquanto esse trabalha primacialmente com a cláusula do *due process of law*, aquele se pauta pela norma da legalidade.³¹⁸ Mais do que isso: o direito constitucional brasileiro, desde 1891, trabalha com o modelo da *judicial review*, de corte norte-americano, o que impõe um papel muito maior à jurisdição do que aquele normalmente reservado à

---

³¹⁵ Sobre o assunto, entre outros, Ovídio Araújo Baptista da Silva, "Coisa Julgada Relativa?". In: Revista da Ajuris. Porto Alegre: s/ed., 2004, p. 213/225, n. 94; Luiz Guilherme Marinoni, "O Princípio da Segurança dos Atos Jurisdicionais (a Questão da Relativização da Coisa Julgada Material)". In: Gênesis Revista de Direito Processual Civil. Curitiba: Gênesis, 2004, p. 142/162, n. 31; José Carlos Barbosa Moreira, "Considerações sobre a Chamada 'Relativização' da Coisa Julgada Material". In: Revista Forense. Rio de Janeiro: Forense, 2005, p. 43/61, vol. 377; Teresa Arruda Alvim Wambier e José Miguel Garcia Medina, O Dogma da Coisa Julgada – Hipóteses de Relativização. São Paulo: Revista dos Tribunais, 2003.

³¹⁶ Pela ausência de coisa julgada no Processo de Execução Obrigacional, Araken de Assis, Manual do Processo de Execução, 6. ed. São Paulo: Revista dos Tribunais, 2000, p. 261; pela ausência de coisa julgada no Processo Cautelar, Ovídio Araújo Baptista da Silva, Curso de Processo Civil, 3. ed. São Paulo: Revista dos Tribunais, 2000, p. 204, vol. III.

³¹⁷ Sobre o ponto, por todos, Ovídio Araújo Baptista da Silva, Curso de Processo Civil, 5. ed. São Paulo: Revista dos Tribunais, 2000, p. 32, vol. I.

³¹⁸ Sobre o assunto, na doutrina brasileira, César Saldanha Souza Júnior, A Supremacia do Direito no Estado Democrático e seus Modelos Básicos. Porto Alegre: s/ed., 2002, p. 99/175; na doutrina portuguesa, José Joaquim Gomes Canotilho, Direito Constitucional e Teoria da Constituição, 3. ed. Coimbra: Almedina, 1999, p. 89/93; na doutrina espanhola, Jorge de Esteban, Tratado de Derecho Constitucional, t. I. Madrid: Servicio Publicaciones Facultad Derecho Universidad Complutense Madrid, s/d., p. 195/198, vol. I; na doutrina francesa, Luc Heuschiling, État de Droit, Rechtsstaat, Rule of Law. Paris: Dalloz, 2002, p. 31/431.

mesma nos países ligados à tradição continental.[319] Em outras palavras: não está a jurisdição brasileira submetida à simples pauta da legalidade, mas sim e fundamentalmente à pauta da juridicidade, consoante já declinamos alhures,[320] fato quiçá malcompreendido pela doutrina tradicional. Além do mais, como observa Luiz Guilherme Marinoni,[321] não se pode mais aceitar a idéia de que a lei traduz a "expressão tranqüila da vontade geral", bem ao sabor do abstratamente planificado Estado liberal que viu nascer a "ciência" processual, porquanto a complexidade da sociedade contemporânea impede essa perspectiva, ao que se soma a fragilidade da cidadania brasileira, bem diagnosticada por Bernardo Sorj,[322] muitas vezes carente de uma efetiva representação política.

Tudo aconselha, pois, que se abandone o conceito tradicional de jurisdição.

2.1.2. Conceito contemporâneo de jurisdição

A jurisdição é antes de tudo poder; uma das manifestações do poder estatal, cujo exercício se leva a cabo através da função judiciária.[323] Poder que originariamente advém do povo, como se reconhece acertadamente no art. 1º, parágrafo único da Constituição da República, cujo exercício se amarra à conformidade com os limites postos no próprio Texto Constitucional.

A jurisdicionalidade de um ato é aferida na medida em que é fruto de um sujeito estatal, dotado de império, investido em garantias funcionais que lhe outorguem imparcialidade e independência, cuja função é aplicar o direito (e não apenas a lei) de forma específica, dotado o seu provimento de irrevisibilidade externa. Analisemos um pouco mais de perto a noção proposta.

---

[319] Nesse sentido, Carlos Alberto Alvaro de Oliveira, Do Formalismo no Processo Civil, 2. ed. São Paulo: Saraiva, 2003, p. 102; Hermes Zaneti Júnior, "Processo Constitucional: Relações entre Processo e Constituição". In: Introdução ao Estudo do Processo Civil – Primeiras Linhas de um Paradigma Emergente. Porto Alegre: Sérgio Antônio Fabris Editor, 2004, p. 26, em co-autoria com Daniel Francisco Mitidiero.

[320] Comentários ao Código de Processo Civil. São Paulo: Memória Jurídica Editora, 2004, p. 538, tomo I. Sobre o tema, ainda, Luiz Guilherme Marinoni, "A Jurisdição no Estado Constitucional". In: Revista Processo e Constituição – Coleção Galeno Lacerda de Estudos de Direito Processual Constitucional. Porto Alegre: Faculdade de Direito, UFRGS, 2005, p. 133/212, n. II.

[321] Novas Linhas do Processo Civil, 4. ed. São Paulo: Malheiros, 2000, p. 185.

[322] A Nova Sociedade Brasileira, 2. ed. Rio de Janeiro: Jorge Zahar Editor, 2001, p. 25.

[323] Sobre a indivisibilidade do poder e a fracionariedade das funções estatais, consulte-se Pontes de Miranda, Comentários à Constituição de 1967, com a Emenda Constitucional n. 1, de 1969, 2. ed. São Paulo: Revista dos Tribunais, 1970, p. 188, tomo I. Ainda, Carlos Alberto Alvaro de Oliveira, Do Formalismo no Processo Civil, 2. ed. São Paulo: Saraiva, 2003, p. 63.

Ovídio Araújo Baptista da Silva coloca a estatalidade do sujeito e sua imparcialidade como as notas essenciais capazes de determinar a presença da jurisdição.[324] De efeito, o sujeito há de ser estatal, porque do Estado (e, mais profundamente, do povo) é que nasce o poder, o império que permeia a atividade judicial; e este poder, como determina o próprio povo através da Constituição,[325] só pode ser exercido por quem ostente independência e imparcialidade. A independência está fincada, principalmente, no cabeço do art. 95 da Constituição da República; a imparcialidade, que vem aqui entendida como a ausência de qualquer "interesse pessoal" ou "envolvimento emocional" do julgador com o feito, fulcrada em nossa Constituição (art. 95, parágrafo único) e na legislação infraconstitucional (arts. 134 e 135, CPC), o que sobra por demonstrar claramente o predito, autorizando as conclusões expostas. Sem imparcialidade está a jurisdição despida de uma de suas "virtudes passivas", de uma de suas características essenciais, como bem aponta Mauro Cappelletti.[326]

À jurisdição calha aplicar o direito de forma específica,[327] isto é, autoritativamente.[328] Note-se: aplicar o direito e não fazê-lo incidir. Incidência e aplicação são conceitos independentes e bastante diversos.[329] A incidência é infalível, no sentido de que sempre acontece, havendo ou não respeitabilidade à sua ocorrência ("a incidência das regras jurídicas não falha; o que falha é o atendimento a ela", pontifica Pontes[330]): é acontecimento que pertine essencialmente ao mundo dos pensamentos;[331] a aplicação estatal, que é a que agora nos

---

[324] Curso de Processo Civil, 5. ed. São Paulo: Revista dos Tribunais, 2000, p. 40, vol. I. Para um estudo da imparcialidade no direito administrativo, consulte-se o excelente trabalho de Ana Paula Oliveira Ávila, O Princípio da Impessoalidade da Administração Pública – Para uma Administração Imparcial. Rio de Janeiro: Renovar, 2004.

[325] Manoel Gonçalves Ferreira Filho, Direito Constitucional Comparado, I – Poder Constituinte. São Paulo: José Bushatski editor, 1974, p. 36; Pinto Ferreira, Princípios Gerais do Direito Constitucional Moderno, 5. ed. São Paulo: Revista dos Tribunais, 1971, p. 92, vol. I; José Joaquim Gomes Canotilho, Direito Constitucional e Teoria da Constituição, 3. ed. Coimbra: Almedina, 1999, p. 71.

[326] Juízes Legisladores? Porto Alegre: Sérgio Antônio Fabris Editor, 1999, p. 75.

[327] Pontes de Miranda, Comentários ao Código de Processo Civil, 5. ed. Rio de Janeiro: Forense, 1997, p. 81, tomo I; Tratado das Ações. São Paulo: Revista dos Tribunais, 1970, p. 237, tomo I.

[328] Pontes de Miranda, Comentários ao Código de Processo Civil, 3. ed. Rio de Janeiro: Forense, 1998, p. 366, tomo II.

[329] Pontes de Miranda, Tratado de Direito Privado, 3. ed. Rio de Janeiro: Borsoi, 1970, p. 12, tomo I.

[330] Tratado de Direito Privado, 3. ed. Rio de Janeiro: Borsoi, 1970, p. 12, tomo I.

[331] Pontes de Miranda, Tratado de Direito Privado, 3. ed. Rio de Janeiro: Borsoi, 1970, p. 16, tomo I.

desperta interesse, é coativa e, idealmente, coincide com a incidência. Aliás, a especificidade da função é justamente essa: não admitir insurgência contra a aplicação impostada legitimamente, impondo-se coativamente, autoritativamente.

A jurisdição aplica o direito, não aplica tão-somente a lei. O ponto é de relevo: o formalismo-valorativo trabalha com a idéia de que o processo é um instrumento para persecução da justiça no caso concreto. Claro está que, em muitos casos, a solução legal é uma solução adequada, com o que a tarefa do órgão jurisdicional identifica-se com uma atividade subsuntiva, com um grau mínimo ou mesmo desprezível de criatividade; casos há, porém, em que não há solução *a priori*, tendo o juiz de agir de modo a concretizar o direito no caso concreto, agindo pelo método da concreção, como diria Karl Larenz.[332]

"Houve um tempo", escreve Karl Engisch,[333] "em que tranqüilamente se assentou na idéia de que deveria ser possível estabelecer uma clareza e segurança jurídicas absolutas através de normas rigorosamente elaboradas, e especialmente garantir uma absoluta univocidade a todas as decisões judiciais e a todos os actos administrativos. Foi o tempo do iluminismo". Essa concepção, depois de vacilar no século XIX, a ponto de ser considerada mesmo impraticável, chegou ao século XX totalmente combalida e já abandonada como ideal.[334] Não por acaso nasceu o processualismo nesse ambiente cultural, sendo Adolf Wach, um de seus pais, um dos artífices da doutrina objectivista da interpretação jurídica.[335] Contemporaneamente, contanto, reconhece-se que o juiz pode mesmo julgar *contra legem*, nunca, porém, de maneira contrária ao direito, isto porque, como agudamente observa Carlos Alberto Alvaro de Oliveira,[336] o "direito é círculo maior a ultrapassar a mera regra de lei": ao órgão jurisdicional mostra-se lícito, desde que atento ao problema e em um procedimento discursivamente justificado, trans-

---

[332] Metodologia da Ciência do Direito, 3. ed. Lisboa: Fundação Calouste Gulbenkian, 1997, p. 201. Ademais, sobre a vinculação do juiz à juridicidade estatal, consulte-se, entre outros, a interessante contribuição de Winfried Hassemer, "Sistema Jurídico e Codificação: a Vinculação do Juiz à Lei". In: Kaufmann, Arthur e Hassemer, Winfried (orgs.), Introdução à Filosofia do Direito e à Teoria do Direito Contemporâneas. Lisboa: Fundação Calouste Gulbenkian, 2002, p. 281/301.

[333] Introdução ao Pensamento Jurídico, 8. ed. Lisboa: Fundação Calouste Gulbenkian, 2001, p. 206.

[334] Nesse sentido, Karl Engisch, Introdução ao Pensamento Jurídico, 8. ed. Lisboa: Fundação Calouste Gulbenkian, 2001, p. 206/207.

[335] Como afiança Karl Larenz, Metodologia da Ciência do Direito, 3. ed. Lisboa: Fundação Calouste Gulbenkian, 1997, p. 40.

[336] Do Formalismo no Processo Civil, 2. ed. São Paulo: Saraiva, 2003, p. 215.

bordar da lei, da mera legalidade, nunca, todavia, abre-se-lhe a possibilidade de soltar-se do justo, da juridicidade estatal.

Decorrência da imperatividade na aplicação do direito é a irrevisibilidade externa (por entidade outra que não integrante dos quadros do Poder Judiciário) do provimento emitido pelo órgão jurisdicional. A propósito, Cândido Rangel Dinamarco retira dessa irrevisibilidade externa dos atos jurisdicionais a característica da definitividade da jurisdição.[337] Não queremos, e isto é de suma importância que se ponha às claras, elevar a coisa julgada à nota do ato jurisdicional: esta atitude há de ser posta de lado, como já tivemos a oportunidade de demonstrar. A irrevisibilidade consiste simplesmente no fato de que é à jurisdição que cabe dar a última palavra sobre as situações colocadas ao seu exame (tema estreitamente ligado ao tema da inafastabilidade da tutela jurisdicional, garantida pelo art. 5º, XXXV, da Constituição da República).

Com essa caracterização da função jurisdicional, todavia, não concorda José Maria Rosa Tesheiner.[338] Segundo Tesheiner, a imperatividade estatal também se faz presente nos atos administrativos, não sendo atributo exclusivo da jurisdição. Ainda consoante a lição de Tesheiner, a irrevisibilidade externa dos provimentos jurisdicionais não seria uma constante na jurisdição, porque tal característica restaria quebrada pela possibilidade de anistia e indulto.

Celso Antônio Bandeira de Mello arrola entre os atributos do ato administrativo a imperatividade, a exigibilidade e a executoriedade.[339] Ora, embora os atos da Administração Pública gozem de tais predicados, existe uma verdadeira reserva de imperatividade da jurisdição. Um exemplo: certamente um guarda de trânsito pode constituir dada situação jurídica independentemente do concurso da vontade de um particular, autuando-o por suposta infração ao Código de Trânsito Brasileiro (nisso consiste a imperatividade da função administrativa), podendo mesmo a Administração Pública exigir o pagamento do valor da multa eventualmente aplicada pela autoridade de trânsito após o processo administrativo pertinente[340] (exigibilidade do ato administrativo – exercício de pretensão administrativa). É vedado à Administração, todavia, compelir materialmente o cidadão ao pagamento, expropriando *manu militari* o

---

[337] Instituições de Direito Processual Civil, 3. ed. São Paulo: Malheiros, 2003, p. 313/314, vol. I.

[338] "Jurisdição nos Comentários de Daniel Francisco Mitidiero", disponível em www.tex.pro.br.

[339] Curso de Direito Administrativo, 12. ed. São Paulo: Malheiros, 2000, p. 358/362.

[340] Sobre o processo administrativo para aplicação de penalidades de trânsito, consulte-se, por todos, Nei Pires Mitidiero, Comentários ao Código de Trânsito Brasileiro – Direito de Trânsito e Direito Administrativo de Trânsito, 2. ed. Rio de Janeiro: Forense, 2005, p. 1323/1348.

patrimônio do administrado. Aqui, precisamente, há reserva de imperatividade da jurisdição. A imperatividade jurisdicional, pois, não se confunde de modo nenhum com o plexo de atributos do ato administrativo, que goza de um campo de atuação mais circunscrito e, em todo caso, como não deixa de reconhecer Celso Antônio Bandeira de Mello,[341] sempre sindicável pela via da jurisdição.

Quanto à possibilidade de revisão dos atos jurisdicionais nos casos de indulto e anistia, cumpre referir que se está trabalhando no campo da jurisdição civil, no campo do direito processual civil. É inadequado tratar do processo civil e do processo penal de maneira conjunta, tendo em conta mesmo a falta de unidade de bens jurídicos tutelados por um e outro, o que certamente reflete na estruturação de todo formalismo processual. Nessa perspectiva, os institutos do indulto e da anistia não calham ao debate, porque atinem tão-somente ao processo penal, à jurisdição penal, desbordando do âmbito da jurisdição civil. Se estivéssemos empenhados em uma perspectiva de teoria geral do processo a crítica teria pertinência; fora daí, entretanto, não tem maior relevância.

Postas essas coordenadas a respeito do conceito contemporâneo de jurisdição, cumpre referir que a jurisdição voluntária, que no conceito tradicional de jurisdição não se identificava com a mesma, sendo considerada mera administração pública de interesses privados, consoante já declinamos noutro lugar,[342] reveste natureza jurisdicional, não diferindo da jurisdição contenciosa senão pela ausência de conflito entre as partes.[343] A doutrina contemporânea tende a confluir no entendimento de que a jurisdição voluntária ensarta-se nos quadros da autêntica função jurisdicional.[344]

---

[341] Curso de Direito Administrativo, 12. ed. São Paulo: Malheiros, 2000, p. 362.

[342] Comentários ao Código de Processo Civil. São Paulo: Memória Jurídica Editora, 2004, p. 53/57, tomo I.

[343] O debate a respeito do conceito de jurisdição voluntária, no fundo, encerrou ao longo da história uma discussão a propósito da maior ou menor vinculação do juiz à lei e uma maior ou menor observância das garantias do que hoje se convencionou chamar "processo justo". Não deixa de ser sintomático, por exemplo, que na Alemanha nazista tenha surgido inclusive uma proposta de assimilação de todo o processo civil à jurisdição voluntária. Sobre o assunto, Piero Calamandrei, "Abolizione del Processo Civile?". In: Opere Giuridiche. Napoli: Morano Editore, 1965, p. 386/390, vol. I.

[344] Assim, entre outros, Pontes de Miranda, Comentários ao Código de Processo Civil. Rio de Janeiro: Forense, 1977, p. 5, tomo XVI; Ovídio Araújo Baptista da Silva, Curso de Processo Civil, 5. ed. São Paulo: Revista dos Tribunais, 2000, p. 41, vol. I; José Maria Rosa Tesheiner, Elementos para Uma Teoria Geral do Processo. São Paulo: Saraiva, 1993, p. 72/84; Jurisdição Voluntária. Rio de Janeiro: Aide, 1992; Cândido Rangel Dinamarco, Instituições de Direito Processual Civil, 3. ed. São Paulo: Malheiros, 2003, p. 319/323, vol. I; João Paulo Lucena, Comentários ao Código de Processo Civil. São Paulo: Revista dos Tribunais, 2000, p. 25/61, vol. XV; Natureza Jurídica da Jurisdição Voluntária. Porto Alegre: Livraria do Advogado, 1996.

Com efeito, se seguíssemos a orientação tradicional sobre o conceito de jurisdição, seríamos levados forçosamente à conclusão de que a jurisdição voluntária não é jurisdição e tampouco voluntária,[345] sendo de todo imprópria, como asseverava Chiovenda,[346] a contraposição entre jurisdição contenciosa e voluntária. Já se antevê, daí, o quanto esta orientação se encontra coarctada ao modelo anterior de jurisdição pugnado pelo processualismo,[347] merecendo, pois, ampla revisão mercê dos novos postulados processuais.

Adolf Wach entendia que a verdadeira diferença entre a jurisdição voluntária e a contenciosa não se encontrava nem na subjacência litigiosa,[348] nem na coatividade do provimento,[349] nem na existência de coisa julgada[350] e tampouco em um hipotético fim preventivo.[351] Para Wach, a jurisdição voluntária singularizava-se por seu escopo constitutivo[352] (formação de sujeitos de direito, formação do estado das pessoas, integração da capacidade jurídica e participação no comércio jurídico[353]).

Em essência, Giuseppe Chiovenda comungava do mesmo entendimento de Wach.[354] Ademais, tendo em conta o seu conceito de jurisdição, Chiovenda classificou a jurisdição voluntária como ato de simples administração,[355] pertencente à função administrativa e não à função jurisdicional.[356]

Outro, aliás, não é o alvitre seguido por Piero Calamandrei. Indicando expressamente as posições assumidas por Wach e Chiovenda, Calamandrei endossa o critério distintivo entre jurisdição voluntária e contenciosa no caráter constitutivo daquela, concluindo que a jurisdição voluntária *"non è in sostanza altro che funzione ammi-*

---

[345] José Frederico Marques, Ensaio sôbre a Jurisdição Voluntária, 2. ed. São Paulo: Saraiva, 1959, p. 70; Arruda Alvim, Manual de Direito Processual Civil, 7. ed. São Paulo: Revista dos Tribunais, 2000, p. 218/224, vol. I; Celso Agrícola Barbi, Comentários ao Código de Processo Civil, 11. ed. Rio de Janeiro: Forense, 2002, p. 11/13, vol. I; Alfredo Buzaid, "Linhas Fundamentais do Sistema do Código de Processo Civil Brasileiro". In: Estudos e Pareceres de Direito Processual Civil. São Paulo: Revista dos Tribunais, 2002, p. 47.

[346] Instituições de Direito Processual Civil, 3. ed. São Paulo: Saraiva, 1969, p. 16, vol. II.

[347] Ovídio Araújo Baptista da Silva, Curso de Processo Civil, 5. ed. São Paulo: Revista dos Tribunais, 2000, p. 49, vol. I.

[348] Manual de Derecho Procesal Civil. Buenos Aires: Ejea, 1977, p. 84, vol. I.

[349] Manual de Derecho Procesal Civil. Buenos Aires: Ejea, 1977, p. 85, vol. I.

[350] Manual de Derecho Procesal Civil. Buenos Aires: Ejea, 1977, p. 85, vol. I.

[351] Manual de Derecho Procesal Civil. Buenos Aires: Ejea, 1977, p. 90, vol. I.

[352] Manual de Derecho Procesal Civil. Buenos Aires: Ejea, 1977, p. 90/91, vol. I.

[353] Confira-se: Manual de Derecho Procesal Civil. Buenos Aires: Ejea, 1977, p. 92/101, vol. I.

[354] Instituições de Direito Processual Civil, 3. ed. São Paulo: Saraiva, 1969, p. 19, vol. II.

[355] Instituições de Direito Processual Civil, 3. ed. São Paulo: Saraiva, 1969, p. 16, vol. II.

[356] Instituições de Direito Processual Civil, 3. ed. São Paulo: Saraiva, 1969, p. 17, vol. II.

nistrativa, esercitada, per ragioni storiche e pratiche, da organi giurisdizionali"³⁵⁷ Nesse mesmo sentido, igualmente, Enrico Tullio Liebman.³⁵⁸

Apontando outro ponto de estranhamento entre a jurisdição voluntária e contenciosa, Enrico Allorio entende que aquela não se amolda perfeitamente ao conceito de jurisdição porque seus provimentos não são capazes de propiciar a formação de coisa julgada. Bem conhecida é a passagem em que Allorio refere o seu pensamento: *"para mí, el efecto declarativo (o sea, la cosa juzgada) es el signo inequívoco de la jurisdicción verdadera y propia, y es incompatible con la llamada jurisdicción voluntaria, que debe relegarse entre las actividades administrativas"*.³⁵⁹

Costumava-se, normalmente, apontar a jurisdição voluntária como tipicamente preventiva de litígios. Carnelutti é o arauto dessa orientação: *"la prevenzione della lite è il fine specifico del processo volontario, il quale sta al processo contenzioso come l'igiene alla cura delle malattie"*.³⁶⁰

Abaixo dessas influências, José Frederico Marques traçou os caracteres da jurisdição voluntária, sendo que seu escólio retrata fielmente o pensamento da doutrina majoritária. Para Frederico Marques, a *iurisdictio* voluntária "é atividade resultante de negócio jurídico em que se exige um ato do Estado, para que o negócio se realize ou complete. Como conseqüência, a atuação estatal é aí substancialmente constitutiva, devendo acrescentar-se que a lei a exige com o fim de prevenir lesões ou lides futuras";³⁶¹ nessa vertente, a atuação do magistrado apresentaria nítido conteúdo administrativo, não se encaixando nos cantões da jurisdição.

Consoante já adiantamos, porém, não concordamos com as orientações dantes expostas. Deveras, a jurisdicionalidade de determinada atividade estatal deve ser aferida de acordo com o novo perfil da jurisdição, não se podendo mais teorizar sobre o assunto concorde a premissas ultrapassadas.

Se a jurisdição, como registramos, é função realizada pelo Estado, através de órgão seu investido em garantias funcionais, cuja missão é a aplicação do direito de maneira específica (autoritativa-

---

357 "Limiti fra Giurisdizione e Amministrazione nella Sentenza Civile". In: Opere Giuridiche. Napoli: Morano Editore, 1965, p. 90.

358 Manual de Direito Processual Civil. Rio de Janeiro: Forense, 1984, p. 31/32, vol. I.

359 "Ensayo Polémico sobre la 'Jurisdicción' Voluntaria". In: Problemas de Derecho. Buenos Aires: Ejea, 1963, p. 15, tomo II.

360 Istituzioni del Processo Civile Italiano, 5. ed. Roma: Società Editrice Foro Italiano, 1956, p. 18, vol. I.

361 Ensaio sôbre a Jurisdição Voluntária, 2. ed. São Paulo: Saraiva, 1959, p. 72.

mente) com impossibilidade de revisão externa, não há por onde negar à jurisdição voluntária o caráter jurisdicional, uma vez que todos estes caracteres se afeiçoam à atividade desenvolvida nessa sede. Nesse especial, Pontes de Miranda: "na jurisdição voluntária há jurisdição: o juiz aplica a regra jurídica, como juiz, que é, e não deixa de ser".[362] Segue Pontes: "nas ações de jurisdição voluntária passa-se o mesmo, no que concerne à função judiciária, que nas ações de jurisdição contenciosa: as pessoas que vão a juízo exercerem a pretensão à tutela jurídica e põem o Estado, através do juiz, na posição de quem prometeu e tem de prestar".[363]

Diversa não é a opinião de Ovídio Araújo Baptista da Silva: "denomina-se jurisdição voluntária um complexo de atividades confiadas ao juiz, nas quais, ao contrário do que acontece com a jurisdição contenciosa, não há litígio entre os interessados".[364] No fundo, acredita Ovídio, com razão, que a jurisdição voluntária fora excluída do campo jurisdicional porque comportaria atividade discricionária do magistrado,[365] hipótese veementemente rechaçada pela doutrina tradicional como de possível ocorrência na verdadeira jurisdição, fruto, no mais, de todas aquelas influências que tentamos registrar em outros lugares.[366] Aliás, fez bem Cândido Rangel Dinamarco em admitir a jurisdicionalidade da jurisdição voluntária.[367]

Outro debate que atine ao tema concerne à natureza jurisdicional ou não da arbitragem. Por igual, a natureza jurisdicional ou não do julgamento levado a efeito pelo Senado Federal do Presidente da República, do Vice-Presidente da República e dos Ministros de Estado por crimes de responsabilidade e, bem assim, do julgamento das contas públicas pelo Tribunal de Contas, ambos exemplos de "jurisdições anômalas" arrolados por Athos Gusmão Carneiro,[368] em que se teria adjudicado a órgãos alheios ao Poder Judiciário a função jurisdicional.

Em nenhum desses casos, porém, há jurisdição propriamente dita.

Nada obstante Eduardo Silva da Silva entenda jurisdicional a arbitragem,[369] arrimado na imparcialidade do árbitro e na força vin-

---

[362] Comentários ao Código de Processo Civil. Rio de Janeiro: Forense, 1977, p. 5, tomo XVI.
[363] Comentários ao Código de Processo Civil. Rio de Janeiro: Forense, 1977, p. 5, tomo XVI.
[364] Curso de Processo Civil, 5. ed. São Paulo: Revista dos Tribunais, 2000, p. 41, vol. I.
[365] Curso de Processo Civil, 5. ed. São Paulo: Revista dos Tribunais, 2000, p. 50, vol. I.
[366] Comentários ao Código de Processo Civil. São Paulo: Memória Jurídica Editora, 2004, p. 26/36, tomo I.
[367] Instituições de Direito Processual Civil, 3. ed. São Paulo: Malheiros, 2003, p. 319/323, vol. I.
[368] Jurisdição e Competência, 4. ed. São Paulo: Saraiva, 1991, p. 13.
[369] "Constituição, Jurisdição e Arbitragem". In: Alvaro de Oliveira, Carlos Alberto (org.), Processo e Constituição. Rio de Janeiro: Forense, 2004, p. 411.

culante de suas decisões, temos que a atividade do árbitro carece de definitividade, daquela irrevisibilidade externa que se mostra inerente ao ato jurisdicional. Com efeito, existem hipóteses em que se oferece possível a revisão, pelo Poder Judiciário, do laudo arbitral (arts. 32/33, Lei n. 9.307, de 1996), o que evidentemente retira da arbitragem seu caráter jurisdicional, por admitir revisão por outra estrutura que não aquela que lhe deu origem.

O mesmo se dá com o julgamento do Senado Federal e com o julgamento pelo Tribunal de Contas. No que concerne ao Senado, já decidiu o Supremo Tribunal Federal que as decisões do Senado Federal a propósito dos crimes de responsabilidade são sindicáveis pelo Poder Judiciário, desde que se alegue lesão ou ameaça a direito (art. 5°, XXXV, CRFB).[370] Quanto ao Tribunal de Contas, embora suas decisões, no mais das vezes, tenham inclusive eficácia de título executivo (art. 71, § 3°, CRFB), ao Poder Judiciário se mostra igualmente possível, com base na cláusula da inafastabilidade da jurisdição (art. 5°, XXXV, CRFB), rever as decisões da Corte de Contas. Em ambos os casos, pois, não há jurisdição, porquanto não há irrevisibilidade externa dos provimentos.

2.1.3. Jurisdição e tutela jurisdicional dos direitos

O direito à jurisdição, à tutela jurisdicional, tem dimensão constitucional entre nós, tendo sido alçado à dignidade de direito fundamental (art. 5°, XXXV, CRFB), com aplicação imediata (art. 5°, § 1°, CRFB). Essa impostação é prenhe de conseqüências: não só o legislador infraconstitucional é devedor de estruturas normativas e organizacionais que satisfaçam o direito à tutela jurisdicional, mas também o próprio órgão judicial está gravado com idêntico encargo. Os direitos fundamentais vinculam o Estado em toda sua extensão. Ainda que a concretização dos direitos fundamentais seja, em primeiro lugar, tarefa do legislador, como refere Konrad Hesse,[371] a ausência de legislação infraconstitucional ou mesmo a deficiência da legislação existente autoriza o Poder Judiciário a concretizar de maneira imediata o direito fundamental à tutela jurisdicional. Isso porque, como esclarece José Carlos Vieira de Andrade, "o princípio da aplicabilidade directa valerá como indicador da *exeqüibilidade potencial* das normas constitucionais, presumindo-se a sua 'perfeição', isto

---

[370] STF, Pleno, MS n. 21.689-1, rel. Min. Paulo Brossard, DJ 07.05.1995, p. 18.871.

[371] Elementos de Direito Constitucional da República Federal da Alemanha. Porto Alegre: Sérgio Antônio Fabris Editor, 1998, p. 247.

é, a sua auto-suficiência baseada no carácter *determinável* do respectivo conteúdo de sentido. Vão, pois, aqui incluídos o *dever* dos juízes e dos demais operadores jurídicos de aplicarem os preceitos constitucionais e a *autorização* para com esse fim os concretizarem por via interpretativa".[372] Nesse mesmo sentido, aliás, as lições de Carlos Alberto Alvaro de Oliveira[373] e Luiz Guilherme Marinoni.[374]

Um exemplo poderá ajudar na compreensão do problema. De acordo com o nosso Código de Processo Civil, "a efetivação da tutela antecipada observará, no que couber e conforme sua natureza, as normas previstas nos arts. 588, 461, §§ 4º e 5º, e 461-A" (art. 273, § 3º). Se o pedido do demandante visar a uma "condenação", ao pagamento de uma soma em dinheiro, então o estatuto jurídico aplicável, em princípio, é o do art. 588, CPC, que disciplina a execução obrigacional provisória, cuja operação se dá via expropriação.[375] É certo, todavia, que não se lhe fecha, acaso extremamente necessário, o caminho da "execução" sob pena de multa, tendo em conta a promessa constitucional de um processo justo e équo,[376] que é necessariamente tempestivo.[377] Não calha argumentar, pois, como fez Júlio César Goulart Lanes,[378] que a ausência de lei, na espécie, impediria a utilização da técnica aventada, porque também o juiz é devedor do direito fundamental à tutela jurisdicional efetiva. Não se pode excluir cabalmente, portanto, como igualmente o fez Guilherme Rizzo Amaral,[379] a utilização da multa para tutela das obrigações de pagar quantia, porquanto, consoante já observamos, a construção do

---

[372] Os Direitos Fundamentais na Constituição Portuguesa de 1976, 2. ed. Coimbra: Almedina, 2001, p. 202.

[373] "O Processo Civil na Perspectiva dos Direitos Fundamentais". In: Alvaro de Oliveira, Carlos Alberto (org.), Processo e Constituição. Rio de Janeiro: Forense, 2004, p. 5/6.

[374] Técnica Processual e Tutela dos Direitos. São Paulo: Revista dos Tribunais, 2004, p. 220/221.

[375] Sobre o assunto, Araken de Assis, Comentários ao Código de Processo Civil, 2ª ed. Rio de Janeiro: Forense, 2004, p. 210/215, vol. VI.

[376] Assim, Luiz Guilherme Marinoni e Sérgio Cruz Arenhart, Manual do Processo de Conhecimento, 2. ed. São Paulo: Revista dos Tribunais, 2003, p. 268. Mais profundamente, Luiz Guilherme Marinoni, Técnica Processual e Tutela dos Direitos. São Paulo: Revista dos Tribunais, 2004, p. 203/205; A Antecipação da Tutela, 8. ed. São Paulo: Malheiros, 2004, p. 246/287.

[377] Nesse sentido, assinala Carlos Alberto Alvaro de Oliveira que "o processo só tem sentido quando atinge a sua principal finalidade em tempo relativamente proporcional às dificuldades da causa" (Do Formalismo no Processo Civil, 2. ed. São Paulo: Saraiva, 2003, p. 122/123).

[378] "A Execução Provisória e a Antecipação da Tutela dos Deveres de Pagar Quantia: Soluções para a Efetividade Processual". In: Amaral, Guilherme Rizzo e Carpena, Márcio Louzada (coords.), Visões Críticas do Processo Civil Brasileiro – Uma Homenagem ao Prof. Dr. José Maria Rosa Tesheiner. Porto Alegre: Livraria do Advogado, 2005, p. 165.

[379] As *Astreintes* e o Processo Civil Brasileiro – Multa do Artigo 461 do CPC e Outras. Porto Alegre: Livraria do Advogado, 2004, p. 88.

devido processo legal processual é sempre uma empresa em constante atualização concreta, não sendo adequado vedar-se de forma apriorística essa ou aquela técnica para tutela jurisdicional do direito.

É claro, porém, que o problema da tutela jurisdicional obedece a certas balizas que devem ser observadas no quando da prolação dos provimentos judiciais.[380] Como bem adverte Carlos Alberto Alvaro de Oliveira, as técnicas processuais que servem à tutela jurisdicional do direito devem pautar-se, entre outras, pelas normas da adequação, da segurança e da efetividade, de modo a tornar constitucionalmente legítimo o comportamento jurisdicional.[381] O discurso judiciário, pois, deve atender a esses parâmetros no quando da sentença, a fim de que não desborde da cláusula do devido processo legal.

2.2. "AÇÃO"

Conceito-chave dentro do processualismo, entendido esse como um momento específico da historiografia do direito processual civil, a ação atraiu a atenção e a dedicação dos processualistas principalmente a partir do século XIX, sendo o seu conceito considerado mesmo o pólo metodológico da então incipiente ciência processual. A história do processo civil e a maneira como se estabeleceram as relações de poder entre o indivíduo, a sociedade e o Estado em gran-

---

[380] Especificamente sobre o problema da caracterização das espécies de tutelas jurisdicionais dos direitos, consulte-se, por todos, Luiz Guilherme Marinoni, Tutela Inibitória, 2. ed. São Paulo: Revista dos Tribunais, 2000, p. 410/427; Técnica Processual e Tutela dos Direitos. São Paulo: Revista dos Tribunais, 2004, p. 249/668.

[381] "Efetividade e Tutela Jurisdicional". In: Revista Processo e Constituição – Coleção Galeno Lacerda de Estudos de Direito Processual Constitucional. Porto Alegre: Faculdade de Direito, UFRGS, 2005, n. II. Segundo Carlos Alberto Alvaro de Oliveira, essas normas são típicas do plano processual e visam fundamentalmente a organizar o processo e melhor instrumentalizar a realização do direito material para alcançar-se a justiça do caso. A norma da adequação "exige a conformidade do instrumento ao direito material, comportando tanto aspectos subjetivos e objetivos como teleológicos, os quais devem funcionar de modo simultâneo para que o processo alcance o máximo de eficiência"; a norma da segurança "diz respeito especialmente às garantias de defesa. Por exemplo: não se admite a declaração da existência ou inexistência de mero fato (salvo o incidente de falsidade de documento), mas apenas de relação jurídica, quando em tese já teria ocorrido a incidência da norma; a condenação é a tutela adequada quando se trate de agredir o patrimônio alheio, que não pertença ao exeqüente, permitindo-se assim maiores possibilidades de defesa" e a norma da efetividade "impõe a superação de modelos ultrapassados de tutela jurisdicional para certas situações lesivas do direito material, em prol de mais eficaz e rápida realização do direito material (daí, o surgimento das tutelas executivas e mandamental)".

de parte podem ser surpreendidas no modo como se cuidou desse problema ao longo do tempo.[382]

Os processualistas cuidaram da ação por um motivo específico: através desse conceito buscavam explorar as relações entre o direito material e o processo civil. Contemporaneamente, porém, sabemos que todo o processo reage ao plano do direito material, não se cingindo o imbricamento entre o direito e o processo à categoria da ação. Seja como for, cumpre-nos passar em revista, ainda que brevemente, as principais teorias que surgiram para cuidar do assunto, registrando que o fazemos encartando-as em dois grandes grupos: aquelas que trataram da ação como se fosse um conceito unitário e aquela que, de outro lado, procurou compreendê-la como em uma perspectiva dualista, cuidando tanto da ação de direito material como da "ação" processual.

2.2.1. Teorias unitárias da ação

Aqueles que buscaram explicar a temática ação pretendendo-a conceito puramente material ou processual, ignoraram que o fenômeno só poderia ser bem trabalhado (tal qual ocorreu com toda a teoria do processo) se apartados os dois planos básicos do direito: o plano material e o plano processual. De qualquer sorte, as orientações que seguem arroladas nesse item possuem como nota comum o fato de buscarem explicar a ação como um conceito unitário, pertencente unicamente a um dos planos do direito.

2.2.1.1. Teoria civilista da ação

A doutrina civilista, clássica ou imanentista remonta ao direito romano,[383] sendo a primeira tentativa de explicar o conceito de ação.

---

[382] Sobre o assunto, por todos, Giovanni Tarello, "Quattro Buoni Giuristi per una Cattiva Azione". In: Dottrine del Processo Civile – Studi Storici sulla Formazione del Diritto Processuale Civile. Bologna: Il Mulino, 1989, p. 241/261.

[383] Enrico Tullio Liebman, Manuale di Diritto Processuale Civile, 2. ed. Milano: Giuffrè, 1957, p. 33/34, vol. I, indica que "In diritto romano clássico s'indicava col termine actio l'attività spiegata contro l'altra parte per perseguire e soddisfare le proprie ragioni nei modi legalmente previsti, e cioè iudicio. Era l'attività giuridica che sostituiva quella, non più permessa, di fasi ragione da sè con l'apprensione della cosa che si affermava propria o con l'aggressione alla persona del debitore. In seguito, l'actio indicò non solo l'attività svolta in giudizio, ma anche il diritto di svolgerla, come dimostra la nota definizione di Celso (...)"; no mesmo sentido: Corso di Diritto Processuale Civile (Nozioni Introdutive – Parte Generale – Il Processo di Cognizioni). Milano: Giuffrè, 1952, p. 31/32.

Acerca, é moeda corrente a célebre definição de Celso: *nihil aliud est actio quam ius quod sibi debeatur iudicio persequendi*.[384]

Savigny costumava explicar que todo direito, ante a sua violação, revestia-se de determinada virtualidade nova, conferido àquele que sofrera a lesão. Essa nova roupagem seria justamente a ação, que, segundo entendia, possuía duas condições bem definidas: a pré-existência de um direito a e violação do mesmo.[385] É desse mesmo feitio a definição ofertada por José Homem Corrêa Telles, para quem a "acção é um remédio de direito para pedir ao juiz, que obrigue outro a dar ou a fazer aquillo de que tem obrigação perfeita",[386] por João Monteiro, "ação (*actio juris*) é a reação que a fôrça do direito opõe à ação contrária (*violatio juris*) de terceiro"[387] e por Manoel Aureliano de Gusmão, "a acção é a manifestação positiva da virtude propria a todo direito de se realizar ou de se fazer effectivo".[388]

---

[384] Pontes de Miranda, Comentários ao Código de Processo Civil, 5. ed. Rio de Janeiro: Forense, 1997, p. 100, tomo I. Sobre a significação desse brocardo, Ovídio Araújo Baptista da Silva, em alentado estudo (Jurisdição e Execução na Tradição Romano-Canônica, 2. ed. São Paulo: Revista dos Tribunais, 1997, p. 64/65), de leitura imprescindível, pontifica: "Depois desta digressão a respeito do modo como o direito romano concebia a função jurisdicional, que nos pareceu conveniente registrar, podemos voltar a nossa questão da relação necessária entre *actio* e *obligatio* e a distinção originariamente radical entre *actio* e *vindicatio*. A respeito, diz Savigny: '*Actio est jus persequendi in iudicio quod sibi debeatur*. Considerada de modo geral, esta passagem tem o seguinte significado: *actio* é o direito de exigir ante o tribunal aquilo que nos é devido. Mas este não é o sentido original. Originariamente existiam somente dois meios jurídicos: a ação e a reivindicação. Toda reivindicação era dirigida ao pretor, enquanto a fórmula da *actio* apoiava-se no fato de que o pretor dava um *iudex*. *O direito real corresponde à reivindicação, e o direito das obrigações à ação* (grifado por nós). Nesta definição indica-se a característica de que a *actio* concerne exclusivamente às obrigações, pois, nessa passagem, encontram-se dois indícios: 1) *In iudicio*, isto é, num processo que é levado a termo perante um juiz; 2) *quod debeatur*. Debere *refere-se sempre ao direito das obrigações* (novamente grifamos) e nunca ao direito real. *Actio* é, pois, originariamente, o direito de exigir ante um *iudex pedaneus* aquilo que a outra parte deve prestar *ex obligatione*' (Metodologia jurídica, trad. da edição alemã de 1951, Buenos Aires, 1979, p. 19). Confirma-se, portanto, nossa assertiva precedente: a) a *actio* dizia respeito exclusivamente às pretensões nascidas do direito das obrigações; b) o direito real era tutelado pela *vindicatio*; c) a execução era privada e deveria ser levada a efeito pelo autor vitorioso, com a proteção e auxílio do pretor, mediante a concessão de um interdito que, como vimos, não fazia parte propriamente da *iurisdictio*; d) *quod debeatur* era conceito referido exclusivamente ao direito das obrigações: o usurpador nada devia ao proprietário, vencedor na reivindicatória; ele apenas deveria sofrer (*patientia prestare*) a *vindicatio* (*manum consere*) do titular do domínio que vira seu direito proclamado, originariamente, pelo pretor".

[385] Sistema del Derecho Romano Actual, 2. ed. Madrid: Centro Editorial de Góngora, s/d., p. 9/10, tomo IV.

[386] Doutrina das Acções. Rio de Janeiro: Jacintho Ribeiro dos Santos, 1918, p. 23.

[387] Teoria do Processo Civil, 6. ed. Rio de Janeiro: Borsoi, 1956, p. 68, tomo I.

[388] Processo Civil e Comercial. São Paulo: Livraria Acadêmica Saraiva, 1921, p. 281.

A ação dentro da teoria imanentista era vista como *"un potere, inerente al diritto, di reagire contro la violazione; o il diritto stesso nella sua tendenza allá attuazione; o il diritto nuovo nascente dalla violazione del diritto (...)"*.[389] De qualquer modo, impende notar que a idéia básica que norteia toda essa orientação é a mesma, como quer que se a expresse: a ação seria um direito à tutela jurídica nascida da lesão de um direito.[390]

Se tivermos em conta que a ação imanentista não representa outra coisa que a ação material, a qual iremos estudar com o vagar merecido adiante, as noções ofertadas pelos juristas da orientação clássica, salvo certas imprecisões terminológicas, afiguram-se essencialmente adequadas. O equívoco imperdoável fora tentar explicar, através do prisma material, fenômeno de ordem processual ("ação" processual), misturando-se de modo inadmissível esses dois planos. Ora, a ação imanentista simplesmente não é conceito fecundo a destrinchar noção de corte processual.[391]

Seja como for, o embaralhamento dos conceitos fez com que nunca se explicasse, através da teoria imanentista, a improcedência da ação e a existência da ação declaratória negativa,[392] com o que se abandonou a teorização em torno da noção civilista da ação.

---

[389] Giuseppe Chiovenda, Principii di Diritto Processuale Civile, 3. ed. Napoli: N. Jovene, 1923, p. 53.

[390] Bernhard Windscheid, Polemica sobre la "actio". Buenos Aires: Ejea, 1974, p. 5.

[391] Pontes de Miranda, Comentários ao Código de Processo Civil, 5. ed. Rio de Janeiro: Forense, 1997, p. 100/101, tomo I: "A definição de Celso, na L. 51, D., de obligationibus et actionibus, 44, 7: 'Nihil aliud est actio quam ius quod sibi debeatur, iudiciu persequendi.' Não se trata de regra de direito, mas de conceito científico e de enunciado científico, suscetível, portanto, de se lhe apurar a verdade. Na história do direito processual, tal definição frenou, aqui e ali, o desenvolvimento desse, por ter materializado a ação (de direito material), como devera, e a pretensão à tutela jurídica e a ação processual (o que constituía erro). O erro de conceituação tornou-se mais grave à medida que ascendia em descobrimentos técnicos de tutela jurídica; e.g., na explicitação teórica e na inserção legal prática da ação declaratória do art. 4º". Assim, também, Ovídio Araújo Baptista da Silva, Curso de Processo Civil, 5. ed. São Paulo: Revista dos Tribunais, 2000, p. 94, vol. I: "Ora, definindo a denominada 'teoria civilista' a 'ação' processual como o direito de perseguir em juízo 'o que nos é devido pelo obrigado', confundiu e misturou as duas realidades, ou seja, o exercício da pretensão de tutela jurídica estatal e a ação de direito material, que é o agir do titular do direito para obtenção 'do que lhe é devido', e, ao assim proceder, não teve como explicar os casos em que o agente houvesse promovido um processo sem ter direito, ou seja, ficou impossibilitada de explicar o fenômeno da ação improcedente, pois, evidentemente, em tal caso, a 'ação' processual não teria sido o direito de perseguir em juízo 'o que nos é devido' ... pelo obrigado".

[392] Essa objeção fora exposta por Adolf Wach, La Pretensión de Declaración, Buenos Aires: Ejea, 1962, p. 51, da seguinte maneira: "La tesis de la inmanencia del derecho de acción en el derecho subjetivo privado, es de todo imposible e inconcebible, cuando existen derechos de acción, independientemente de los derechos subjetivos privados que deben ser protegidos por aquéllos. Su existencia, hoy en dia, ya no puede ser negada por nadie, en vista de la acción de declaración negativa".

2.2.1.2. Polêmica Windscheid – Müther

Em 1856, Bernhard Windscheid, então Professor Ordinário de Direito na Universidade de Greifswald, publicou a célebre monografia intitulada *Die Actio des Römischen Civirechts vom Standpunkte des Heutigen Rechts*,[393] com o que dava início a uma das maiores polêmicas do direito processual civil, que, segundo Araken de Assis, contribuiu decisivamente para conferir foros de dignidade à ciência processual.[394] Com efeito, segundo Giovanni Pugliese,[395] a monografia de Windscheid agitou as águas estancadas, haja vista ter se insurgido contra a identificação pacífica que ocorria ao seu tempo entre a *actio* romana e a *Klage* germânica (entendida como *Klagerecht*, isto é, direito de acionar).[396]

A principal idéia do trabalho de Windscheid, como ele mesmo expressara, *"es someter el derecho de la* actio *a una revisión, enfocándolo desde el punto de vista arriba señalado, y en establecer qué significación tienen los conceptos en él expresados para nuestra modificada concepción jurídica y que expresión ha de dárseles para adecuarlos a ésta"*.[397] Dessarte, assentou que a *actio* romana de modo algum se afeiçoava com o direito de acionar (que *"no es más que una sombra del derecho"*[398] ou *"el derecho que se origina en un entuerto que sufrimos, o sea el resultado de la colisión entre el derecho y su lesión"*[399]), sendo a mesma *"el término para designar lo que se puede exigir de otro; para caracterizar esto en forma breve, podemos decir atinadamente que* actio *es el vocablo para designar la pretensión"*,[400] portanto, *"es la facultad de imponer la propia voluntad mediante la persecución judicial"*,[401] prescindindo, ao contrário da *klage* germânica, da lesão a determinado direito.[402]

Pois, nesse ponto, o afamado pandectista alemão chegou ao cume: operou a identificação entre os conceitos de *actio* e preten-

---

[393] Em vernáculo: A 'actio' do direito civil romano do ponto de vista do direito atual. A edição com que trabalhamos fora publicada, em parte, na coletânea Polemica sobre la 'actio', publicada em Buenos Aires pela Ejea, em 1974, naturalmente, em língua espanhola. Porém, além do original em alemão, existe a tradução italiana, Polemica intorno all' actio. Florença: Sansoni, 1954.

[394] Cumulação de Ações, 3. ed. São Paulo: Revista dos Tribunais, 1998, p. 55.

[395] Introducción, Polemica sobre la 'actio'. Buenos Aires: Ejea, 1974, p. XII.

[396] Giuseppe Chiovenda, La Acción en el Sistema de los Derechos. Bogotá: Editorial Temis, 1986, p. 6/7.

[397] Polemica sobre la "actio". Buenos Aires: Ejea, 1974, p. 13.

[398] Polemica sobre la "actio". Buenos Aires: Ejea, 1974, p. 193.

[399] Polemica sobre la "actio". Buenos Aires: Ejea, 1974, p. 299.

[400] Polemica sobre la "actio". Buenos Aires: Ejea, 1974, p. 11/12.

[401] Polemica sobre la "actio". Buenos Aires: Ejea, 1974, p. 7.

[402] Polemica sobre la "actio". Buenos Aires: Ejea, 1974, p. 299.

são,[403] extremando-o do direito de acionar. E, com isso, consoante Chiovenda, teve o mérito de aclarar a insuficiência das conceituações anteriores sobre a ação.[404]

Um ano após, em 1857, surge pela pena de Theodor Müther, então com pouco mais de 30 anos de idade, Professor Extraordinário da Universidade de Königsberg, *Zur Lehre von der römischen Actio, dem heutigen Klagrecht, der Litiscontestation und der Singularsuccession in Obligationem – Eine Kritik des Windscheid' schen Buches, "Die Actio des römischen Civilrechts, vom Standpunkte des heutigen Rechts"*,[405] com o fito declarado de acabar de uma vez por todas com a nova teoria de Windscheid[406] ou, como diria o próprio Windscheid na réplica a Müther: *"el ataque del autor no es común, como se ve; su propósito es destruir mi libro"*.[407] E, conforme alvitra J. E. Carreira Alvim, "ao contrário do que sustentava Windscheid, procurou Müther demonstrar que havia perfeita coincidência entre a *actio* romana e a *klage* germânica".[408]

Dessarte, dentro da visão de Müther, o ordenamento romano contemplava dois direitos distintos, em que pese de funcionamento condicionado (o direito lesionado como pressuposto do direito à fórmula ou à tutela jurídica[409]): um de natureza pública e outro de natureza privada.[410] Esse direito público corresponde ao direito de acionar (*Klagerecht*) e, pois, a *actio* romana (contendo um direito

---

[403] Em alemão: anspruch, em italiano: pretesa ou ainda, em terminologia diversa, não aconselhada, *ragione* (razão) e em espanhol: *pretensión*. Ademais, lê-se na introdução de Giovanni Pugliese, acerca dessa criação de Windscheid: "en el campo del derecho civil e procesal la más afortunada, si no la más feliz, doctrina de Windscheid fue la 'pretensión' (*Anspruch*). La densa manifestación de elucubraciones germánicas y después también italianas sobre este ambiguo concepto encuentra su punto de partida en las pocas frase que le dedicó Windscheid al contemplar en la pretensión el equivalente moderno de la actio y por primera vez la delineó como situación jurídica sustancial, netamente distinta de la acción en sentido procesal y no identificable, por otra parte, con el derecho subjetivo, del que habría representado más bien una emanación. Doctrina que el propio Windscheid reelaboró, modificándola, en las Pandectas y que alcanzó su apogeo con la explícita formulación legislativa (par. 194 del Código civil alemán)". Para Eduardo Juan Couture, Introducción al Estudio del Proceso Civil, 2. ed. Buenos Aires: Editorial Depalma, 1953, p. 11, a separação dos conceitos de pretensão e ação representa o começo da fissura entre o direito processual e o material.

[404] La Acción en el Sistema de los Derechos. Bogotá: Editorial Temis, 1986, p. 9.

[405] Tradução: Sobre a doutrina da 'Actio' Romana, do Direito de Acionar Atual, da Litiscontestação e da Sucessão Singular nas Obrigações – crítica ao livro de Windscheid "A Ação do Direito Civil Romano do Ponto de Vista do Direito Atual".

[406] Polemica sobre la "actio". Buenos Aires: Ejea, 1974, p. 199.

[407] Polemica sobre la "actio". Buenos Aires: Ejea, 1974, p. 295.

[408] Elementos para uma Teoria Geral do Processo, 5. ed. Rio de Janeiro: Forense, 1996, p. 133.

[409] Giuseppe Chiovenda, La Acción en el Sistema de los Derechos. Bogotá: Editorial Temis, 1986, p. 11.

[410] Polemica sobre la "actio". Buenos Aires: Ejea, 1974, p. 241.

frente ao Estado, para que o mesmo conceda a assistência estatal e do Estado frente ao causador da lesão ao direito primitivo, para que este sane a mácula engendrada[411]), vinculada a um direito primitivo,[412] com a função precípua de tutelá-lo. Tem como sujeito passivo desse direito de acionar (ou, como concebe, da *actio* ou direito à fórmula) o *iudex*, enquanto investido na qualidade de detentor do poder estatal, e sujeito passivo do direito primitivo os particulares (ou mesmo o Estado, enquanto esse responsável pela lesão material).[413]

Pois, pensamento absolutamente divorciado da realidade de Windscheid, que não tardou em lhe ofertar réplica. Seja como for, entrementes, acima de qualquer juízo que se venha a formular sobre a crítica de Müther, há de se considerar mérito inolvidável do mesmo ter direcionado a "ação" processual ao Estado, deslocando-a da figura do obrigado.[414] Essa orientação, como notara Chiovenda,[415] foi muito bem aceita posteriormente e, hoje, deslocar o sujeito passivo da "ação" (em sentido processual) do Estado para qualquer outro sujeito, conforme alerta Pontes de Miranda, é "operação evidentemente difícil".[416]

Por outro lado, não menos importante para a ciência jurídica fora a percepção de Windscheid ao vislumbrar o conceito de pretensão (em sentido material).[417] Em realidade, pode-se dizer que Windscheid trouxe grande achado para explicar as coisas no plano material, ao passo que Müther encontrou peça fundamental do mecanismo processual.[418] Logo, lícito inferir que, se os renomados es-

---

[411] Polemica sobre la "actio". Buenos Aires: Ejea, 1974, p. 244.
[412] Polemica sobre la "actio". Buenos Aires: Ejea, 1974, p. 241.
[413] Polemica sobre la "actio". Buenos Aires: Ejea, 1974, p. 241.
[414] Giovanni Pugliese, Introducción a Polemica sobre la "actio". Buenos Aires : Ejea, 1974, p. XXXVI. Notou o ponto na doutrina nacional, entre outros, Fábio Luiz Gomes, Teoria Geral do Processo Civil, São Paulo: Revista dos Tribunais, 1997, p. 99, em co-autoria com Ovídio Araújo Baptista da Silva.
[415] La Acción en el Sistema de los Derechos. Bogotá: Editorial Temis, 1986, p. 11/12.
[416] Comentários ao Código de Processo Civil, 5. ed. Rio de Janeiro: Forense, 1997, p. 97, tomo I.
[417] Para Pontes de Miranda (Tratado de Direito Privado, 3. ed. Rio de Janeiro: Borsoi, 1970, p. 452, tomo V), deve-se a Windscheid "a fixação do conceito científico de pretensão". Também Ovídio Araújo Baptista da Silva, Curso de Processo Civil, 4. ed. São Paulo: Revista dos Tribunais, 2000, p. 196, vol. II.
[418] Como notaram Cintra, Dinamarco e Grinover, Teoria Geral do Processo, 15. ed. São Paulo: Malheiros, 1999, p. 248, "as doutrinas dos dois autores antes se completam do que propriamente se repelem (...)". De outro lado, não se pode dizer, como disse Rodrigo da Cunha Lima Freire, que "o grande mérito desta célebre polêmica foi o reconhecimento da existência da ação como um direito autônomo" (Condições da Ação, Um Enfoque sobre o Interesse de Agir no Processo Civil Brasileiro, 2. tiragem. São Paulo: Revista dos Tribunais, 2000, p. 40), porque os afamados combatentes, nos trabalhos citados, não chegaram a conceber a ação como autônoma, porque pressuposto da mesma o direito material, conforme explicitado por nós algures.

tudiosos tivessem diferenciado os planos material e processual (o que ainda hoje muitos juristas não fazem), a sorte do embate seria outra, como lamentara Araken de Assis.[419]

2.2.1.3. Teoria concreta do direito de agir

A ação é considerada concreta quando se sustenta que seu exercício só pode desembocar em uma sentença favorável. O traço fundamental dessa orientação é justamente esse: ter ação é ter razão, ter direito à sentença favorável.[420] Dentro da teoria concreta existem duas vertentes: a de Adolf Wach e a de Giuseppe Chiovenda.

Fora Adolf Wach o primeiro a abalar de forma contundente a teoria civilista da ação. Pois, em 1885, veio à baila seu *Handbuch des Deutschen Civilprozessrechts*,[421] em que se concebe a ação como direito relativamente autônomo e concreto,[422] noção perfilada com maiores delongas quatro anos mais tarde, 1889, em seu famoso trabalho *Der Feststellunganspruch*.[423]

Para Eduardo Juan Couture, a dissociação operada por Wach entre os conceitos de direito e ação *"es algo semejante a lo que ha re-*

---

[419] Cumulação de Ações, 3. ed. São Paulo: Revista dos Tribunais, 1998, p. 56.

[420] Eduardo Juan Couture, Fundamentos del Derecho Procesal Civil, 2. ed. Buenos Aires: Depalma, 1951, p. 13; Enrico Tullio Liebman, "L'azione nella Teoria del Processo Civile". In: Problemi del Processo Civile. Napoli: Morano Editore, 1962, p. 28. Sobre o tema, consulte-se, por todos, Fernando Alberto Corrêa Henning, Ação Concreta – Relendo Wach e Chiovenda. Porto Alegre: Sérgio Antônio Fabris Editor, 2000; especificamente sobre o trabalho de Giuseppe Chiovenda, consulte-se Michele Taruffo, "Considerazioni sulla Teoria Chiovendiana dell'Azione". In: Rivista Trimestrale di Diritto e Procedura Civile. Milano: Giuffrè, 2003, p. 1139/1147, n. 4. Ademais, para um panorama geral sobre a influência da obra de Adolf Wach sobre Chiovenda, consulte-se Niceto Alcalá-Zamora y Castillo, "La Influencia de Wach y de Klein sobre Chiovenda". In: Estudios de Teoría General e Historia del Proceso (1945-1972). Mexico: Instituto de Investigaciones Jurídicas, 1974, p. 547/570, tomo II.

[421] Mencionada obra, anos depois, fora traduzida e editada pela Ejea, em 1977, sob o título Manual de Derecho Procesal Civil, edição com a qual trabalhamos.

[422] "La pretensión de tutela jurídica es un medio para lograr la finalidad del derecho material, no ese derecho mismo, ni tampoco su 'función', ni el lado publicístico del derecho subjetivo, su inmanente coercibilidad, que suele llamarse accionabilidad, derecho de accionar, accionable", e, noutro passo, refere: "La pretensión de tutela jurídica no es una función del derecho subjetivo, pues no está condicionada por éste", Manual de Derecho Procesal Civil. Buenos Aires: Ejea, 1977, p. 42/43, vol. I. No mesmo sentido: "La pretensión de protección del derecho, o, como suele decirse también, en forma demasiado limitada, el derecho de accionar judicialmente, no es el mismo derecho privado subjetivo, ni mucho menos la pretensión (...)", La Pretensión de Declaración. Buenos Aires: Ejea, 1962, p. 40.

[423] Em vernáculo: A pretensão de Declaração. Igualmente, esta monografia fora objeto de tradução e edição pela Ejea, em 1962, quedando traduzida ao espanhol por "La Pretensión de Declaración", tradução esta que não deixou de perturbar Santiago Sentis Melendo, como consignado na apresentação da edição argentina (La Pretensión de Declaración. Buenos Aires: Ejea, 1962, p. 10/14).

presentado para la física la disociación del átomo".[424] Chiovenda, ao seu turno, proclama esse distanciamento como o *"mérito fundamental de la teoría de Wach"*,[425] do que não há de se duvidar, haja vista que as idéias propostas pelo mesmo foram de grande valia para a ciência processual, alcançando bom número de adeptos,[426] propagando-se de maneira larga, fora e dentro da Europa, como acentua Niceto Alcalá-Zamora y Castillo.[427]

Merece destaque na obra do mestre de Leipzig o fato de haver-se concebido certo distanciamento entre o direito e a ação, sendo essa conceituada como *"un derecho relativamente independiente, que sirve al mantenimiento del orden concreto de los derechos privados, por lo cual es um derecho secundario, e independiente en cuanto a sus requisitos"*[428] e concebida, quanto ao sujeito passivo, de modo bifronte: *"se dirige por un lado contra el Estado, y por el otro, contra la parte contraria. Aquél debe otorgar la protección del derecho, el acto de administración de justicia, mientras que ésta deberá tolerarlo"*.[429] Essas idéias trazem à lembrança, aliás, a pretensão bifronte de Cândido Rangel Dinamarco.[430] Seja como for, é de se notar que propalada cisão entre direito e ação não fora de todo operada no pensamento de Adolf Wach, conquanto, "embora não nascendo junto com o direito subjetivo material, dele há de decorrer, sempre e necessariamente, à exceção da hipótese da ação declaratória negativa", conforme anotou Fábio Luiz Gomes.[431]

Aludida decorrência explica-se, no pensamento de Wach, pela presença de determinados requisitos ou condições da ação[432] que, acaso presentes, conduziriam, imperiosamente, à sentença favorável.

---

[424] É o que se lê em Introducción al Estudio del Proceso Civil, 2 ed. Buenos Aires: Editorial Depalma, 1953, p. 12 e em Fundamentos del Derecho Procesal Civil, 2. ed. Buenos Aires: Editorial Depalma, 1951, p. 13, com breve variação terminológica.

[425] La Acción en el Sistema de los Derechos. Bogotá: Editorial Temis, 1986, p. 18/19.

[426] A observação é de Giuseppe Chiovenda, La Acción en el Sistema de los Derechos. Bogotá: Editorial Temis, 1986, p. 17.

[427] Nota introdutória ao Manual de Derecho Procesal Civil. Buenos Aires: Ejea, 1977, p. 24 (esquema), vol. I.

[428] Adolf Wach, La Pretensión de Declaración. Buenos Aires: Ejea, 1962, p. 51.

[429] Adolf Wach, La Pretensión de Declaración. Buenos Aires: Ejea, 1962, p. 59.

[430] Instituições de Direito Processual Civil, 3. ed. São Paulo: Malheiros, 2003, p. 108/100, vol. II.

[431] Teoria Geral do Processo Civil. São Paulo: Revista dos Tribunais, 1997, p. 104, em co-autoria com Ovídio Araújo Baptista da Silva.

[432] Sobre os requisitos, na doutrina pátria, consulte-se: Fábio Luiz Gomes e Ovídio Araújo Baptista da Silva, Teoria Geral do Processo Civil. São Paulo: Revista dos Tribunais, 1997, p. 104/105, bem como Arruda Alvim, Manual de Direito Processual Civil, 7. ed. São Paulo: Revista dos Tribunais, 2000, 396/397, vol. I.

Daí, inclusive, a concretude da ação, de vez que essa só poderia levar a uma sentença favorável e não sentença de qualquer conteúdo.[433]

Do breve escorço, dessume-se que a ação, para Adolf Wach, é (a) autônoma, modo relativo, porque não se liga, em certos casos, a um direito material,[434] (b) concreta, porquanto vinculada sua existência a um provimento jurisdicional favorável e (c) exercível contra o Estado e contra o obrigado. Essa posição não traz muitas dificuldades ao intérprete para criticá-la, porquanto deixa absolutamente sem resposta o fenômeno da ação julgada improcedente, ademais de ter direcionado a "ação" processual equivocadamente ao Estado e ao "obrigado" (fruto, é consabido, do não-apartamento dos planos material e processual), quando é sabido que a "ação" processual só se dirige ao Estado, ao passo que a afirmação da ação material é que se direciona contra o "obrigado".

Entre os fiéis seguidores de Wach encontramos James Goldschmidt.[435] A visão desse sobre a ação não destoa muito do que pregava aquele, salvo ter conseguido diferenciar (mas não outorgando a mesma feição que nós vislumbramos, gize-se) o prisma material do processual e ter dirigido, acertadamente, a ação processual ao Estado e a material como algo *"que se actúa frente al individuo obligado"*.[436] No mais, seguiu afirmando que *"la acción o derecho de obrar procesal (com su contenido de pretensión de sentencia) es un derecho público subjetivo dirigido contra el Estado para obtener la tutela jurídica del mismo mediante sentencia favorable"*,[437] com o que as censuras opostas a Wach também calham, no que couberem, a Goldschmidt.

Nada obstante o discurso precípuo de Giuseppe Chiovenda sugira um rompimento radical com a teoria de Adolf Wach, porque tendente a ferir seus alicerces, não é o que ressai da análise conjunta de seu pensamento. Com efeito, paradoxalmente, bem perto de Wach situa-se Chiovenda[438] e, ao menos através do prisma finalístico, sua teoria deve ser considerada uma variante da teoria concreta.

---

[433] Ugo Rocco, Teoría General del Proceso Civil. México: Editorial Porrua, 1959, p. 209.

[434] Não se refere no caso da ação declaratória negativa, porquanto, nese caminho, Wach "estima no persigue la protección o conservación de un derecho subjetivo, sino de la integridad de la posición jurídica del actor (...)", conforme ventila Leonardo Prieto-Castro y Ferrandiz, Derecho Procesal Civil. Madrid: Editorial Revista de Derecho Privado, 1964, p. 71, primera parte.

[435] Derecho Procesal Civil. Buenos Aires: Editorial Labor, 1936, p. 96.

[436] Derecho Procesal Civil. Buenos Aires: Editorial Labor, 1936, p. 96.

[437] Derecho Procesal Civil. Buenos Aires: Editorial Labor, 1936, p. 96.

[438] Ventilou Araken de Assis, Cumulação de Ações, 3. ed. São Paulo: Revista dos Tribunais, 1998, p. 58. Eduardo Juan Couture, Introducción al Estudio del Proceso Civil, 2. ed. Buenos Aires: Depalma, 1953, p. 14, chega a afirmar que o pensamento de Chiovenda, substancialmente, é o pensamento de Wach.

De chofre, logo após analisar as idéias de Wach, Chiovenda observa ter *"fallado la tentativa de buscar la naturaleza de derecho de la acción en su direción respecto del Estado"*,[439] em que pese admita que essa solução era previsível, pelo rumo que tomara a doutrina desde Windscheid.[440] Para Chiovenda, a natureza do "poder acionar" possuía outra direção: respeitava a um poder que se realizava frente ao obrigado,[441] com o que não poderia constituir-se contra o Estado ou contra aquele.[442] Também nota que antes de "um direito à tutela jurídica" (como Wach concebera), seria mais exato se cogitar de "um poder de constituir-se direito à tutela jurídica", pois, um poder pré-processual; derradeiramente, observa que é inexato colocar como objeto do processo este direito de tutela jurídica,[443] como apontou certa feita Wach.[444]

Todavia, antes de delinearmos o conceito de ação em Chiovenda, de mister que se lancem algumas premissas acerca de seu pensamento no que tange ao tema. Assim, para Chiovenda, os direitos podem encaixar-se em dois grandes grupos: direitos de prestação e direitos potestativos.[445] Largo senso, os direitos de prestação buscam um bem da vida, mediante a atividade, omissiva ou comissiva, de um outro sujeito,[446] ao passo que os direitos potestativos, nas palavras do próprio Chiovenda, são aqueles *"que tienden a la modificación del estado jurídico existente"*,[447] pois representam *"un poder netamente*

---

[439] La Acción en el Sistema de los Derechos. Bogotá: Editorial Temis, 1986, p. 18. De outro lado, Chiovenda observa que existe uma relação jurídica entre o Estado e o cidadão, mas, segundo o próprio, esta não passa de um meio para obtenção de determinado efeito contra o adversário, *in verbis*: "Noi non neghiamo che esistano rapporti giuridici pubblici (como si è visto) fra lo Stato e il citadino: nè si avrebbe azione se non vi fosse lo Stato cui rivolgersi; ma in questo caso il rapporto collo Stato non è che un mezzo per ottenere certi effetti contro l'avversario", Principii di Diritto Processuale Civile, 3. ed. Napoli: N. Jovene, 1923, p. 55.

[440] La Acción en el Sistema de los Derechos. Bogotá: Editorial Temis, 1986, p. 18.

[441] Giuseppe Chiovenda, La Acción en el Sistema de Los Derechos. Bogotá: Editorial Temis, 1986, p. 20: "La acción es un poder frente al adversario, más que contra el adversario. Queremos con esta distinción expresar la idea de que la acción no opone obligación alguna".

[442] La Acción en el Sistema de los Derechos. Bogotá: Editorial Temis, 1986, p. 20; Instituciones de Derecho Procesal Civil. Madrid: Editorial Revista de Derecho Privado, 1948, p. 24, vol. I, bem como em Principii di Diritto Processuale Civile, 3. ed. Napoli: N. Jovene, 1923, p. 46.

[443] Giuseppe Chiovenda, La acción en el Sistema de los Derechos. Bogotá: Editorial Temis, 1986, p. 19.

[444] Manual de Derecho Procesal Civil. Buenos Aires: Ejea, 1977, p. 42, vol. I. Nada obstante, páginas mais tarde, Wach aponte como objeto do processo a relação jurídica material (p. 48/49).

[445] Instituciones de Derecho Procesal Civil. Madrid: Editorial Revista de Derecho Privado, 1948, p. 10, vol. I.

[446] Giuseppe Chiovenda, Instituciones de Derecho Procesal Civil. Madrid: Editorial Revista de Derecho Privado, 1948, p. 10, vol. I.

[447] Instituciones de Derecho Procesal Civil. Madrid: Editorial Revista de Derecho Privado, 1948, p. 10, vol. I. Mesmo sentido: La Acción en el Sistema de los Derechos. Bogotá: Editorial Temis, 1986, p. 35.

ideal, el poder de querer *determinados efectos jurídicos*":[448] trata-se, em suma, de um *"potere giuridico"*.[449]

Partindo da distinção entre direitos de prestação e potestativos, Chiovenda erige seu pensamento sobre a ação, classificando-a como um *"diritto potestativo"*,[450] grifando ser a mesma um direito potestativo por excelência.[451] Ato contínuo, define-a como *"il potere giuridico di porre in essere la condizione per l' attuazione della voluntà della legge"*,[452] sendo *"un potere che spetta di fronte all' avversario rispetto a cui si produce l' effetto giuridico della attuazione della legge"*,[453] ao qual *"no corresponde ningún deber procesal del adversario: sino pura y simplemente su sujeción a los efectos jurídicos a los que la acción tiende"*.[454]

À semelhança de Wach, também Chiovenda aponta condições para que se possa exercer ação, sendo precisamente aí residente o atrelamento da ação ao direito material, como anotara Araken de Assis.[455] Com efeito, esse o ponto, análogo ao observado quanto a Wach, que faz com que se note a subordinação da ação ao direito subjetivo (no jargão de Chiovenda, "existência de uma vontade concreta da lei"[456]), denotando o promíscuo envolvimento entre os dois planos, sem o necessário apartamento das duas realidades.

Derradeiramente, no que concerne à natureza da ação, Chiovenda refere que a mesma pode ser pública ou privada, conforme o caráter público ou privado do interesse ao qual essa se liga.[457] Esse ponto também mereceu a atenção de Ernesto Heinitz,[458] no quando da sua análise da ação em Chiovenda.

---

[448] La Acción en el Sistema de los Derechos. Bogotá: Editorial Temis, 1986, p. 33; Instituciones de Derecho Procesal Civil. Madrid: Editorial Revista de Derecho Privado, 1948, p. 29, vol. I.
[449] Principii di Diritto Processuale Civile, 3. ed. Napoli: N. Jovene, 1923, p. 42.
[450] Principii di Diritto Processuale Civile, 3 ed. Napoli: N. Jovene, 1923, p. 43. Também em La Acción en el Sistema de los Derechos. Bogotá: Editorial Temis, 1986, p. 35.
[451] La Acción en el Sistema de los Derechos. Bogotá: Editorial Temis, 1986, p. 35.
[452] Principii di Diritto Processuale Civile, 3. ed. Napoli: N. Jovene, 1923, p. 45. Também Instituciones de Derecho Procesal Civil. Madrid: Editorial Revista de Derecho Privado, 1948, p. 24, vol. I.
[453] Principii di Diritto Processuale Civile, 3. ed. Napoli: N. Jovene, 1923, p. 46. Ainda Instituciones de Derecho Procesal Civil. Madrid: Editorial Revista de Derecho Privado, 1948, p. 24, vol. I, também La Acción en el Sistema de los Derechos. Bogotá: Editorial Temis, 1986, p. 20.
[454] La Acción en el Sistema de los Derechos. Bogotá: Editorial Temis, 1986, p. 21.
[455] Cumulação de Ações, 3. ed. São Paulo: Revista dos Tribunais, 1998, p. 60.
[456] Araken de Assis, Cumulação de Ações, 3. ed. São Paulo: Revista dos Tribunais, 1998, p. 60.
[457] La Acción en el Sistema de los Derechos. Bogotá: Editorial Temis, 1986, p. 24; Instituciones de Derecho Procesal Civil. Madrid: Editorial Revista de Derecho Privado, 1948, p. 24, vol. I; Principii di Diritto Processuale Civile, 3. ed. Napoli: N. Jovene, 1923, p. 46.
[458] I Limiti Oggettivi della Cosa Giudicata. Padova: Cedam, 1937, p. 34.

Desse elastério ressai a idéia de que, para existir ação, para Chiovenda, de mister que efetivamente se tenha o direito material invocado no processo, eclodindo esse, dessarte, em sentença favorável.[459] Ora, tal concepção, como recorda Jaime Guasp, tropeça na grave objeção que *"en realidad, no puede afirmarse que en todo proceso exista un derecho prévio al mismo que permita exigir fundadamente una resolución de contenido determinado e favorable"*,[460] sendo acompanhado, nesse especial, por Devis Echandía.[461] Existe, sim, direito prévio ao processo, mas somente direito ao processo, ou seja, direito à tutela jurídica, a ser prestada de forma favorável ou não, prescindindo-se da real existência subjacente material.[462]

Outro reparo: considera Chiovenda a possibilidade da ação ser privada, desde que o interesse ao qual a mesma esteja coarctada possua essa índole. Ora, a "ação", em sentido processual, não pode ser considerada como direito privado, como de há muito sabido.[463]

Esses equívocos são frutos, repisa-se, da confusão entre os planos material e processual; do não se diferenciar a ação material da "ação" em sentido processual. Tentaremos explicitar o ponto doravante, bastando, por ora, o exame até aqui engendrado para demonstração do quanto insatisfatória é a teoria concreta sobre a ação.

De qualquer sorte, de registrar-se que a teoria de Chiovenda contou, entre outras, com a adesão de Piero Calamandrei, o qual a averbava como a que melhor que se adaptava ao então momento histórico do Estado italiano, dado o seu conhecido relativismo a propósito do conceito de ação.[464]

2.2.1.4. Teoria abstrata da ação

Historicamente precedente à teoria do direito concreto de agir temos a teoria do direito abstrato de ação, pensada por Heinrich Degenkolb e por Alexander Plósz, consoante o preciso histórico tra-

---

[459] Em face dessa circunstância, Enrico Tullio Liebman afirmou que a teoria de Chiovenda "si distingue piú a parole che nella sostanza dalla pura e semplice concezione civilistica che identificava azione e diritto soggettivo", "L'azione nella Teoria del Processo Civile". In: Problemi del Processo Civile. Napoli: Morano Editore, 1962, p. 29.

[460] Derecho Procesal Civil, 4. ed. Madrid: Civitas, 1998, p. 204, tomo I.

[461] Teoría General del Proceso, 2. ed. Buenos Aires: Editorial Universidad, 1997, p. 179.

[462] Nesse sentido, por todos, Arruda Alvim, Manual de Direito Processual Civil, 7. ed. São Paulo: Revista dos Tribunais, 2000, p. 401, vol. I.

[463] Consulte-se, sobre o ponto, Devis Echandía, Teoría General del Proceso, 2. ed. Buenos Aires: Editorial Universidad, 1997, p. 179; ainda, com maiores divagações, Ricardo Reimundín, Los Conceptos de Pretension y Acción en la Doctrina Actual. Buenos Aires: Victor P. de Zavalia Editor, 1966, p. 93.

[464] Consulte-se "La 'Relativita' del Concetto d'Azione". In: Opere Giuridiche. Napoli: Morano Editore, 1965, p. 427/449, vol. I.

çado a respeito por Carlos Alberto Alvaro de Oliveira.[465] Dentro dessa linha, a ação como direito abstrato *"se define precisamente por no concebir la acción como poder de reclamar un fallo de contenido más o menos concreto, sino un fallo sin más"*,[466] isto é, poder reclamar uma decisão de qualquer conteúdo (direito subjetivo público à tutela estatal, pura e simplesmente,[467] preexistente ao processo[468]), o que deixa evidente o total desvinculamento da ação com a pretensão material, fato que explica, talvez insuperavelmente, como dissera Araken de Assis, o fenômeno da ação julgada improcedente.[469] Na vertente de Degenkolb, teoriza-se apenas a respeito da ação como um conceito processual, de existência restrita aos casos em que o demandante afora a demanda de boa-fé, convicto subjetivamente de que o seu direito, no plano material, efetivamente existe; na vertente de Plósz, separa-se uma "ação" processual e outra material, ambas independentes, sem qualquer exigência que, para que a demanda exista, tenha que estar o autor de boa-fé em seu pleito, consoante a lição de Carlos Alberto Alvaro de Oliveira.[470]

É a teoria seguida, entre nós e com fundamentação própria, por José Maria Rosa Tesheiner,[471] Hermes Zaneti Júnior,[472] Luiz Rodrigues Wambier, Flávio Renato Correia de Almeida e Eduardo Talamini.[473] A maioria dos processualistas contemporâneos, consoante registra Elio Fazzalari,[474] encara a ação dentro do esquema proposto pela teoria unitária-abstrata, com um maior ou menor desvio do discurso de Degenkolb ou de Plósz.

---

[465] "Efetividade e Tutela Jurisdicional". In: Revista Processo e Constituição – Coleção Galeno Lacerda de Estudos de Direito Processual Constitucional. Porto Alegre: Faculdade de Direito, UFRGS, 2005, n. II.

[466] Jaime Guasp, Derecho Procesal Civil, 4. ed. Madrid: Civitas, 1998, p. 204, tomo I.

[467] Carlos Ramírez Arcila, Teoría de la Acción. Bogotá: Editorial Temis, 1969, p. 72.

[468] Enrico Tullio Liebman, "L'azione nella Teoría del Processo Civile". In: Problemi del Processo Civile. Napoli: Morano Editore, 1962, p. 42.

[469] Cumulação de Ações, 3. ed. São Paulo: Revista dos Tribunais, 1998, p. 61.

[470] "Efetividade e Tutela Jurisdicional". In: Revista Processo e Constituição – Coleção Galeno Lacerda de Estudos de Direito Processual Constitucional. Porto Alegre: Faculdade de Direito, UFRGS, 2005, n. II. Corrige-se, aqui, pois, o que constou em outros estudos de nossa autoria sobre a "ação", em que se afirmava que o requisito da boa-fé era atinente tanto à orientação de Degenkolb como a de Plòsz.

[471] Elementos para uma Teoria Geral do Processo. São Paulo: Saraiva, 1993, p. 106/107.

[472] "Processo Constitucional: Relações entre Processo e Constituição". In: Introdução ao Estudo do Processo Civil – Primeiras Linhas de um Paradigma Emergente. Porto Alegre: Sérgio Antônio Fabris Editor, 2004, p. 43/44, em co-autoria com Daniel Francisco Mitidiero.

[473] Curso Avançado de Processo Civil, 6. ed. São Paulo: Revista dos Tribunais, 2003, p. 125, vol. I.

[474] "La Dottrina Processualistica Italiana: Dall'´Azione' al 'Processo' (1864-1994)". In: Rivista di Diritto Processuale. Padova: Cedam, 1994, p. 920, vol. XLIX, parte II.

A abstração da ação diz com decisões de qualquer conteúdo, que sirvam àqueles que tanto têm como aos que não têm razão,[475] havendo especificamente no pensamento de Degenkolb a necessidade de estar o autor de boa-fé em seu pleito. Diante desse elastério, Pontes de Miranda refere que "andou bem um dos fundadores de tal teoria, H. Degenkolb, em mais tarde a rejeitar",[476] visto que "que direito subjetivo seria esse que pertencia a quem não pertence e cujos resultados, no caso de má-fé do titular abusivo, seriam os mesmos que os obtidos pelo titular de boa-fé?",[477] ou ainda "que diferença existe entre o que não tem direito e crê tê-lo, o que não tem direito e sabe não o ter e o que tem direito e exerce a ação não crendo tê-lo?",[478] questionamentos esses que teriam o condão de derruir a teoria ora esposada.

Com efeito, ter levado o problema ao terreno da boa-fé subjetiva somente desviou a atenção do que realmente importava: a outorga, a qualquer um, de direito à tutela jurídica em face do Estado (atipicidade da "ação", que aí passa a funcionar como uma "cobertura geral" do sistema, como lembra Flávio Luiz Yarshell[479]), com todas as implicações daí decorrentes. Aliás, esse o ponto de ressalto, igualmente destacado por Andrea Proto Pisani,[480] conquista política do mais alto relevo creditada à teoria abstrata.

2.2.1.5. Teoria eclética da ação

A orientação eclética da ação, formulada por Enrico Tullio Liebman, tem essa denominação porque é uma tentativa de conciliação entre as teorias concreta e abstrata do direito de agir, como bem observam José Maria Rosa Tesheiner[481] e Araken de Assis,[482] uma noção intermediária entre ambas, como refere ainda Luigi Paolo Comoglio.[483] Foi a teoria adotada pelo Código vigente.[484]

---

[475] Hugo Alsina, Tratado Teórico Práctico de Derecho Procesal Civil y Comercial. Buenos Aires: Compañía Argentina de Editores Soc. de Resp. Ltda., 1941, p. 180, tomo I.

[476] Comentários ao Código de Processo Civil, 5. ed. Rio de Janeiro: Forense, 1997, p. 98, tomo I.

[477] Pontes de Miranda, Comentários ao Código de Processo Civil, 5. ed. Rio de Janeiro: Forense, 1997, p. 98, tomo I.

[478] Pontes de Miranda, Comentários ao Código de Processo Civil, 5. ed. Rio de Janeiro: Forense, 1997, p. 98, tomo I.

[479] Tutela Jurisdicional. São Paulo: Atlas, 1998, p. 59.

[480] Lezioni di Diritto Processuale Civile, 4. ed. Napoli: Jovene, 2002, p.49/50.

[481] Elementos para uma Teoria Geral do Processo. São Paulo: Saraiva, 1993, p. 106.

[482] "Da Ação no Novo Código de Processo Civil". In: Doutrina e Prática do Processo Civil Contemporâneo. São Paulo: Revista dos Tribunais, 2001, p. 34/35.

[483] "Note Riepilogative su Azione e Forme di Tutela, nell'Otica della Domanda Giudiziale". In: Rivista di Diritto Processuale. Padova: Cedam, 1993, p. 470, parte III.

[484] Assim, Egas Dirceu Moniz de Aragão, Comentários ao Código de Processo Civil, 9. ed. Rio de Janeiro: Forense, 1998, p. 391/393, vol. II.

Sem maiores delongas, entendia Liebman que o vir a juízo constituía para a parte antes de tudo um ônus, porquanto não é dado ao órgão judicante proceder de ofício, não podendo examinar questões nem prover sobre o pedido sem solicitação prévia do demandante.[485] De outro lado, afigurava-se também como um direito de provocar a atividade judiciária, relacionado com dada situação jurídica em que o autor interessado (de vez que lesado ou ameaçado de lesão em sua esfera jurídica ou, simplesmente, buscando a satisfação de interesse insatisfeito).[486]

Dessarte, nas próprias palavras de Liebman, *"l'azione come si è visto, è il diritto che spetta ad una persona di provocare l'esercizio della giurisdizione riguardo ad una situazione giuridica in cui la persona stessa è interessata"*,[487] sendo, daí, *"un diritto soggettivo strumentale"*,[488] dirigido ao Estado, *"nella sua qualità di titolare della potestà giurisdizionale"*.[489] De resto, Liebman afirma ser a ação um direito ao processo e a um julgamento de mérito.[490]

Nesse ponto, de rigor que atentemos para a delimitação do conceito de jurisdição proposto por Liebman. Nessa senda, esclarecedora é a lição de Fábio Luiz Gomes: "entende Liebman por *jurisdição* a atividade do Poder Judiciário que viabiliza, na prática, a realização da ordem jurídica, mediante a aplicação do direito objeti-

---

[485] Manuale di Diritto Processuale Civile, 2. ed. Milano: Giuffrè, 1957, p. 31, vol. I: "L'iniziativa del processo spetta alla parte interessata (od, in via del tutto eccezionale, al publico ministero). Quest'iniziativa rappresenta per la parte anzitutto un onere, perchè i giudici non procedono d'ufficio, non prendono in esame una controversia e non la giudicano se non lo chiede l'interessato"; ou na edição brasileira, Manual de Direito Processual Civil. Rio de Janeiro: Forense, 1984, p. 145, vol. I. Acompanhando Liebman, no direito italiano, Andrea Proto Pisani, "Dell' esercizio dell' azione". In: Allorio, Enrico (coord.). Commentario del Codice di Procedura Civile. Turim: Utet, 1973, p. 1048, vol. I, tomo II; Luigi Paolo Comoglio, "Note Riepilogative su Azione e Forme di Tutela, nell'Otica della Domanda Giudiziale". In: Rivista di Diritto Processuale. Padova: Cedam, 1993, p. 470, parte III.

[486] Manuale di Diritto Processuale Civile, 2. ed. Milano: Giuffrè, 1957, p. 32, vol. I: "Ma l'iniziativa del processo rappresenta anche l'esercizio di un diritto cioè di provocare lo spiegamento della giurisdizione nei riguardi di una situazioni giuridica in cui essa è interessata, con lo scopo di ottenere dal giudice la protezione di um proprio interesse, il soddisfacimento di un proprio diritto" ou, na edição brasileira, Manual de Direito Processual Civil. Rio de Janeiro: Forense, 1984, p. 146, vol. I.

[487] Corso di Diritto Processuale Civile, Nozioni Introdutive – Parte Generale – Il Processo di Cognizioni. Milano: Giuffrè, 1952, p. 41.

[488] "L'azione nella Teoria del Processo Civile". In: Problemi del Processo Civile. Napoli: Morano Editore, 1962, p. 45.

[489] "L'azione nella Teoria del Processo Civile". In: Problemi del Processo Civile. Napoli: Morano Editore, 1962, p. 45; também, Manuale di Diritto Processuale Civile, 2. ed. Milano: Giuffrè, 1957, p. 38, vol. I.

[490] Manual de Direito Processual Civil. Rio de Janeiro: Forense, 1984, p. 151, vol. I.

vo às relações humanas intersubjetivas",[491] acrescentando que "essa realização só é conseguida pela *decisão de mérito*".[492]

Portanto, dentro do sistema processual de Liebman, só terá caráter jurisdicional a atividade do magistrado que tocar o mérito, pronunciando-se acerca do pedido engendrado pela parte e, nessa esteira, somente haverá ação se houver jurisdição.[493] Entrementes, antes de examinar o *meritum causae*, imprescindível que o órgão judicial examine algumas questões anteriores, tendentes a descobrir de fato se o autor ostenta ou não a ação (que, curiosamente, ele já exerceu...): tem o juiz, pois, de examinar a existência ou não das condições da ação,[494] meio através do qual Liebman realiza um joeiramento prévio, a fim de perquirir da existência do "poder obter" uma prestação jurisdicional.[495]

Inicialmente, as condições da ação remontavam à possibilidade jurídica do pedido, interesse e legitimação de agir.[496] Nesses moldes, aliás, o direito positivo vigente (art. 267, VI, CPC, nada obstante a "insinuação de ser esse rol meramente exemplificativo", como notou Adroaldo Furtado Fabrício[497]).

---

[491] Teoria Geral do Processo Civil. São Paulo: Revista dos Tribunais, 1997, p. 115, em co-autoria com Ovídio Araújo Baptista da Silva.

[492] Teoria Geral do Processo Civil. São Paulo: Revista dos Tribunais, 1997, p. 115, em co-autoria com Ovídio Araújo Baptista da Silva.

[493] Contra, entendendo que na teoria de Liebman podem existir graus de jurisdição e que ao extinguir o processo por carência de ação exerce o juiz, em alguma medida, atividade jurisdicional, Egas Dirceu Moniz de Aragão, "Hobbes, Montesquieu e a Teoria da Ação". In: Revista de Processo. São Paulo: Revista dos Tribunais, 2002, p. 15, n. 108. Sobre o assunto, Daniel Francisco Mitidiero, Comentários ao Código de Processo Civil. São Paulo: Memória Jurídica Editora, 2005, p. 529/539, tomo II.

[494] José Carlos Barbosa Moreira, "Legitimação para Agir. Indeferimento de Petição Inicial". In: Temas de Direito Processual, 2. ed. São Paulo: Saraiva, 1988, p. 199, Primeira Série, assevera que é "conquista irreversível da moderna ciência do processo a distinção entre o mérito da causa e as chamadas condições da ação (rectius: condições do legítimo exercício do direito de ação). No estágio atual da evolução científica, pode reputar-se descabida qualquer confusão entre o juízo de mérito (...) e o juízo preliminar, em que se apura a concorrência daquelas condições".

[495] No sentido do texto: José Albuquerque da Rocha, Teoria Geral do Processo, 5. ed. São Paulo: Malheiros, 2001, p. 192, para quem "as condições da ação são os requisitos de viabilidade, em tese, do provimento jurisdicional".

[496] Enrico Tullio Liebman, Corso di Diritto Processuale Civile, Nozioni Introdutive – Parte Generale – Il Processo di Cognizioni. Milano: Giuffrè, 1952, p. 48/51; ainda Manuale di Diritto Processuale Civile, 2. ed. Milano: Giuffrè, 1957, p. 40/45, vol. I.

[497] "'Extinção do Processo' e Mérito da Causa". In: Alvaro Oliveira, Carlos Alberto (org.), Saneamento do Processo, Estudos em Homenagem ao Prof. Galeno Lacerda. Porto Alegre: Sérgio Antônio Fabris Editor, 1989, p. 33. Pontes de Miranda, Comentários ao Código de Processo Civil, 4. ed. Rio de Janeiro: Forense, 1997, p. 489, tomo III, afirma que as situações retratadas no rol do art. 267, VI "foram apenas exemplos".

Ironicamente, no mesmo ano que entrou em vigor o Código de Processo Civil vigente, Liebman, na famosa 3ª edição de seu *Manuale di Diritto Processuale Civile*, abandonou a possibilidade jurídica do pedido como condição autônoma da ação, afeiçoando-a ao interesse de agir, tendo em vista ter entrado em vigor na Itália a Lei que institui o divórcio (Lei n. 898, de 1.12.70), principal exemplo de impossibilidade jurídica do pedido[498]... Restaram, pois, apenas duas condições da ação: interesse e legitimação de agir,[499] as quais funcionavam como um nexo com a situação material quiçá subjacente ao processo.

Em poucas palavras, pode-se dizer que o interesse de agir consiste *"nell' interesse ad ottenere il provvedimento domandato"*[500] e como *"sorge dalla necessita di ottenere dal processo la protezione dell' interesse sostanziale; presuppone perciò la lesione di questo interesse e l' idoneità del prevvedimento domandato a proteggerlo e soddisfarlo"*.[501] Em síntese, como disse Liebman, o interesse de agir é "a relação de utilidade entre a afirmada lesão de um direito e o provimento de tutela jurisdicional pedido".[502]

De outro lado, a legitimação para agir *"è la titolarità (attiva e passiva) dell' azione"*,[503] podendo ser considerada, assim, "a pertinência subjetiva da ação".[504] Sua problemática reside, ao fim e ao

---

[498] Narra Araken de Assis: "Mas a maior prova do açodamento desta teoria deriva da inesperada deserção. Enrico Tullio Liebman, em quem se buscou a inspiração, a quem se procurou homenagear, eliminou a possibilidade jurídica desta categoria. E isto, em virtude da circunstância pueril e fortuita de a Itália introduzir o divórcio a vínculo, exemplo preferido para demonstrar a impossibilidade geradora da 'carência de ação'", Cumulação de Ações, 3. ed. São Paulo: Revista dos Tribunais, 1998, p. 65. Aliás, a categoria conhecida como "impossibilidade jurídica do pedido" soa mesmo anacrônica em nosso direito, uma vez que pressupõe um sistema jurídico fechado, em que todas as situações jurídicas passíveis de judicialização estariam contidas em um rol taxativo (dogma da completude do ordenamento jurídico, próprio da mentalidade de oitocentos), o que, evidentemente, não se compadece com as características do ordenamento jurídico brasileiro atual. Ademais, para um aprofundamento do problema do conceito de sistema, consulte-se, por todos, Claus-Wilhelm Canaris, Pensamento Sistemático e Conceito de Sistema na Ciência do Direito, 3. ed. Lisboa: Fundação Calouste Gulbenkian, 2002.

[499] Enrico Tullio Liebman, Manual de Direito Processual Civil. Rio de Janeiro: Forense, 1984, p. 154/160, vol. I.

[500] Enrico Tullio Liebman, Manuale di Diritto Processuale Civile, 2. ed. Milano: Giuffrè, 1957, p. 40, vol. I.

[501] Enrico Tullio Liebman, Manuale di Diritto Processuale Civile, 2. ed. Milano: Giuffrè, 1957, p. 41, vol. I.

[502] Enrico Tullio Liebman, Manual de Direito Processual Civil. Rio de Janeiro: Forense, 1984, p. 156, vol. I.

[503] Enrico Tullio Liebman, Manuale di Diritto Processuale Civile, 2. ed. Milano: Giuffrè, 1957, p. 42, vol. I.

[504] Enrico Tullio Liebman, Manual de Direito Processual Civil. Rio de Janeiro: Forense, 1984, p. 159, vol. I.

cabo, em individualizar a pessoa a quem pertence o interesse de agir.[505]

A doutrina de Liebman, não obstante engenhosa, enfim, merece certos reparos.

Como notara José Joaquim Calmon de Passos, deixou Liebman de caracterizar a espécie de atividade que o juiz exerce quando inexiste ação (ou seja, quando o juiz não examina o mérito da causa), de vez que de atividade jurisdicional não se tratava,[506] deixando igualmente sem resposta se na espécie existente ou não processo.[507] A propósito, Fábio Luiz Gomes increpa tal falha como um dos vícios insuperáveis da orientação eclética,[508] significando uma injustificável "redução no campo da atividade jurisdicional".[509]

Outra crítica que gravita em torno da concepção de Liebman é que a "análise de qualquer das chamadas condições da ação demonstra que elas se referem à relação de direito material",[510] com o que queda condicionada à ação ao plano material, somente existente se verificável, naquele plano, as condições impostas. Esse condicionamento leva, no fundo, à concepção unitária-imanentista, hodiernamente inaceitável em termos processuais.[511]

Nesse sentido, Ovídio Araújo Baptista da Silva, por todos, sustenta que "quando o juiz declara inexistente uma das 'condições da ação', ele está em verdade declarando a inexistência de uma pretensão acionável do autor contra o réu, estando, pois, a decidir a respeito da pretensão posta em causa pelo autor, para declarar que o agir deste contra o réu – não contra o Estado – é improcedente. E tal sentença é sentença de mérito. A suposição de que a rejeição da demanda por falta de alguma 'condição da ação' não constitua deci-

---

[505] Enrico Tullio Liebman, Manual de Direito Processual Civil. Rio de Janeiro: Forense, 1984, p. 157, vol. I.

[506] A Ação no Direito Processual Civil Brasileiro. Bahia: Oficinas Gráficas da Imprensa Oficial da Bahia, 1960, p. 26. Com ele, Adroaldo Furtado Fabrício, A Ação Declaratória Incidental, 2. ed. Rio de Janeiro: Forense, 1995, p. 27.

[507] A Ação no Direito Processual Civil Brasileiro. Bahia: Oficinas Gráficas da Imprensa Oficial da Bahia, 1960, p. 26.

[508] Teoria Geral do Processo Civil. São Paulo: Revista dos Tribunais, 1997, p. 117, em co-autoria com Ovídio Araújo Baptista da Silva.

[509] Teoria Geral do Processo Civil. São Paulo: Revista dos Tribunais, 1997, p. 118, em co-autoria com Ovídio Araújo Baptista da Silva.

[510] Fábio Luiz Gomes, Teoria Geral do Processo Civil. São Paulo: Revista dos Tribunais, 1997, p. 125, em co-autoria com Ovídio Araújo Baptista da Silva.

[511] José Joaquim Calmon de Passos, A Ação no Direito Processual Civil Brasileiro. Bahia: Oficinas Gráficas da Imprensa Oficial da Bahia, 1960, p. 33/43, bem como em Araken de Assis, Cumulação de Ações, 3. ed. São Paulo: Revista dos Tribunais, 1998, p. 67/69, ainda em Fábio Luiz Gomes, Teoria Geral do Processo Civil. São Paulo: Revista dos Tribunais, 1997, p. 125/129, em co-autoria com Ovídio Araújo Baptista da Silva.

são sobre a lide, não fazendo coisa julgada e não impedindo a reproposição da *mesma ação*, agora pelo verdadeiro legitimado ou contra o réu verdadeiro, parte do falso pressuposto de que a *nova ação* proposta por outra pessoa, ou pela mesma que propusera a primeira, agora contra outrem, seria a *mesma ação* que se frustrara no primeiro processo. Toma-se o 'conflito de interesses' *existente fora do processo*, a que Carnelutti denominava 'lide', como o verdadeiro e único objetivo da atividade jurisdicional. Como este conflito não fora composto pela primeira sentença que declara o autor carecedor de ação, afirma-se que seu mérito permaneceu inapreciado no julgamento anterior. Daí porque, no segundo processo, *com novos figurantes*, estar-se-ia a desenvolver a *mesma ação*. Ora, no segundo processo, nem sob o ponto de vista do direito processual, e muito menos em relação ao direito material, a ação seria a mesma. Mudando-se as partes, transforma-se a demanda. Afirmando o juiz que o autor não tem legítimo interesse para a causa, sem dúvida estará afirmando que o conflito de interesses por ele descrito na petição inicial não merece que o Estado lhe outorgue proteção, o que significa declarar que tal conflito é irrelevante para o direito. E, neste caso, igualmente lhe falta a *ação de direito material*, ou esta seria ilegítima por falta de interesse. Não a ação processual, que jamais será ilegítima por falta de interesse, e da qual o autor não carecerá jamais, pois o direito a ser ouvido por um tribunal é princípio constitucional a todos assegurado. Dizer-se, como afirmam os partidários da 'teoria eclética', que a sentença que declara o autor carecedor de ação por ilegitimidade *ad causam* não decide o mérito de *sua ação* é imaginar que a *demanda que o autor descreve na petição inicial* pudesse ter seu mérito num segundo processo e na lide de outrem! Como se vê, a tentativa de Liebman de afastar-se de ambas as teorias precedentes, procurando um conceito de 'ação' processual que não se confundisse com o fenômeno estudado pela doutrina do 'direito concreto de ação' nem com o chamado 'direito constitucional de petição', não teve em conta o fato de que apenas existem duas relações jurídicas, uma de direito material – conteúdo do processo – , que é a lide, outra, relação de direito público, que se estabelece entre as partes e o Estado, como manifestação da pretensão destas a que ele preste jurisdição. Como o autor terá direito à tutela jurídica estatal sempre, e, tendo razão, terá igualmente direito contra o réu, por serem, neste caso, duas as relações jurídicas de que nascem direitos subjetivos, duas haverão de ser as ações: a ação de direito material e a 'ação' processual. Não pode haver *terceira categoria*, que não se confunda com o fenômeno já identificado pelos 'concretistas' nem seja a 'ação' abstrata indicada pela teoria pura do 'direito abstrato de ação'".[512]

Por todo o exposto, pois, tem-se criticado o legislador por ter consagrado em nosso Código de Processo Civil a teoria unitária-eclética da ação.

2.2.2. Teoria dualista da ação: ação material e "ação" processual

À compreensão de que o processo não se confunde com a relação jurídica material que eventualmente lhe subjaza, não se seguiu, como seria salutar que ocorresse, a perfeita separação entre a afirmação da ação de direito material (rigorosamente, eficácia da relação jurídica de direito material) e a "ação" processual (eficácia da relação jurídica Estado-cidadão). Preferiram os autores continuar explicando o fenômeno "ação" através de um prisma unitário, com o que permaneciam, inconscientemente, subjugando a ciência processual ao direito material. Adiantamos que não é possível construir um conceito unitário de ação: de rigor que tratemos da afirmação da ação material e da "ação" processual, separando-se o que pertence a um e a outro plano. Nesse azo, asseverava Pontes de Miranda: "todos os comentadores que não atendem à diferença entre ação (de direito material) e 'ação' (de direito processual) incidem em grave erro, que aliás se propagou no Brasil".[513]

2.2.2.1. Plano material: direito subjetivo, pretensão material e ação material

Direito subjetivo é conceito de alta valia dentro da doutrina jurídica. Sobre a sua imprescindibilidade, afirmara Ovídio Araújo Baptista da Silva que "seria supérfluo dizer que o *direito subjetivo* é uma categoria fundamental para a construção de qualquer doutrina

---

[512] Curso de Processo Civil, 5. ed. São Paulo: Revista dos Tribunais, 2000, p. 109/110, vol. I.

[513] Comentários ao Código de Processo Civil, 4. ed. Rio de Janeiro: Forense, 1997, p. 483, tomo III. Seguem a teoria dualista da ação, entre outros, Ovídio Araújo Baptista da Silva, Curso de Processo Civil, 5. ed. São Paulo: Revista dos Tribunais, 2000, p. 75/110, vol. I; Araken de Assis, Cumulação de Ações, 3. ed. São Paulo: Revista dos Tribunais, 1998, p. 71/84; Luiz Guilherme Marinoni, Novas Linhas do Processo Civil, 4. ed. São Paulo: Malheiros, 2000, p. 206/214; Luiz Fux, Curso de Direito Processual Civil, 2. ed. Rio de Janeiro: Forense, 2004, p. 143/149. Ao que parece, nada obstante seu confesso monismo, também Darci Guimarães Ribeiro aceita a diferenciação entre ação de direito material e "ação" processual, conforme La Pretensión Procesal y la Tutela Judicial Efectiva – Hacía una Teoría Procesal del Derecho. Barcelona: J.M. Bosch Editor, 2004, p. 35/98.

jurídica, tanto no domínio do direito processual civil quanto no campo do direito material, especialmente no direito privado".[514] Nesse mesmo azo, Andreas Von Tuhr asseverava que *"la noción fundamental del derecho privado, y, al mismo tiempo, la suma abstacción de lo jurídico multiforme, es el derecho del sujeto, el 'derecho subjetivo', como suele designarse en contraposición con el derecho objetivo (norma jurídica)"*.[515]

Nessa esteira, discorrendo sobre a categoria, Pontes de Miranda assinalava que "rigorosamente, o direito subjetivo foi abstração, a que sutilmente se chegou, após o exame da eficácia dos fatos jurídicos criadores de direitos".[516] "A regra jurídica", segue Pontes, "é *objetiva* e incide nos fatos; o suporte fáctico torna-se fato jurídico. O que, para alguém, determinadamente, dessa ocorrência emana, de vantajoso, é direito, já aqui subjetivo, porque se observa do lado desse alguém, que é titular dêle".[517]

Portanto, "para o jurista, direito tem sentido estrito: é a vantagem que veio a alguém, com a incidência da regra jurídica em algum suporte fáctico".[518] Enfocando esse mesmo estreitamento do conceito de direito subjetivo, culminando no fator vantagem, Andreas Von Tuhr: *"(...) pero los juristas han demostrado siempre inclinación a dar a ese concepto un significado más estricto del que le atribuye el lego, no designando como derecho, sin más, toda ventaja que pueda alcanzar el individuo por efecto del orden jurídico"*.[519]

De outro lado, podemos apontar como nota peculiar do direito subjetivo, também, a sua especial propensão em marcar lindes de atuação da esfera jurídica de outrem (ou de outrens), porque se oferece como uma verdadeira "limitação à esfera de atividade de outro, ou de outros possíveis sujeitos de direito".[520] Outro ponto de ressalto é que o direito subjetivo contém uma (ou algumas) faculdade(s), porém, não se confunde com ela(s), de vez que direito subjetivo "é poder jurídico de ter a faculdade",[521] sendo, pois, "meio jurídico

---

[514] Curso de Processo Civil, 5. ed. São Paulo: Revista dos Tribunais, 2000, p. 75, vol. I.

[515] Derecho Civil, Teoría General del Derecho Civil Aleman. Buenos Aires: Editorial Depalma, 1946, p. 71, vol. I.

[516] Tratado de Direito Privado, 3. ed. Rio de Janeiro: Borsoi, 1970, p. 225, tomo V.

[517] Tratado de Direito Privado, 3. ed. Rio de Janeiro: Borsoi, 1970, p. 225, tomo V.

[518] Pontes de Miranda, Tratado de Direito Privado, 3. ed. Rio de Janeiro: Borsoi, 1970, p. 226, tomo V.

[519] Derecho Civil, Teoría General del Derecho Civil Aleman. Buenos Aires: Editorial Depalma, 1946, p. 72, vol. I.

[520] Pontes de Miranda, Tratado de Direito Privado, 3. ed. Rio de Janeiro: Borsoi, 1970, p. 232, tomo V.

[521] Pontes de Miranda, Tratado de Direito Privado, 3. ed. Rio de Janeiro: Borsoi, 1970, p. 233, tomo V.

para a satisfação desses interesses".[522] A confusão entre direito subjetivo e faculdade, infelizmente, é mais corrente do que se deseja.

Quando a vantagem, a qual encerra o direito de alguém, é inatendida, resulta para o seu titular um poder de exigir essa mesma vantagem, sendo esse poder de exigir algo, cientificamente, o conteúdo da pretensão material[523] (por isso atualidade e concretude, ínsitas à mesma[524]). É como diz o Código Civil: "violado o direito, nasce para o titular a pretensão" (art. 189). Essa é, pois, a "posição subjetiva de poder exigir de outrem alguma prestação positiva ou negativa"[525] e, enquanto poder, significa mera potencialidade,[526] diferindo, portanto, de seu efetivo exercício.[527]

Desse elastério, impende notar que a pretensão material pode ser encarada através de duplo prisma; precipuamente, é um estado especial do direito subjetivo: ressai do mesmo (envolve-o como película), como decorrência natural da causalidade, da imputação jurídica. Então, a pretensão "não é um segundo direito, mas apenas uma nova virtualidade de que se reveste o próprio direito subjetivo", como dissera com precisão Ovídio Araújo Baptista da Silva.[528] Noutro passo, pode ser encarada como uma conduta, como uma exteriorização da exigência, dirigida de forma individualizada a alguém.[529]

---

[522] Pontes de Miranda, Tratado de Direito Privado, 3. ed. Rio de Janeiro: Borsoi, 1970, p. 233, tomo V.

[523] Sobre o ponto: Pontes de Miranda, Comentários ao Código de Processo Civil, 5. ed. Rio de Janeiro: Forense, 1997, p. 42, tomo I; Ovídio Araújo Baptista da Silva, Curso de Processo Civil, 5. ed. São Paulo: Revista dos Tribunais, 2000, p. 78/80, vol. I; Araken de Assis, Cumulação de Ações, 3. ed. São Paulo: Revista dos Tribunais, 1998, p. 74/76. E aqui calha uma observação: o significado do termo "pretensão" para doutrina alemã e para a doutrina brasileira que se formou principalmente à luz dos ensinamentos de Pontes de Miranda é exatamente esse retratado no texto; no entanto, parte da doutrina brasileira de processo civil, de inspiração italiana, costuma empregar o mesmo termo querendo exprimir tão-somente a aspiração de um sujeito a determinado bem, aspiração que pode ser fundada ou infundada: é o caso, por exemplo, de Cândido Rangel Dinamarco (Instituições de Direito Processual Civil, 3. ed. São Paulo: Malheiros, 2003, p. 301, vol. I).

[524] Pontes de Miranda, Comentários ao Código de Processo Civil, 5. ed. Rio de Janeiro: Forense, 1997, p. 99, tomo I.

[525] Pontes de Miranda, Tratado de Direito Privado, 3. ed. Rio de Janeiro: Borsoi, 1970, p. 451, tomo V.

[526] Ovídio Araújo Baptista da Silva, Curso de Processo Civil, 5. ed. São Paulo: Revista dos Tribunais, 2000, p. 78, vol. I. Nessa acepção, pretensão é tensão, estado de tensão existente em virtude da lesão ou inatendimento ao direito ou simples ameaça ao mesmo, conforme Pontes de Miranda, Tratado das Ações. São Paulo: Revista dos Tribunais, 1970, p. 53, tomo I.

[527] Ovídio Araújo Baptista da Silva, Curso de Processo Civil, 5. ed. São Paulo: Revista dos Tribunais, 2000, p. 78, vol. I. Na esteira de Ovídio, Luis Guilherme Marinoni, Novas Linhas do Processo Civil, 4. ed. São Paulo: Malheiros, 2000, p. 207.

[528] Curso de Processo Civil, 5. ed. São Paulo: Revista dos Tribunais, 2000, p. 79, vol. I.

[529] Pontes de Miranda, Tratado de Direito Privado, 3. ed. Rio de Janeiro: Borsoi, 1970, p. 452, tomo V.

Importa ressalto, a essa altura, que o efetivo exercício da pretensão, isto é, o exigir efetivamente de alguém determinada prestação (e não mais mero poder de exigir), denota desenvolvimento de certa conduta por parte do sujeito (ativo); entrementes, não configura ainda agir para satisfação (para realização do direito). Enquanto nos limitamos a exigir de alguém, dependemos, iniludivelmente, de uma conduta consentânea aos nossos interesses desse sujeito, do qual exigimos (por isso Pontes de Miranda: "as pretensões exigem a ação ou omissão do devedor"[530]).

Se frustrante a tentativa, ressai ao sujeito ativo dessa pretensão ação de direito material, que outra coisa não é que a possibilidade deste titular agir para a realização do seu direito, "independentemente da vontade ou do comportamento do obrigado"[531] ("enquanto o direito subjetivo e a pretensão tendem à prestação", pontifica Pontes de Miranda, "a ação supõe combatividade"[532]). Essa conduta, hodiernamente, leva-se a efeito mediante invocação dessa ação material em juízo.[533]

A ação é, portanto, "inflamação do direito ou da pretensão"[534] e "ocorre na vida da pretensão, ou do direito mesmo, (a) quando a pretensão exercida não é satisfeita e o titular *age* (reminiscência do ato de realização ativa dos direitos e pretensões), ou (b) quando, tratando-se de pretensões que vêm sendo satisfeitas pelos atos positivos ou negativos, ocorre interrupção desta conduta duradoura".[535] Daí que o art. 75 do Código Civil de 1916 estava a ministrar noção adequada: o que se disciplinava ali era a ação de direito material e não fenômeno de ordem processual.[536] Como se vê, a maneira como se está a trabalhar a ação de direito material de modo nenhum se

---

[530] Tratado de Direito Privado, 3. ed. Rio de Janeiro: Borsoi, 1970, p. 453, tomo V.

[531] Ovídio Araújo Baptista da Silva, Curso de Processo Civil, 5. ed. São Paulo: Revista dos Tribunais, 2000, p. 80, vol. I. Também Araken de Assis, Cumulação de Ações, 3. ed. São Paulo: Revista dos Tribunais, 1998, p. 77.

[532] Comentários ao Código de Processo Civil, 5. ed. Rio de Janeiro: Forense, 1997, p. 103, tomo I.

[533] Pontes de Miranda, Tratado de Direito Privado, 3. ed. Rio de Janeiro: Borsoi, 1970, p. 478, tomo V. "Da proibição do desforço pessoal se origina o poder jurisdicional (...)", assevera, com propriedade, Araken de Assis, Cumulação de Ações, 3. ed. São Paulo: Revista dos Tribunais, 1998, p. 77, e "por tal motivo, a ação material se veicula através da 'ação' processual (demanda)".

[534] Pontes de Miranda, Tratado de Direito Privado, 3. ed. Rio de Janeiro: Borsoi, 1970, p. 482, tomo V.

[535] Pontes de Miranda, Tratado de Direito Privado, 3. ed. Rio de Janeiro: Borsoi, 1970, p. 481, tomo V.

[536] Acerca, Ovídio Araújo Baptista da Silva, Curso de Processo Civil, 5. ed. São Paulo: Revista dos Tribunais, 2000, p. 88, vol. I. Confira-se, ainda, Luiz Guilherme Marinoni, Novas Linhas do Processo Civil, 4. ed. São Paulo: Malheiros, 2000, p. 206/208.

confunde com aquele conceito outrora lembrado por Leonardo Greco sob o mesmo epíteto.[537]

Atente-se, pois, que ainda estamos trabalhando exclusivamente no plano material. Nessa vertente, calham algumas observações sobre a ação material e sobre o natural terror que a simples menção dessa categoria jurídica incute em certos cultores do direito processual, "presos como eles estão ao pétreo dogmatismo em que se transformou a ciência jurídica, na idade moderna".[538]

Se revolvermos no tempo, veremos que o nascimento da moderna ciência do processo gravita em torno da noção de relação jurídica processual que, de seu turno, busca inspiração na abstração e generalidade,[539] própria da pandectística alemã. "O que interessa à nova ciência", registra Ovídio, em sua belíssima monografia, "é o estudo da relação processual, enquanto tal, através do exame das condições que lhe determinam o nascimento e das regras sob as quais a *relação jurídica de direito público* desenvolve-se, independentemente dos conteúdos concretos e, muito especialmente, abstraindo das *individualidades procedimentais,* determinadas pelas exigências, porventura impostas pelo direito litigioso".[540]

Nesse panorama, natural que se buscasse eliminar todo e qualquer vínculo que o processo eventualmente pudesse ostentar com o direito material: daí não se poder admitir mais ações de direito material, de vez que infensas à abstração e à generalidade que norteavam a ciência do processo. Como aduz Ovídio, "a campanha pela supressão das *ações* (de direito material) estava oficialmente lançada. A partir de então, a nova ciência iria dedicar-se ao estudo abstrato da relação processual, indiferente ao que cada direito material pudesse conter de especialidade".[541]

Dessarte, não se poderia mais tolerar esse jugo do processo ao direito material: a construção da "ação" processual, sem que se levasse em conta as características especiais do direito afirmado, correspondeu à uniformização procedimental, "à universalização do procedimento ordinário", como proclamara Ovídio Araújo Baptista

---

[537] A Teoria da Ação no Processo Civil. São Paulo: Dialética, 2003, p. 10/11.

[538] Ovídio Araújo Baptista da Silva, "Execução 'em face do Executado'". In: Da Sentença Liminar à Nulidade da Sentença. Rio de Janeiro: Forense, 2001, p. 141.

[539] Ovídio Araújo Baptista da Silva, Jurisdição e Execução na Tradição Romano-Canônica, 2. ed. São Paulo: Revista dos Tribunais, 1997, p. 162.

[540] Ovídio Araújo Baptista da Silva, Jurisdição e Execução na Tradição Romano-Canônica, 2. ed. São Paulo: Revista dos Tribunais, 1997, p. 162.

[541] Ovídio Araújo Baptista da Silva, Jurisdição e Execução na Tradição Romano-Canônica, 2. ed. São Paulo: Revista dos Tribunais, 1997, p. 162.

da Silva.[542] Pareceu àqueles juristas, fácil, portanto, simplesmente substituir a noção de ação de direito material ela de "ação" de direito processual, sendo essa emblema e pedra-de-toque da relação jurídica processual, com os mesmos atributos de abstração e generalidade. Como se verá ao seu tempo, atualmente perfeitamente identificáveis e separáveis as duas realidades (ação de direito material e "ação" em sentido processual).

Cogitar-se de ações de direito material, nesse tempo, significaria atraso inadmissível, sendo esse um conceito vazio de "importância científica".[543]

Ao nosso ver, na esteira de Ovídio Araújo Baptista da Silva, o equívoco, embora justificável "pela compreensível aspiração da nova ciência de tornar-se uma disciplina autônoma",[544] possui dupla fonte (aqui se roga máximo respeito aos que pensam de forma contrária). A primeira é fruto da tentativa de introduzir o conceito romano de *actio* no processo civil, como se pudesse tal conceito corresponder à noção moderna de "ação" em sentido processual, o que levou os juristas a substituir essa noção por aquela (que adveio, dentre outros fatores, da "singular doutrina de August Thon, sobre o conceito de direito subjetivo (...) em que se confundem direito subjetivo e ação de direito material, com a inevitável supressão do conceito intermediário de *pretensão de direito material*",[545] bem como da "suposição de que o monopólio da jurisdição tenha 'despotencializado' o direito subjetivo, de modo que o particular, a quem a ordem jurídica vedou o *poder privado de agir*, para realizar o próprio direito, tenha modernamente apenas um poder perante o Estado, não mais o originário poder contra o destinatário do dever jurídico"[546]); a segunda, por sua vez, foi "imaginar que o direito processual estivesse inteiramente desligado do direito material".[547]

---

[542] Jurisdição e Execução na Tradição Romano-Canônica, 2. ed. São Paulo: Revista dos Tribunais, 1997, p. 163. No mais, sobre os fundamentos do nosso procedimento comum ordinário, consulte-se Ovídio Araújo Baptista da Silva, Processo e Ideologia – O Paradigma Racionalista. Rio de Janeiro: Forense, 2004, p. 131/150.

[543] O registro é de Ovídio Araújo Baptista da Silva, Curso de Processo Civil, 5. ed. São Paulo: Revista dos Tribunais, 2000, p. 83, vol. I.

[544] Jurisdição e Execução na Tradição Romano-Canônica, 2. ed. São Paulo: Revista dos Tribunais, 1997, p. 164.

[545] Ovídio Araújo Baptista da Silva, Jurisdição e Execução na Tradição Romano-Canônica, 2. ed. São Paulo: Revista dos Tribunais, 1997, p. 168.

[546] Ovídio Araújo Baptista da Silva, Jurisdição e Execução na Tradição Romano-Canônica, 2. ed. São Paulo: Revista dos Tribunais, 1997, p. 168.

[547] Ovídio Araújo Baptista da Silva, Jurisdição e Execução na Tradição Romano-Canônica, 2. ed. São Paulo: Revista dos Tribunais, 1997, p. 173.

Ora, não se pode olvidar jamais que a *ratio* do direito processual é, justamente, aplicar o direito material, eliminando as tensões existentes entre a realidade normativa e o mundo fáctico. "Se o Direito Processual Civil quiser cumprir sua função instrumental", discorre Ovídio, "a primeira regra que deve seguir é manter-se fiel ao Direito material que lhe cabe tornar efetivo e realizado".[548]

No correr da exposição, registramos que existe uma seqüência entre os conceitos de direito subjetivo material, pretensão material (tanto em seu sentido estático como dinâmico) e ação material. Julgamos esse raciocínio basicamente correto quando estamos a trabalhar no campo dos chamados direitos pessoais ou relativos; resta ver, no entanto, se o mesmo se mostra igualmente fecundo para a análise dos direitos reais ou absolutos e para a análise dos direitos potestativos.

Não há dúvida que o ponto de partida da construção é o direito subjetivo real. De forma enxuta, este pode ser entendido como o direito que apanha a coisa, denotando uma vantagem sobre a mesma.[549] A tormenta conceitual inicia justamente quando se passa desse conceito para o de pretensão material real.

Como é corrente, o conceito científico e correto de pretensão é de corte tedesco, devendo-se a sua fixação a Bernhard Windscheid.[550] Entrementes, não é difícil notar que Windscheid derivou o conceito de pretensão da *actio* romana, apresentando o conceito de pretensão, por esse motivo, alto comprometimento com o direito obrigacional. Ora, se é certo que o direito romano concebia dois meios jurídicos para realização dos direitos, a ação (*actio*) e os interditos (*interdicta*),[551] aqueles ligados ao direito obrigacional e esses aos direitos reais, parece-nos tranqüila a admissão desse estreito imbricamento. É natural, portanto, tendo em conta sua inocultável gênese, que ao laborarmos com os direitos reais o conceito de pretensão sofra certas adaptações.

Nos direitos subjetivos reais há pretensão material real, porquanto tais direitos comportam exigibilidade contra todos.[552] Porém,

---

[548] "O Processo Civil e sua Recente Reforma". In: Da Sentença Liminar à Nulidade da Sentença. Rio de Janeiro: Forense, 2001, p. 177. Igualmente, Luiz Guilherme Marinoni, Tutela Inibitória, 2. ed. São Paulo: Revista dos Tribunais, 2000, p. 66.

[549] Pontes de Miranda, Tratado de Direito Privado, 3. ed. Rio de Janeiro: Borsoi, 1970, p. 249, tomo V.

[550] Pontes de Miranda, Tratado de Direito Privado, 3. ed. Rio de Janeiro: Borsoi, 1970, p. 452, tomo V.

[551] Ovídio Araújo Baptista da Silva, Jurisdição e Execução na Tradição Romano-Canônica, 2. ed. São Paulo: Revista dos Tribunais, 1997, p. 25.

[552] Pontes de Miranda, Tratado de Direito Privado, 3. ed. Rio de Janeiro: Borsoi, 1970, p. 454, tomo V.

a pretensão à abstenção (pretensão material real) já nasce com o direito mesmo, ambos vocacionados à generalidade,[553] diferentemente do que ocorre no domínio obrigacional. A singularidade, o ser contra pessoa certa, só surge com a ação material.[554] No mais, tirante essa particularidade, os conceitos que expomos retro não sofrem qualquer alteração.

Quanto aos direitos potestativos, como argutamente registra Darci Guimarães Ribeiro, *"el titular del derecho tiene, por su propia voluntad, el poder de producir un efecto jurídico en la esfera jurídica de otra persona, creando, modificando o extinguiendo una situación jurídica. Tal efecto jurídico, para que se produzca, no está condicionado al comportamiento del sujeto pasivo que debe simplemente ser sumiso, ni tampoco puede ser impedido por su oposición, de manera que para alcanzar el objeto de su voluntad el titular del derecho potestativo no necesita exigir del obligado un hacer o no hacer. En consecuencia, en los derechos potestativos no existe pretensión porque el titular del derecho no necesita exigir del obligado cualquier comportamiento positivo o negativo para obtener la satisfacción de su derecho, bastando para eso solamente su voluntad"*.[555] Com efeito, sendo os direitos potestativos direitos a sujeição de alguém à vontade de outrem, despicienda qualquer atitude desse, com o que não se pode falar em pretensão de direito material a propósito dos direitos potestativos. Do direito potestativo passa-se diretamente à ação.

2.2.2.2. Plano pré-processual e plano processual: direito à tutela jurídica, pretensão à tutela jurídica e "ação" processual

Dentro do plano pré-processual, o direito à tutela jurídica surgiu da proibição do desforço privado na solução dos conflitos interpessoais[556] (em nossa história recente, art. 345, CP). Desde que o Estado avocou para si a tarefa de distribuir os bens da vida entre os homens, também ganhou o encargo de efetivar tal distribuição: essa tarefa, fundamental, o mesmo realiza através da jurisdição.

Esse direito, hodiernamente, possui assento constitucional e encontra-se encerrado no art. 5º, XXXV, CRFB, sendo um direito fun-

---

[553] Ovídio Araújo Baptista da Silva, Curso de Processo Civil, 4. ed. São Paulo: Revista dos Tribunais, 2000, p. 197, vol. II.

[554] Pontes de Miranda, Tratado de Direito Privado, 3. ed. Rio de Janeiro: Borsoi, 1970, p. 463, tomo V.

[555] La Pretensión Procesal y la Tutela Judicial Efectiva – Hacia una Teoría Procesal del Derecho. Barcelona: J.M. Bosch, 2004, p. 62.

[556] Em realidade, não houve veto total à justiça de mão própria, apenas a mesma se tornou ínfima dentro do sistema jurídico, como já acentuamos.

damental. Nada obstante a verba legal seja dúbia, aludindo que "a lei não excluirá da apreciação do Poder Judiciário lesão ou ameaça a direito", a possibilidade de acudir à jurisdição não pertence somente àqueles que de fato se encontram em posição de lesão ou ameaça de suas esferas jurídicas,[557] mas é mais amplo, porquanto abstrato e incondicionado, recusando vínculos a determinados resultados, bem como repudiando liames com situações materiais, de verificação imperiosa para sua existência.

É direito subjetivo público. Enquanto direito, não é ainda pretensão, tampouco, ação,[558] com o que por si só, em sua estática, não tem o condão de desencadear a atividade judicial, instaurando-se o processo.[559] De todo inadequado, pois, entender a ação como uma situação de vantagem no tocante à atividade processual do Estado, como entendia, entre outros, Alessandro Pekelis[560] e ainda hoje entende, por exemplo, Flávio Luiz Yarshell.[561]

Daí a necessidade desse direito ser dotado de pretensão. Pois, de mister aparelhá-lo com o poder de exigi-lo do Estado. Esse poder de exigir, então, configura pretensão à tutela jurídica (note-se, contanto, que poder exigir não é ainda exigir efetivamente, portanto, ainda estamos dentro do plano pré-processual).

De bom alvedrio ressaltar que, nos moldes do direito, também a pretensão à tutela do Estado pertence a um número maior de pessoas às quais pertence direito, pretensão e ação de direito material:[562] tudo resultante da inafastabilidade do Poder Judiciário, garantidor da incondicionabilidade e abstração da "ação" processual.

---

[557] Confira-se a crítica de Ovídio Araújo Baptista da Silva, Curso de Processo Civil, 5. ed. São Paulo: Revista dos Tribunais, 2000, p. 88, vol. I: "Quando, porém, a Constituição, ou algum outro texto de direito público, afirma, querendo referir-se à garantia de acesso ao Poder Judiciário, que a lei assegura a todos o direito de serem ouvidos pelos tribunais, 'em caso de lesão ou ameaça de lesão do direito', está a fazer afirmação incorreta: o direito de ser ouvido pelos tribunais é assegurado a todos indistintamente, tanto aos que tenham quanto aos que não tenham sofrido qualquer violação ou ameaça a seus direitos; e até mesmo àqueles que, não tendo direito algum, exijam que o Estado lhes preste tutela jurisdicional, ainda que seja para que o juiz o declare sem direito".

[558] Portanto, evite-se a expressão "direito de ação", comumente encontradiça na doutrina e no jargão do foro. Sobre o assunto: Pontes de Miranda, Comentários ao Código de Processo Civil, 5. ed. Rio de Janeiro: Forense, 1997, p. 96 e 105, tomo I, Tratado de Direito Privado, 3. ed. Rio de Janeiro: Borsoi, 1970, p. 482/483, tomo V; Ovídio Araújo Baptista da Silva, Curso de Processo Civil, 5. ed. São Paulo: Revista dos Tribunais, 2000, p. 77, vol. I e Araken de Assis, Cumulação de Ações, 3. ed. São Paulo: Revista dos Tribunais, 1998, p. 76.

[559] Araken de Assis, Cumulação de Ações, 3. ed. São Paulo: Revista dos Tribunais, 1998, p. 80.

[560] "Azione". In: Nuovo Digesto Italino. Torino: UTET, 1937, p. 94, vol. II.

[561] Tutela Jurisdicional. São Paulo: Atlas, 1998, p. 58.

[562] Araken de Assis, Cumulação de Ações, 3. ed. São Paulo: Revista dos Tribunais, 1998, p. 82.

Do exposto, tudo devidamente sopesado, alinhamos a existência de um direito à tutela estatal, estático por imposição lógica; depois, acrescemos que tal direito é passível de exigência. Todavia, não basta ter direito e possuir consciência de poder exigi-lo sem que exista o devido exercício dessa exigência: quando se exerce pretensão à tutela jurídica, surge a "ação" processual (demanda), a qual coloca a galope a máquina judiciária, exsurgindo o dever concreto do Estado de resolver a situação concreta a ele apresentada[563] (aqui, pois, plano processual).

A "ação" processual, portanto, é o veículo através do qual colocamos o mecanismo estatal em andamento; é exercício de pretensão à tutela jurídica contra o Estado.[564] Nela invocamos a pretensão e a ação de direito material.[565] Trata-se de instrumento, não comportando classificação,[566] nem procedência ou improcedência: aliás, se nos fosse dado cogitar de procedência ou improcedência dessa categoria, a "ação" processual, é bom que se diga, seria sempre procedente, de vez que seu fim se cifra ao alcance da tutela jurisdicional (e o órgão jurisdicional não pode eximir-se de decidir!). O que procede ou im-

---

[563] Pontes de Miranda, Comentários ao Código de Processo Civil, 5. ed. Rio de Janeiro: Forense, 1997, p. 80, tomo I. Portanto, não nos parece adequada, máxima venia, a opinião de Gerson Lira ("Evolução da Teoria da Ação. Ação Material e Ação Processual". In: Álvaro de Oliveira, Carlos Alberto (org.). Elementos para uma Nova Teoria Geral do Processo. Porto Alegre: Livraria do Advogado, 1997, p. 127) de que a "ação" processual "se identifica com o direito de exigir do Estado a tutela jurisdicional para a *efetivação do direito material*" (grifos nossos). Ora, o fim da "ação" processual é obter uma resposta ao pedido, seja esta resposta um juízo de procedência ou improcedência. Pensar diferente, atrelando-se o resultado da "ação" processual à "efetivação do direito material", por exemplo, é persistir inconscientemente nos domínios da teoria concreta do direito de agir. E tal, parece-nos, fora o caso.

[564] Portanto, "ação" processual não é sinônimo de pretensão de tutela jurídica, como supôs James Goldschmidt, Derecho Procesal Civil. Barcelona: Labor, 1936, p. 2.

[565] Pontes de Miranda, Tratado de Direito Privado, 3. ed. Rio de Janeiro: Borsoi, 1970, p. 478, tomo V.

[566] Ovídio Araújo Baptista da Silva, Curso de Processo Civil, 4. ed. São Paulo: Revista dos Tribunais, 2000, p. 189 (também na p. 191), vol. II, muito acertadamente, não esconde a sua perplexidade com a "notória antinomia" de adjetivar-se a ação como abstrata e mesmo assim se procurar catalogá-las em espécies. Em outra obra, disparou brilhantemente o processualista: "este equívoco é tão profundo e arraigado no pensamento e na tradição doutrinária, seguida fielmente pelos processualistas, que ninguém se questiona como a 'ação' processual, que eles concebem como sendo una e abstrata, poderia ter conteúdo declaratório, ou constitutivo ou condenatório, sem tornar-se 'azioni della tradizione civilistica'. O prodígio de alguma coisa que, não tendo substância, por ser igual a si mesma, e a todos indistintamente concedida, possa ser declaratória, constitutiva ou condenatória é uma contradição lógica que não chega a ofender a racionalidade dos juristas que lidam com o processo" (Jurisdição e Execução na Tradição Romano-Canônica, 2. ed. São Paulo: Revista dos Tribunais, 1997, p. 179). Lição, ademais, prestigiada por Luiz Guilherme Marinoni, Tutela Inibitória, 2. ed. São Paulo: Revista dos Tribunais, 2000, p. 382 e por Carlos Alberto Alvaro de Oliveira, "O Problema da Eficácia da Sentença". In: Gênesis Revista de Direito Processual Civil. Curitiba: Gênesis, 2003, p. 440, n. 29.

procede é o pedido, elemento da ação material, e, com isso, ela mesma.

Exerce-se "ação" processual ao longo de todo processo civil.[567] Ao propor-se a demanda, ato concreto de ir a juízo,[568] exerce-se "ação"; ao replicar-se também; ao requerer-se a admissão e a produção de provas exerce-se "ação"; ao recorrer-se igualmente. Enfim, exerce-se "ação" quando se exercem os poderes inerentes ao formalismo processual, sendo a "ação", ao fim e ao cabo, possibilidade de ir a juízo e exercer os poderes indissociáveis ao processo justo e équo, todos tendentes à obtenção de sentença, tendentes à obtenção de tutela jurisdicional. Ora, em um Estado Democrático e Social de Direito, o exercício da "ação" processual só pode traduzir o acesso a um processo justo e équo, o acesso a uma seqüência de posições jurídicas subjetivas que substancializem o processo, tornando-o devido processo legal processual.[569] Fora daí não se assimila em toda sua extensão a influência do direito constitucional sobre o processo civil, que impõe a explicação dos conceitos fundamentais da teoria do processo pelo viés constitucional, como bem observa Juan Monroy Gálvez.[570] Fora daí, em suma, desborda-se da perspectiva do formalismo-valorativo.

Perfeitamente possível, dessarte, a existência de "ação" de direito processual sem a existência de pretensão ou ação de direito material, haja vista a independência de causas. Pode-se perlustrar o caminho do juízo sem o direito material, porque a "ação" de direito processual (o exercício de pretensão à tutela jurídica) simplesmente pertence à perspectiva radicalmente diversa.

Em suma, a confusão entre "ação" de direito processual (remédio jurídico processual) e ação de direito material vem de longe e, sinceramente, forma respeitosa aos entendimentos que dissentem, não esperamos que se libertem os juristas, aqui e acolá, de suas

---

[567] Assim, na doutrina brasileira, por todos, Carlos Alberto Alvaro de Oliveira, "Efetividade e Tutela Jurisdicional". In: Revista Processo e Constituição – Coleção Galeno Lacerda de Estudos de Direito Processual Constitucional. Porto Alegre: Faculdade de Direito, UFRGS, 2005, n. II; na doutrina italiana, por todos, Elio Fazzalari, "La Dottrina Processualistica Italiana: dall''Azione' ao 'Processo' (1864-1994)". In: Rivista di Diritto Processuale. Padova: Cedam, 1994, p. 922, vol. XLIX, parte II; Note in Tema di Diritto e Processo. Milano: Giuffrè, 1957, p. 109/161.

[568] Conforme, por todos, Flávio Luiz Yarshell, Tutela Jurisdicional. São Paulo: Atlas, 1998, p. 58. Nessa perspectiva, como refere Cândido Rangel Dinamarco, entre a "ação" e a demanda temos uma "escalada de situações" (Instituições de Direito Processual Civil, 3. ed. São Paulo: Malheiros, 2003, p. 110/111, vol. II.

[569] Conforme, por todos, Luigi Paolo Comoglio, "Note Riepilogative su Azione e Forme di Tutela, nell'Otica della Domanda Giudiziale". In: Rivista di Diritto Processuale. Padova: Cedam, 1993, p. 469/473, parte II.

[570] Introducción al Proceso Civil. Colombia: Temis, 1996, p. 271, vol. I.

concepções, que teimam em enxergar o mundo jurídico sem o devido corte entre os planos material e processual. Todas as confusões conceituais sobre a ação são frutos do não-apartamento entre a realidade processual e material.

2.2.3. Polêmica sobre a teoria dualista da ação

Alegra-nos, sobremaneira, que nós, brasileiros, estejamos finalmente pegando o gosto pela polêmica, pela crítica franca, fazendo do diálogo acadêmico um hábito. Até recentemente, a doutrina brasileira, ao cuidar do tema da ação, tinha duas posturas diante da teoria dualista: ou se a aceitava ou, simplesmente, se a ignorava. Não havia crítica, não havia diálogo enfim, contribuindo-se para a mantença do *status quo* a respeito do tema.

Iniciou pontualmente o debate acerca do assunto Carlos Alberto Alvaro de Oliveira, afirmando a imprestabilidade do conceito de ação de direito material;[571] aceitou o seu convite Ovídio Araújo Baptista da Silva, defendendo-a,[572] e, por enquanto, manifestaram-se ainda Guilherme Rizzo Amaral,[573] trazendo novos elementos para a cinca, e José Maria Rosa Tesheiner.[574] À resposta de Ovídio Araújo Baptista da Silva opôs réplica Carlos Alberto Alvaro de Oliveira.[575] Antes deles, aliás, Cândido Rangel Dinamarco já havia ensaiado uma crítica a respeito do conceito de pretensão de direito material, buscando ferir, tudo somado, um dos alicerces da teoria dualista da ação.

Com efeito, escreve Cândido Rangel Dinamarco que "a doutrina de raízes pandectistas emprega o vocábulo *pretensão* em sentido bastante diferente, para designar *o direito de obter em juízo o bem devido*. O apego a esse conceito, que constitui veste aparentemente moderna da vetusta *actio* romana (*jus quod sibi debeatur in judicio persequendi*), desconsidera toda a evolução por que passou o processo civil a partir

---

[571] "O Problema da Eficácia da Sentença". In: Gênesis Revista de Direito Processual Civil. Curitiba: Gênesis, 2003, p. 437/449, n. 29.

[572] "Direito Material e Processo". In: Revista da Ajuris. Porto Alegre: s/ed., 2004, p. 289/311, n. 96.

[573] "A Polêmica em Torno da 'Ação de Direito Material'". In: Cadernos do Programa de Pós-Graduação em Direito – PPGDir./UFRGS. Porto Alegre: PPGDir./UFRGS, 2004, p. 161/185, n. I.

[574] "Ação de Direito Material", disponível em www.tex.pro.br.

[575] "Efetividade e Tutela Jurisdicional". In: Revista Processo e Constituição – Coleção Galeno Lacerda de Estudos de Direito Processual Constitucional. Porto Alegre: Faculdade de Direito, UFRGS, 2005, n. II.

do século XIX, quando se proclamou sua independência científica pelos caminhos da autonomia conceitual e da autonomia do próprio processo e da ação. Constitui incoerência afirmar a autonomia da ação, dizendo que ela não constitui inerência do direito subjetivo como antigamente se pensava e hoje todos negam peremptoriamente (*infra*, n. 555-556) – mas por outro lado sustentar este estranho conceito, que mistura, numa massa só, o direito subjetivo ao bem e o direito a obter o pronunciamento judicial a respeito da aspiração de obtê-lo. Pretensão é um estado de espírito que se exterioriza em atos de exigência, não uma situação do sujeito perante a ordem jurídica. Aquela *pretensão de direito material* é um conceito, além de conflitante com a moderna ciência jurídica, inteiramente dispensável do sistema: onde dizem *ter pretensão ao bem*, diga-se *ter direito subjetivo a ele e ter condições de pleiteá-lo em juízo* (pleitear não é necessariamente obter)".[576] Fica patente de sua lição, porém, que Cândido Rangel Dinamarco não compreendeu e não compreende a diferença crucial existente entre pretensão de direito material e pretensão processual. Ora, ao referir que no conceito de pretensão de direito material se "mistura, numa massa só, o direito subjetivo ao bem e o direito a obter o pronunciamento judicial" nosso processualista dá provas irrefutáveis de que ignora completa e cabalmente que a pretensão de direito material, acaso existente (lembre-se que apenas se afirma direito, pretensão e ação materiais no processo – quaisquer deles podem muito bem não existir), tem como esteio uma situação jurídica material que a funda, ao passo que a pretensão processual tem como arrimo o direito à tutela jurídica, cujo título está estampado, entre nós, no art. 5º, XXXV da Constituição da República.

De seu turno, assevera Carlos Alberto Alvaro de Oliveira que "quando se afirma que 'a ação (de Direito material) é inflamação do direito ou da pretensão' logo surgem à lembrança as idéias de Savigny, que via a ação de Direito material como emanação (*Ausfluss*) do próprio Direito material, confundindo-se com a eficácia deste. Para tanto distinguia ele entre os direitos em si (*Rechten an sich*), os direitos lesionados (*verletzten Rechten*) e os direitos em estado de defesa (*im Zustand der Vertheidigung*), todos aspectos do Direito material. Ao inserir a ação no plano do Direito material, tal modo deixa de visualizar o problema deixa obviamente de levar em conta a necessária separação entre os planos do Direito material e processual".[577] E continua a argumentar Carlos Alberto Alvaro de Oliveira: "para

---

[576] Instituições de Direito Processual Civil, 3. ed. São Paulo: Malheiros, 2003, p. 103, vol. II.

[577] "O Problema da Eficácia da Sentença". In: Gênesis Revista de Direito Processual Civil. Curitiba: Gênesis, 2003, p. 441, n. 29.

salvar essa evidente contradição, Pontes de Miranda sustenta que o direito à pretensão à tutela jurídica (*rectius*: pretensão à outorga de justiça) de modo nenhum é pretensão à sentença favorável: 'se, em vez de se alcançar, com trânsito em julgado, sentença favorável, por ser julgada improcedente a ação (= propôs-se ação que o demandante não tinha), declara-se a inexistência da ação. Uma vez que o autor não tinha a ação, exerceu pretensão à tutela jurídica, exerceu pretensão ao remédio jurídico processual, porque não podia esperar sentença favorável quanto à ação de que se supunha titular'. A explicação não satisfaz, porque ao mesmo tempo em que se reconhece que o demandante não tinha ação (de Direito material) afirma-se que a ação foi exercida pela 'ação'. Não se pode exercer o que não se tem, é o óbvio".[578]

Endossando a crítica de nosso estimado Professor, defende Guilherme Rizzo Amaral que "sendo apenas um *plus* que se junta à ação de direito material, pode-se dizer que a ação processual necessita deste *prius* chamado de *actio*, ou ação de direito material, confundida no direito romano com o próprio direito subjetivo material. A tese nos traria de volta à doutrina de Wach, ou, retrocedendo mais ainda, a Savigny, assumindo que o *plus* seria a armadura do direito subjetivo material".[579]

A primeira observação que nos ocorre, já declinada em estudo anterior,[580] é que, ao contrário do que afirma Carlos Alberto Alvaro de Oliveira, a teoria dualista não insere a ação no plano do direito material; essa pertence ao direito material, assim como a "ação" processual pertence ao direito processual. São dois planos distintos, coordenados em paralelo, como tivemos o ensejo de frisar linhas antes. A segunda, refere-se à enfática assertiva de Carlos Alberto Alvaro de Oliveira no sentido de que "não se pode exercer o que não se tem, é o óbvio", porquanto essa, segundo pensamos, não tem razão de ser: o que o demandante exerceu foi a "ação" processual, a todos assegurada como corolário indeclinável da inafastabilidade jurisdicional (portanto, que o autor efetivamente tinha), e não a ação de direito material (essa apenas afirmada como hipotético e eventual conteúdo da "ação" processual). A diferença entre os dois planos é bastante visível e merece ser observada. Comentando essa mesma

---

578 "O Problema da Eficácia da Sentença". In: Gênesis Revista de Direito Processual Civil. Curitiba: Gênesis, 2003, p. 441, n. 29.

579 "A Polêmica em Torno da 'Ação de Direito Material'". In: Cadernos do Programa de Pós-Graduação em Direito – PPGDir./UFRGS. Porto Alegre: PPGDir./UFRGS, 2004, p. 174, n. I.

580 Comentários ao Código de Processo Civil. São Paulo: Memória Jurídica Editora, 2005, p.538/539, tomo II.

passagem do ensaio de Carlos Alberto Alvaro de Oliveira, refere Ovídio Araújo Baptista da Silva: "o processualista dá a impressão de não considerar a crucial distinção entre direito material e processo, saltando de um plano para o outro como se ambos estivessem formados por conceitos e categorias de idêntica natureza. Não é correta a sua afirmação de que, vindo a sentença a reconhecer que o autor não possuía a ação – como ele diz, de direito material – tivesse Pontes sustentado que, mesmo assim, 'a ação fora exercida'".[581] Exerceu-se a "ação" processual, afirmando-se a existência de uma ação de direito material. A sentença pode afirmar, eventualmente, que inexistia ação de direito material; não, porém, a "ação" processual, já que, ela mesma, sentença, é a resposta ao exercício da pretensão à tutela jurídica, de que a "ação" processual é a uma expressão. Aliás, Pontes de Miranda é claro a respeito da não-subordinação da "ação" processual à existência da ação de direito material quando refere, por exemplo, que "quem não tem direito, nem pretensão, nem ação, nem por isso fica inibido de propor 'ação' (no sentido processual). Tem por si a pretensão à tutela jurídica e exerce-a através do remédio jurídico processual, que é a 'ação'".[582] A lição de Ovídio Araújo Baptista da Silva é igualmente límpida nesse sentido: "certamente posso exercer 'ação' (processual) sem ter direito (material!)", porque aí se está apenas a exercer "direito à jurisdição".[583] O que se exerceu fora a "ação" processual, sempre procedente, na medida em que seu desiderato se identifica com a prestação da tutela jurídica, que o Estado não pode declinar (art. 126, CPC). Em estudo posterior, aliás, reconhece Carlos Alberto Alvaro de Oliveira a abstração da "ação" processual.[584]

---

[581] "Direito Material e Processo". In: Revista da Ajuris. Porto Alegre: s/ed., 2004, p. 308, n. 96.

[582] Comentários ao Código de Processo Civil, 4. ed. Rio de Janeiro: Forense, 1997, p. 463, tomo III.

[583] Processo e Ideologia – O Paradigma Racionalista. Rio de Janeiro: Forense, 2004, p. 192.

[584] "Efetividade e Tutela Jurisdicional". In: Revista Processo e Constituição – Coleção Galeno Lacerda de Estudos de Direito Processual Constitucional. Porto Alegre: Faculdade de Direito, UFRGS, 2005, n. II: "Pontes de Miranda retoma o conceito de pretensão de Windscheid, de certa forma semelhante ao de Savigny, e lhe empresta a denominação de ação de direito material. Adiciona ao esquema a ação abstrata, tal como esboçada por Müther, e como já o fizera o próprio Windscheid. Nesse quadro, totalmente concretista, proclamou, contudo, na linha de Plósz e Degenkolb, que autor não teria direito a uma sentença favorável, mas apenas a uma sentença de qualquer conteúdo, que se presume justa. Por isso mesmo, não consegue se desvencilhar da expressão cunhada por Wach, embora empregue o conceito de pretensão à tutela jurídica, em sentido totalmente diverso, como antes ressaltado. Demais disso, embora não confesse, faz o conceito de ação de direito material desempenhar o mesmo papel do direito justicial material de Goldschmidt. Este, recorde-se, não só colocava a acionabilidade do direito na norma jurídica material, como também conceituava o direito justicial material como direito material privado orientado contra o Estado".

Outra sorte não assiste à observação de Guilherme Rizzo Amaral. Donde Guilherme Rizzo Amaral retirou a assertiva de que a *actio* é um *prius* necessário ao exercício da "ação" processual? Mais: como se mostra possível a Guilherme Rizzo Amaral argumentar no sentido de que a teoria dualista da ação acaba por desaguar na tese de Wach (unitária-concreta) e, mais profundamente, na de Savigny (unitária-imanentista)? Ora, um dos argumentos centrais da orientação dualista da ação é a de que existem dois planos distintos, o de direito material e o de direito processual, ambos não se confundindo em nenhum momento. Quando organizamos as teorias da ação em dois grandes blocos (orientações unitárias e orientação dualista),[585] pensamos ter prevenido nossos colegas de semelhantes equívocos: ora, de modo nenhum se pode aceitar que se afirme categoricamente que a "ação" processual depende, para sua existência, da verificação da ação de direito material, porque é algo incontestável entre os defensores da teoria dualista da ação a abstração da "ação" processual. Basta que se leia, atentamente, a Pontes de Miranda e a Ovídio Araújo Baptista da Silva para que se comprove essa elementar assertiva.

A propósito do tema, Guilherme Rizzo Amaral lança ainda algumas outras observações que merecem a nossa atenção. Escreve Rizzo que "não encontramos, no plano do direito material, pretensão à declaração, constituição ou condenação (coincidentemente, as três eficácias constantes da tradicional classificação das ações sustentada por boa parte da doutrina, arredia à teoria quinária de Pontes de Miranda). Imaginando a ausência de vedação à auto-tutela, conseguimos apenas vislumbrar a execução (de mãos próprias) e o mandamento (não no sentido de estatalidade, mas de ordens revestidas de ameaça física ou psicológica) como possíveis ações privadas".[586] Com essas idéias parece concordar, de resto, José Maria Rosa Tesheiner.[587]

---

[585] Consulte-se o nosso ensaio "Por uma Nova Teoria Geral da Ação: as Orientações Unitárias e a Orientação Dualista da Ação", publicado na Gênesis Revista de Direito Processual Civil. Curitiba: Gênesis, 2002, p. 669/704, n. 26, na Revista da Ajuris. Porto Alegre: s/ed., 2002, p. 140/177, n. 88, tomo I, e ora recolhido na coletânea Introdução ao Estudo do Processo Civil – Primeiras Linhas de um Paradigma Emergente. Porto Alegre: Sérgio Antônio Fabris Editor, 2004, p. 63/114, em co-autoria com Hermes Zaneti Júnior. Posteriormente, voltamos a cuidar do tema em nossos Comentários ao Código de Processo Civil. São Paulo: Memória Jurídica Editora, 2004, p. 66/111, tomo I, e nos Comentários ao Código de Processo Civil. São Paulo: Memória Jurídica Editora, 2005, p. 529/539, tomo II.

[586] "A Polêmica em Torno da 'Ação de Direito Material'". In: Cadernos do Programa de Pós-Graduação em Direito – PPGDir./UFRGS. Porto Alegre: PPGDir./UFRGS, 2004, p. 179, n. I.

[587] "Ação de Direito Material", disponível em www.tex.pro.br.

A confusão, porém, ainda aqui é patente e salta aos olhos. Em um primeiro momento, alude-se que "não encontramos, no plano do direito material, pretensão à declaração, constituição ou condenação", para logo em seguida argumentar-se que essas pretensões não existem, no plano do direito material, porque, acaso imaginássemos a "ausência de vedação à auto-tutela", somente a execução e o mandamento seriam possíveis, porque únicas realizáveis antes do Estado. Ora, é manifesto que se está a confundir o "plano do direito material" e a "ausência de vedação à auto-tutela". Por acaso o plano do direito material, para existir em um dado ordenamento jurídico, precisa da vedação à justiça de mão própria, como está a sugerir Guilherme Rizzo Amaral com o apoio de José Maria Rosa Tesheiner? Quer dizer que não existe, no plano do direito material, pretensão à declaração? Não existe, no plano do direito material, direito à submissão de alguém à vontade de outrem? Não existe, no plano do direito material, pretensão à condenação? Um exemplo poderá ajudar-nos na compreensão do problema.

Imaginemos que "A" contrate com "B" a entrega de cinco sacas de arroz em um prazo determinado mediante o pagamento de dada quantia em dinheiro. Pergunta-se: por força do direito material, tem "A" direito e pretensão a que "B" reconheça a existência do negócio jurídico entre ambos? O fato de estar vedada a autotutela interfere na equação do problema? Por força do direito material, tem "A" o direito de resolver o contrato com "B", acaso esse não venha a adimplir a sua obrigação, já tendo "A" prestado da maneira como fora negociado? O fato de estar vedada a autotutela interfere na equação do problema? Por força do direito material, tem "A" direito e pretensão ao crédito, já tendo prestado a sua parte na obrigação, contra "B"? O fato de estar vedada a autotutela interfere na equação do problema? As perguntas, como se pode facilmente perceber, são auto-explicativas: é evidente que, em todas as situações elencadas, "A" tem uma situação de vantagem contra "B" por força do direito material, fato que Guilherme Rizzo Amaral procurou refutar, mas sem, em nossa opinião, lograr êxito. O embaraço de nosso processualista talvez resida no fato de que todas essas ações são essencialmente normativas, só podendo ser pensadas e compreendidas nessa sede. O agir para satisfação, nesses casos, pressupõe uma ação normativa.

O alvitre, de resto, não é novo. Já Andreas von Tuhr havia defendido a inexistência de declaração e constituição fora do processo,[588] opinião que, de resto, mereceu a seguinte e irrepreensível res-

---

[588] Teoría General del Derecho Civil Aleman. Buenos Aires: Depalma, 1946, § 5, vol. I.

posta de Ovídio Araújo Baptista da Silva: "mesmo aceitando que as pretensões declaratória e constitutiva não se possam realizar fora do processo, isto não terá a menor relevância para demonstrar que elas não existam antes ou fora do processo. Ignora-se, quando se argumenta deste modo, a distinção básica entre 'carecerem de processo' para realizarem-se e 'não existirem' fora, ou antes dele. Mesmo porque, quando dizemos que a declaração necessita do processo para realizar-se, estaremos, por força de uma contingência lógica, proclamando que essa declaração, enquanto 'direito exigível' (pretensão), existia antes do processo! Tanto existia antes, que o processo fora concebido para realizá-lo".[589]

Embora Guilherme Rizzo Amaral admita que se mostra possível a existência de ações de direito material mandamentais e executivas, levanta nosso autor um problema para cabal admissão dessas duas eficácias como algo tocante ao plano do direito material. Refere Rizzo: "se podemos distinguir um *agir* como mandamento ou execução, a mesma facilidade não encontramos para definir a pretensão material. Aquele que pretende obter um bem que se encontra na posse de outrem, tem pretensão mandamental ou executiva? Segundo nosso Código de Processo Civil (art. 461-A), pode o juiz ordenar que o réu entregue a coisa ou determinar a sua busca e apreensão. Poderá, portanto, *mandar* ou *executar*, independentemente do que pediu o autor em sua peça inicial (esta é a clara lição do parágrafo 5° do artigo 461 do CPC). Ora, daí decorre a completa impossibilidade de definirmos, *a priori*, se a demanda é executiva ou mandamental. Demanda-se por um bem da vida, mas o mandamento ou a execução (ou ambos, como já tivemos a oportunidade de demonstrar), vêm apenas com a decisão judicial, antecipatória ou final, e não em qualquer formulação dogmática sobre uma suposta ação de direito material com carga eficacial definida".[590]

O art. 461-A, CPC, prevê, em seu *caput*, o exercício judicializado de uma pretensão executiva. Fixa-se um prazo para que o juiz exorte o demandado à entrega da coisa; o entregar ou não resta na esfera de decisão desse. Recusando-se, o órgão jurisdicional expedirá mandado de busca e apreensão ou de imissão na posse, consoante o caso (art. 461-A, § 2°, CPC). Aí, sim, há exercício de ação executiva: age-se para satisfação independentemente da concordância do demandado.

---

[589] Processo e Ideologia – O Paradigma Racionalista. Rio de Janeiro: Forense, 2004, p. 172; "Direito Material e Processo". In: Revista da Ajuris. Porto Alegre: s/ed., 2004, p. 300, n. 96.

[590] "A Polêmica em Torno da 'Ação de Direito Material'". In: Cadernos do Programa de Pós-Graduação em Direito – PPGDir./UFRGS. Porto Alegre: PPGDir./UFRGS, 2004, p. 181/182, n. I.

A carga eficacial preponderante da sentença de procedência, nesse caso, é iniludivelmente executiva, fixada *a priori*, abstratamente, pelo legislador (o que, segundo a lição de Rizzo, já seria "impossível").

Logo em seguida, prevê o § 3º do precitado dispositivo que se aplica "à ação prevista neste artigo o disposto nos §§ 1º a 6º do art. 461"; tendo em conta essa subsidiariedade, sustenta Guilherme Rizzo Amaral a indefinição, *a priori*, da ação e da sentença de procedência fundadas no art. 461-A, CPC. É possível, no entanto, afirmar algo nesse sentido? Cremos que não. A uma, porque o legislador cuidou de instrumentalizar abstratamente as obrigações para entrega de coisa com uma ação executiva; a duas, porquanto o fato de o direito e de a pretensão à coisa terem à sua disposição mais de um meio adequado para sua realização não interfere nessa predisposição legislativa. Ora, é um dado corrente na processualística brasileira que nenhuma ação é pura, que nenhuma sentença é pura, mostrando-se antes, quaisquer delas, como um plexo de eficácias.[591] O fato de o juiz prestigiar uma carga antes, abstratamente, apenas imediata, passando-a a frente, tornando-a preponderante posteriormente, em nada modifica o problema. A eficácia mandamental já existia latente na ação e na sentença, apenas aí em outro nível quantitativo. Ao preferir concretizar o cumprimento da "obrigação" através de uma ordem ao invés da execução de um preceito o órgão jurisdicional não altera o que já existia, antes, no plano do direito material. Trata-se de uma atualização concreta da carga eficacial da ação e da sentença, autorizada expressamente pelo legislador em face desse ou daquele sucesso histórico eventualmente atendível no cotidiano da vida forense. Aliás, não fosse por força do direito material, em função do que se estaria a ordenar ou executar? Lembramos que o direito à tutela jurídica, a pretensão à tutela jurídica e a "ação" processual são entes abstratos, com o que, evidentemente, não podem carregar um conteúdo diferente nessa ou naquela situação.

Afinal, se declarar, constituir, mandar etc, são cargas eficaciais que não estão no plano do direito material, onde se encontram os verbos que a sentença contém? Sobre esse ponto registra Guilherme Rizzo Amaral que "ao afirmar que as eficácias sentenciais não estão na ação processual – sendo esta abstrata –, e nem na ação de direito material (e, parece-nos, é precisamente o que sustenta Carlos Alberto Alvaro de Oliveira), não se está a dizer que aquelas não estão nem no direito material, nem no processo. A não ser, é claro, que a visão

---

[591] Tal é a clássica e revolucionária lição de Pontes de Miranda, Comentários ao Código de Processo Civil, 5. ed. Rio de Janeiro: Forense, 1997, p. 205, tomo I, ainda não compreendida em toda a sua extensão, ao que parece, pela doutrina brasileira.

de Ovídio Baptista da Silva reduza todo o plano do direito material à *ação* de direito material, e todo o plano processual à *ação* processual, admitindo-se assim que o *direito material* é igual à *ação de direito material* (e voltamos ao sistema de ações romano!) e que a *ação processual* é igual a *processo*. Ora, a formulação apresentada por Carlos Alberto Alvaro de Oliveira é a de que 'a eficácia se apresente como uma forma de tutela jurisdicional, outorgada a quem tenha razão, seja o autor, seja o réu (sentença declaratória negativa). Está, portanto, no plano processual, mas não atrelada diretamente à *ação* processual, senão aos provimentos jurisdicionais".[592]

Imaginemos, para fins de argumento, que de fato a eficácia da sentença nasça com o provimento jurisdicional. Imaginemos, ainda, que um contribuinte tenha afirmado, em sua petição inicial, uma ação declaratória de inexistência de obrigação tributária. Seu pedido, pois, é para que o juiz declare a inexistência de uma relação jurídica tributária. Pergunta-se: está o juiz vinculado a esse pedido em nosso sistema? A raciocinar com Rizzo não, porque a eficácia do provimento jurisdicional só nasceria no momento da prolação desse, sem qualquer vínculo com o direito material. O juiz a criaria livremente, ao que parece, já que nada lhe prenderia. E o pedido a que estamos a aludir, é bom ter em conta, concerne evidentemente à afirmação da ação de direito material (já que o pedido contido na "ação" processual diz tão-somente com a obtenção da sentença). Como se vê, para Guilherme Rizzo Amaral, até a sentença sequer uma expectativa teria o jurisdicionado, já que tudo se definiria com a prolação dessa, independentemente das peculiaridades do direito, da pretensão e da ação afirmadas em causa. O que importaria seria a sentença, sem que o pedido do demandante (algo, nesse caso, evidentemente imbricado com o direito material) exerça qualquer influência a respeito (obviamente, se admitirmos que o pedido tem relevo na espécie, então teremos que admitir igualmente que a sentença não cria, livremente e do nada, a sua própria eficácia, estando antes condicionada, ao menos em princípio, ao plano do direito material, ao contrário do que afirma Guilherme Rizzo Amaral). É de se perguntar a Rizzo, aliás: poderia o legislador ou o juiz transformar, por exemplo, uma ação de divórcio, que tem eficácia preponderantemente desconstitutiva, em uma ação de eficácia preponderantemente mandamental ou executiva?[593] E se esses não podem fazê-lo, como parece ser o enten-

---

[592] "A Polêmica em Torno da 'Ação de Direito Material'". In: Cadernos do Programa de Pós-Graduação em Direito – PPGDir./UFRGS. Porto Alegre: PPGDir./UFRGS, 2004, p. 183, n. I.

[593] O exemplo é de Ovídio Araújo Baptista da Silva, "Direito Material e Processo". In: Revista da Ajuris. Porto Alegre: s/ed., 2004, p. 300, n. 96.

dimento adequado, por qual razão esse prodígio não seria possível? A resposta é mesmo intuitiva: em função do direito material.

Tudo alinhado, pois, não nos parece que tenha Guilherme Rizzo Amaral conseguido demonstrar "a insubsistência de duas idéias de Pontes de Miranda, quais sejam, a) o exercício de ação de direito material concomitantemente com a ação processual, e b) a classificação das ações (de direito material) segundo a sua carga de eficácia".[594] Antes, logrou Guilherme Rizzo Amaral colocar em evidência o seu indesculpável equívoco em entender que a *actio* é um pressuposto da "ação" processual, falseando inadvertidamente o pensamento de Pontes de Miranda e Ovídio Araújo Baptista da Silva, e que a eficácia da ação (e, pois, da sentença), pertence sim ao direito material (já que ao plano processual não pode remontar, porque abstrato), sendo esse, como bem reconhece Carlos Alberto Alvaro de Oliveira,[595] a matéria-prima com que trabalha o juiz para composição da eficácia da sentença.

2.2.4. Eficácia múltipla das pretensões e das ações de direito material

Não há pretensão, ação ou sentença de procedência que seja pura. Tal é a clássica e revolucionária afirmação de Pontes.[596] Vale dizer: a eficácia das pretensões e das ações de direito material, bem como das sentenças de procedência, não se classificam em termos absolutos, de jeito que tenhamos uma ação declaratória ou uma pretensão mandamental puras. Tudo que se diga em torno do assunto deve levar em consideração que há preponderância de eficácia, deve atender à acomodação íntima de diversos pesos eficaciais dentro das pretensões e das ações de direito material, dentro das sentenças de procedência.

Acerca, a lição de Pontes é fundamental: "a preocupação da ciência do direito até há pouco foi a de conceituar as ações e classificá-las como se cada uma delas só tivesse uma eficácia: uma fôsse

---

[594] "A Polêmica em Torno da 'Ação de Direito Material'". In: Cadernos do Programa de Pós-Graduação em Direito – PPGDir./UFRGS. Porto Alegre: PPGDir./UFRGS, 2004, p. 185, n. I.

[595] "O Problema da Eficácia da Sentença". In: Gênesis Revista de Direito Processual Civil. Curitiba: Gênesis, 2003, p. 443, n. 29. É bem verdade, porém, que para Carlos Alberto Alvaro de Oliveira a eficácia da sentença não reside no direito material; para os fins de nossa exposição, no entanto, basta que se registre que o direito material preexiste ao processo, condicionando as suas possibilidades de atuação, juntamente com as normas constitucionais, lição, de resto, bastante amadurecida no pensamento desse nosso estimado Professor.

[596] Comentários ao Código de Processo Civil, 5. ed. Rio de Janeiro: Forense, 1997, p. 205, tomo I.

declarativa; outra, constitutiva; outra, condenatória; outra, mandamental; outra, executiva. O que nos cumpre é vermos o que as enche, mostrarmos o que nelas prepondera e lhes dá lugar numa das cinco classes, e o que vem, dentro delas, em espectração de efeitos. Não só, por conseguinte, vermo-las *por fora*, com as suas características exteriores, mas também *por dentro*. Essa exploração interior das ações é de riqueza prática extraordinária, e não só de alto alcance teórico e doutrinário. Imaginai o histologista antes do uso do microscópio e o histologista depois do uso do microscópio: o de hoje vê o que outrora não se via".[597]

2.2.5. Classificação das eficácias das pretensões e das ações de direito material

Dado que a "ação" processual escapa à classificação, porque abstrata, as ações podem ser preponderantemente declaratórias, constitutivas e executivas; as pretensões, condenatórias e mandamentais.[598] Todas comportam exercício judicializado, isto é, mediante afirmação na "ação" processual.

Nesse espectro de compreensão, à ação preponderantemente declaratória calha o objetivo de gerar certeza jurídica.[599] Persegue-se o sim ou o não. Colima-se enunciado existencial: é ou não é. Como já tivemos o ensejo de escrever noutro lugar, "a carga declaratória destina-se a extirpar a incerteza em torno de dada situação jurídica, provocando fenômenos atinentes aos planos da existência e da eficácia".[600] Expressivamente, a lei portuguesa denomina as ações pre-

---

[597] Tratado das Ações. São Paulo: Revista dos Tribunais, 1970, p. 117, tomo I.

[598] Retificamos, assim, posicionamento firmado em estudos anteriores sobre a "ação", em que defendíamos a existência de uma ação preponderantemente mandamental. Com efeito, ao prolatar uma sentença preponderantemente mandamental, o juiz ordena um fazer ou um não-fazer, contando com a conduta da parte. Não há, pois, execução, porque o ato do juiz não leva o demandante, ainda, até "onde ele quer" (como diria Pontes de Miranda, Comentários ao Código de Processo Civil, 2. ed. Rio de Janeiro: Forense, 2001, p. 3, tomo IX). Dessarte, há pretensão mandamental, não propriamente ação. Ademais, cobra relevo fundamental para o deslinde da cinca a observação de Carlos Alberto Alvaro de Oliveira no sentido de que, ao ordenar, o juiz nada substitui (como, aliás, sempre entendemos, Comentários ao Código de Processo Civil. São Paulo: Memória Jurídica Editora, 2004, p. 45/46, tomo I), não satisfazendo, por ato do Estado, o demandante (conforme "Efetividade e Tutela Jurisdicional". In: Revista Processo e Constituição – Coleção Galeno Lacerda de Estudos de Direito Processual Constitucional. Porto Alegre: Faculdade de Direito, UFRGS, 2005, n. II).

[599] Pontes de Miranda, Tratado das Ações. Rio de Janeiro: Revista dos Tribunais, 1971, p. 5, tomo II.

[600] "A Pretensão de Condenação". In: Revista Jurídica. Porto Alegre: Notadez Editora, 2002, p. 45, n. 292.

ponderantemente declaratórias de "declarativas de mera apreciação" (art. 4º, 2, "a", CPC português).

O art. 4º do nosso Código de Processo Civil refere que "o interesse do autor pode limitar-se à declaração: I – da existência ou da inexistência de relação jurídica; II – da autenticidade ou falsidade de documento", declinando o parágrafo único que "é admissível a ação declaratória, ainda que tenha ocorrido a violação do direito".[601] Pela ação preponderantemente declaratória, declaram-se relações jurídicas, direitos, pretensões, ações, exceções e apenas excepcionalmente se declaram fatos (vale dizer: somente os fatos indicados no art. 4º, II, CPC, podem ser objeto de ação declaratória). Os fatos ficam salvaguardados do objeto da ação preponderantemente declaratória, porque, do contrário, haveria grave violação da ampla defesa, como bem observam Carlos Alberto Alvaro de Oliveira[602] e Andrea Proto Pisani.[603]

A ação preponderantemente constitutiva, como sintetizou magistralmente Pontes, "é a que tem por fito gerar, modificar ou extinguir alguma relação jurídica".[604] Enquanto a ação preponderantemente declarativa visava a enunciar, em regra, a existência ou inexistência de determinada relação jurídica, ou de sua eficácia, a ação preponderantemente constitutiva cria-a, modifica-a ou extingue-a. Em princípio, as ações que possuem eficácia preponderante constitutiva são ações que se acomodam no plano da validade. No passado, pretendeu Francesco Carnelutti a existência de uma ação "declarativa-constitutiva" como classe autônoma,[605] cometendo grave erro em termos dogmáticos (desatendendo, pois, à idéia de que as pretensões e as ações não são puras), merecendo a censura que lhe opôs Enrico Tullio Liebman.[606] Mais recentemente, também Giancarlo Giannozzi incorreu em idêntico descuido, ao aludir à suposta existência de uma ação de declaração-constituição.[607]

---

[601] Sobre o assunto, consulte-se Daniel Francisco Mitidiero, Comentários ao Código de Processo Civil. São Paulo: Memória Jurídica Editora, 2004, p. 116/123, tomo I.

[602] "Efetividade e Tutela Jurisdicional". In: Revista Processo e Constituição – Coleção Galeno Lacerda de Estudos de Direito Processual Constitucional. Porto Alegre: Faculdade de Direito, UFRGS, 2005, n. II.

[603] Lezioni di Diritto Processuale Civile, 4. ed. Napoli: Jovene, 2002, p. 140/142.

[604] Tratado das Ações. São Paulo: Revista dos Tribunais, 1972, p. 3, tomo III.

[605] Istituzioni del Processo Civile Italiano, 5. ed. Roma: Società Editrice Foro Italiano, 1956, p. 35, vol. I.

[606] Efficacia ed Autorità della Sentenza (ed Altri Scritti sulla Cosa Giudicata). Milano: Giuffrè, 1962, p. 19/22.

[607] Appunti per un Corso di Diritto Processuale Civile. Milano: Giuffrè, 1980, p. 14.

A ação preponderantemente executiva *lato sensu* a que aludia Pontes de Miranda,[608] ao nosso ver, deve receber tratamento fracionado, especializando-se em ações executivas obrigacionais e ações executivas reais, tal como sugestionava mais amiúde o próprio Pontes[609] e defende às escâncaras hodiernamente Ovídio Araújo Baptista da Silva,[610] circunstância essa, aliás, que nos impede de concordar com a abalizada opinião de José Miguel Garcia Medina de que entre as pretensões condenatórias e as ações executivas *lato sensu* só haveria diferença procedimental.[611]

As ações preponderantemente executivas obrigacionais são, antes de tudo, extrativas de valor. São ações que visam à reparação com o patrimônio do executado, seja ele qual for. As ações preponderantemente executivas reais, não. Nessas, o que brilha com maior vigor é o caráter restitutório (de que são exemplos as vindicatórias e as possessórias de reintegração). Nessa senda, estima Ovídio como elementos conceituais indeléveis das sentenças de procedência dessa última espécie: a) corresponde a um ato material, portanto não apenas pensamento ou mera normatização; b) essa materialidade do ato implica sempre em uma transferência de valor do patrimônio do demandado para o demandante; c) o juiz não se cinge a exortar o executado a cumprir o preceito, mas providencia para que o ato executivo se realize diretamente através de agentes do próprio Poder Judiciário e, derradeiramente, d) o ato final executivo será sempre um ato originariamente da parte que o juiz realiza, porquanto a mesma se furtou de realizá-lo espontaneamente.[612]

Ao lado das ações preponderantemente declaratórias, constitutivas e executivas temos ainda as pretensões condenatórias e mandamentais. Ao contrário das ações, as pretensões deixam uma escolha ao demandado: adimplir ou não adimplir a "obrigação".

A pretensão preponderantemente condenatória não leva à satisfação, com o que de modo nenhum pode a condenação ser classificada como uma ação (já que essa, por definição, é um agir para

---

[608] Consulte-se, por exemplo, Comentários ao Código de Processo Civil, 5. ed. Rio de Janeiro: Forense, 1997, p. 115/116, tomo I.

[609] Tratado das Ações. São Paulo: Revista dos Tribunais, 1978, p. 26, tomo VII.

[610] "A Ação Condenatória como Categoria Processual". In: Da Sentença Liminar à Nulidade da Sentença. Rio de Janeiro: Forense, 2001, p. 234.

[611] Execução Civil – Princípios Fundamentais. São Paulo: Revista dos Tribunais, 2002, p. 366.

[612] Ovídio Araújo Baptista da Silva, "O Processo Civil e sua Recente Reforma" (Os Princípios do Direito Processual Civil e as Novas Exigências, Impostas pela Reforma, no que diz Respeito à Tutela Satisfativa de Urgência dos arts. 273 e 461). In: Wambier, Teresa Arruda Alvim (coord.), Aspectos Polêmicos da Antecipação de Tutela. São Paulo: Revista dos Tribunais, 1997, p. 421.

satisfação). Nela o juiz, consoante a lição de Enrico Tullio Liebman, declara um ilícito,[613] aplicando de logo uma sanção executiva.[614]

Se o exercício de uma pretensão de direito material, como vimos, conduz à escolha do sujeito passivo entre realizar o conteúdo do direito material (daí, também da pretensão que lhe ressai) e quedar-se inerte e essa é, justamente, a situação em que se encontra o condenado, como não deixa de reconhecer o art. 580, CPC, não há como se atribuir o *status* de ação à condenação. Em realidade, esse exercício de pretensão, que sói designar-se imprecisamente de ação condenatória, é como que a primeira parte de uma ação preponderantemente executiva obrigacional, capaz de produzir uma sentença parcial,[615] circunstância essa que nos levou a conceituar, em estudo anterior,[616] a condenação como uma ação preponderantemente executiva obrigacional mutilada. Daí, pois, afirmar Ovídio Araújo Baptista da Silva a processualidade da categoria entre nós conhecida como ação condenatória.[617]

A pretensão preponderantemente mandamental visa a imposição de um fazer ou não-fazer ao demandado a ser cumprida dentro do mesmo processo. Como declina o eminente mestre gaúcho Hermes Zaneti Júnior,[618] o primeiro processualista que se ocupou da carga mandamental fora Georg Kuttner, em 1914. Sua difusão no Brasil, entretanto, devemos a Pontes de Miranda e, mais recentemente, a Ovídio Araújo Baptista da Silva. Aliás, a bem da verdade, a carga mandamental tem apenas a pré-forma alemã, sendo a sua cabal configuração obra da processualística brasileira, consoante já observamos alhures.

Consoante registra Pontes, "a ação mandamental é aquela que tem por fito preponderante que alguma pessoa atenda, imediata-

---

[613] Embargos do Executado, 2. ed. São Paulo: Saraiva, 1968, p. 111.

[614] Para o conceito de sanção em Liebman, consulte-se Processo de Execução, 5. ed. São Paulo: Saraiva, 1986, p. 2/3; para o conceito de ação condenatória, Manual de Direito Processual Civil. Rio de Janeiro: Forense, 1984, p. 182 e seguintes, vol. I.

[615] Sobre as sentenças parciais de mérito, vide Daniel Francisco Mitidiero, Comentários ao Código de Processo Civil. São Paulo: Memória Jurídica Editora, 2005, p. 52/58, tomo II; "Sentenças Parciais de Mérito e Resolução Definitiva-Fracionada da Causa (Lendo um Ensaio de Fredie Didier Júnior)". In: Introdução ao Estudo do Processo Civil – Primeiras Linhas de um Paradigma Emergente. Porto Alegre: Sérgio Antônio Fabris Editor, 2004, p. 165/180, em co-autoria com Hermes Zaneti Júnior.

[616] "A Pretensão de Condenação". In: Revista Jurídica. Porto Alegre: Notadez, 2002, p. 48/49, n. 292.

[617] "A Ação Condenatória como Categoria Processual". In: Da Sentença Liminar à Nulidade da Sentença. Rio de Janeiro: Forense, 2001, p. 233/251.

[618] Mandado de Segurança Coletivo – Aspectos Processuais Controversos. Porto Alegre: Sérgio Antônio Fabris Editor, 2001, p. 157.

mente, ao que o juízo *manda*. Alude-se, no étimo, à mão, à *manus*, e a semelhantes palavras de outras velhas línguas. Porque quase só se trabalhava com a mão, formou-se o *Mann*, o homem, em tantas zonas do mundo. Com a mão, aponta-se, mas o mandamento refere-se ao movimento da mão e à premência de obedecer".[619] Nesse mesmo sentido, preleciona Ovídio que "o que é decisivo para que exista uma ação mandamental é que a respectiva sentença de procedência contenha um *mandado*, como sua eficácia preponderante".[620] Note-se: na carga mandamental, o que ressai com maior brilho é a ordem, e mesmo que se admitisse a existência de uma ação condenatória, não se poderia, sem grave comprometimento conceitual (quer por razões de conteúdo quer por razões históricas), reduzir essa ordem a uma subespécie de "condenação", em uma ação "condenatória-mandamental", como pretende Cândido Rangel Dinamarco,[621] donde se vê o quanto pode ser penoso teorizar sobre essa carga eficacial sem ter bem presente as lições de Pontes de Miranda e Ovídio Araújo Baptista da Silva acerca do assunto. No fundo, é o velho fenômeno, já observado por Thomas S. Kuhn,[622] de atualização paradigmática, jogando suas amarras conservadoras sobre o "novo".

Na origem alemã, destoante do perfil que conhecemos, a classe mandamental era designada pelo termo *anordnungsurteil*, sendo uma das acepções de *anordnung* ordem, determinação.[623] À expressão sentença (ou pretensão ou ação) ordenadora ou ordenatória, preferiu Pontes de Miranda, pioneiro no emprego e análise dessa carga, sentença (ou pretensão ou ação) mandamental, como notou Barbosa Moreira.[624]

De qualquer sorte, impende notar, junto com Ovídio Araújo Baptista da Silva, como essencial à mandamentalidade, a imperatividade do mandamento contido no provimento jurisdicional, veiculando uma ordem a determinada pessoa (demandado), a qual cabe patrocinar o cumprimento.[625] Também de valia registrar que a inob-

---

[619] Tratado das Ações. São Paulo: Revista dos Tribunais, 1976, p. 3, tomo VI.

[620] Curso de Processo Civil, 4. ed. São Paulo: Revista dos Tribunais, 2000, p. 355, vol. II.

[621] Instituições de Direito Processual Civil, 2. ed. São Paulo: Malheiros, 2002, p. 197, vol. III.

[622] A Estrutura das Revoluções Científicas, 5. ed. São Paulo: Perspectiva, 2000, p. 43 e seguintes.

[623] José Carlos Barbosa Moreira, "A Sentença Mandamental – Da Alemanha ao Brasil". In: Temas de Direito Processual. São Paulo: Saraiva, 2001, p. 54, Sétima Série.

[624] "A Sentença Mandamental – Da Alemanha ao Brasil". In: Temas de Direito Processual. São Paulo: Saraiva, 2001, p. 54, Sétima Série.

[625] "O Processo Civil e sua Recente Reforma" (Os Princípios do Direito Processual Civil e as Novas Exigências, Impostas pela Reforma, no que diz Respeito à Tutela Satisfativa de Urgência dos arts. 273 e 461). In: Wambier, Teresa Arruda Alvim (coord.), Aspectos Polêmicos da Antecipação de Tutela. São Paulo: Revista dos Tribunais, 1997, p. 422.

servância desse mandamento pode descambar em sanção criminal no mais das vezes, porquanto a ordem é inerente ao império do magistrado (que não substitui nenhuma atividade possível do particular),[626] ou, ao menos, em multa expressada em pecúnia. Arrematando, pontifica Luiz Guilherme Marinoni: "só há sentido na ordem quando a ela se empresta força coercitiva (...) a sentença mandamental somente é mandamental porque há a coerção".[627]

De resto, é fundamental que se aparte com segurança a carga mandamental da executiva obrigacional e real. Quando a eficácia é preponderantemente mandamental, o juiz ordena, agindo em condição impensável dantes do aparecimento estatal; quando executiva obrigacional, o órgão jurisdicional autoriza a intromissão no patrimônio alheio, retirando dele o que baste à satisfação da parte; quando executiva real, o Estado-Juiz busca no patrimônio do sucumbente algo que ali se encontrava de forma contrária a direito. Mais: se a pretensão é mandamental, então ao juiz cabe ordenar e à parte cumprir o que o Estado lhe apontou com a mão; o juiz ordena, mas o ato satisfativo é levado a cabo pela própria parte que teve a ordem contra si emanada; se a ação é executiva (desimportando se obrigacional ou real), o próprio Estado-Juiz, por si ou por algum de seus órgãos auxiliares, ou conjuntamente com algum deles, vai ao patrimônio e providencia para que a satisfação se dê: a atuação dos sujeitos processuais é evidentemente distinta nas hipóteses referenciadas.

2.2.6. Interesse atual no debate sobre a "ação"

O plano do direito material é o plano da certeza: existem direitos, pretensões, ações, deveres, obrigações e exceções. Quaisquer desses conceitos ao ingressarem no plano processual, através da afirmação na "ação" processual, acabam por fragilizar-se, deixando de lado a solidez inerente ao plano do direito material. Nessa perspectiva, é claro que, depois do exercício da "ação" processual, o órgão jurisdicional devolve ao plano do direito material, através da

---

[626] Ovídio Araújo Baptista da Silva, "O Processo Civil e sua Recente Reforma" (Os Princípios do Direito Processual Civil e as Novas Exigências, Impostas pela Reforma, no que diz Respeito à Tutela Satisfativa de Urgência dos arts. 273 e 461). In: Wambier, Teresa Arruda Alvim (coord.), Aspectos Polêmicos da Antecipação de Tutela. São Paulo: Revista dos Tribunais, 1997, p. 422.

[627] Tutela Inibitória, 2.ed. São Paulo: Revista dos Tribunais, 2000, p. 356. Contra, Eduardo Talamini, Tutela Relativa aos Deveres de Fazer e de Não Fazer. São Paulo: Revista dos Tribunais, 2001, p. 191/192.

eficácia da sentença, já não mais o que nele ingressou, mas a matéria tocada pela atuação judicial. Tem razão Carlos Alberto Alvaro de Oliveira ao afirmar que depois de decidir o litígio "não reaparece a ação de direito material, porque a eficácia e a força da sentença decorrem do comando emitido pelo órgão judicial, que recai na esfera substancial das partes, em virtude do império decorrente do exercício da jurisdição e da soberania do Estado".[628] É nesse sentido, pois, que todo ato jurisdicional é, em maior ou menor medida, um ato criativo da ordem jurídica, já que impõe determinada disciplina ao caso apresentado para sua análise, carregando o selo da autoridade estatal, como uma vez mais observa Carlos Alberto Alvaro de Oliveira.[629]

A teoria dualista da "ação" permite que se compreenda, nessa esteira, a função exercida pelo juiz no processo: recebendo alegações concernentes ao plano do direito material *in status assertionis* através da "ação" processual, o Estado decide o caso e impõe a nova normatividade, procedendo mercê da reta observância das garantias de um processo justo. Há evidente império nessa devolução: o juiz recebe a afirmação de uma pretensão ou de uma ação de direito material na "ação" processual; analisa-a e julga, devolvendo ao mundo não mais aquilo que se afirmou na "ação", que em todo caso serve de matéria-prima para sua decisão,[630] mas a sua própria visão daquilo que se afirmou, tornada irrevisível, definitiva, pelo exercício da jurisdição. Os conceitos de pretensão e ação de direito material e "ação" processual tornam ainda mais clara a função do juiz no processo civil contemporâneo.

Posta a questão dessa maneira, não calha argumentar no sentido de que o conceito de pretensão ou de ação de direito material turva as relações entre o direito material e direito processual. O que havia no plano material sofre a influência do processo, que acaba por conformar, em maior ou menor medida, a eficácia da sentença, a tutela jurisdicional e, com isso, a nova situação material das partes.

De mais a mais, manter-se a aderência do processo ao direito material através dos conceitos de pretensão e de ação é atitude absolutamente afinada com a idéia de efetividade do instrumento pro-

---

[628] "Efetividade e Tutela Jurisdicional". In: Revista Processo e Constituição – Coleção Galeno Lacerda de Estudos de Direito Processual Constitucional. Porto Alegre: Faculdade de Direito, UFRGS, 2005, n. II.

[629] "O Problema da Eficácia da Sentença". In: Gênesis Revista de Direito Processual Civil. Curitiba: Gênesis, 2003, p. 443, n. 29.

[630] Conforme Carlos Alberto Alvaro de Oliveira, "O Problema da Eficácia da Sentença". In: Gênesis Revista de Direito Processual Civil. Curitiba: Gênesis, 2003, p. 443, n. 29.

cessual, como observa Luiz Guilherme Marinoni.[631] Procurando descartar esses conceitos e a utilidade dos mesmos, pugnando pelo monopólio da perspectiva processual a propósito do tema, Carlos Alberto Alvaro de Oliveira,[632] citando Enrico Tullio Liebman, refere que a maneira mais eficaz e efetiva de propiciar a tutela jurisdicional do direito material não está em fechá-lo em sua trincheira, mas em afirmar a intangibilidade da "ação". Ora, mas é exatamente isso que se propõe: proteção do direito material através da "ação" processual. De resto, na passagem lembrada, Enrico Tullio Liebman não se referia à ação de direito material na perspectiva da teoria dualista da ação, encarando-a antes como um conceito unitário (mais precisamente, unitário-imanentista).[633] A rigor, pois, a crítica não alcança a nossa exposição.

Além de descortinar a contento as relações entre o direito material e o direito processual e evidenciar o papel reservado à jurisdição no processo civil contemporâneo, o estudo da "ação" e de suas garantias permite ainda encarar o processo como uma experiência democrática, em que os cidadãos vão a juízo para participar diretamente do exercício do poder estatal, conformando-o através do exercício dos poderes processuais. Tudo isso, aliás, de maneira absolutamente livre de quaisquer condições, porque abstrata a "ação", conquista política do mais alto significado no quando de um Estado Democrático e Social de Direito, entre nós inclusive elevada à categoria de direito fundamental (art. 5°, XXXV, CRFB). Nessa senda, seu estudo desperta ainda para o diálogo necessário entre o processo civil e o direito constitucional, contribuindo para que aquele, cada vez mais, reflita nossos valores constitucionais, representando um verdadeiro "direito constitucional aplicado", na viva expressão de Carlos Alberto Alvaro de Oliveira.[634]

2.3. PROCESSO

Cumpre-nos, de postremeiro, enfrentar a figura do processo. Nesse azo, dois principais ângulos de abordagem se oferecem: pri-

---

[631] Novas Linhas do Processo Civil, 4. ed. São Paulo: Malheiros, 2000, p. 206.

[632] "Efetividade e Tutela Jurisdicional". In: Revista Processo e Constituição – Coleção Galeno Lacerda de Estudos de Direito Processual Constitucional. Porto Alegre: Faculdade de Direito, UFRGS, 2005, n. II.

[633] Confira-se: "L'Azione nella Teoria del Processo Civile". In: Problemi del Processo Civile. Napoli: Morano Editore, 1962, p. 22/53, precisamente p. 50.

[634] "O Processo Civil na Perspectiva dos Direitos Fundamentais". In: Alvaro de Oliveira, Carlos Alberto (org.), Processo e Constituição. Rio de Janeiro: Forense, 2004, p. 3.

meiro, o processo como relação jurídica processual, fruto do processualismo; segundo, como procedimento em contraditório, já então afinado com o formalismo-valorativo.

2.3.1. Processualismo e processo como relação jurídica processual

A idéia de que o processo é uma relação jurídica, um vínculo jurídico que une e constrange autor-Estado-réu, veio de Hegel, mais tarde lembrada por Bethmann-Holweg e trabalhada de maneira seminal por Oskar Bülow, consoante afiança Pontes de Miranda.[635] Segundo Bülow, com efeito, o processo é uma relação jurídica de direitos e obrigações recíprocos entre as partes e o Estado,[636] que avança gradualmente e que se desenvolve passo a passo,[637] estando em um constante movimento e transformação.[638] O processo, ainda consoante Bülow, é uma relação de direito público, que tem requisitos próprios de existência e desenvolvimento, não se confundindo, pois, com a relação jurídica substancial que pode lhe estar subjacente.[639] Articulava-se, essencialmente aí, a autonomia do processo e, conseqüentemente, do direito processual civil, rompendo-se com os grilhões que até então lhe acorrentavam ao direito material.

A teoria de Oskar Bülow fez fortuna, granjeando prontamente a simpatia da maioria dos autores de então.[640] Entre eles, desponta Adolf Wach, para quem "onde há processo, há relação jurídica",[641] nada obstante algumas observações críticas que esse pontualmente tenha endereçado a Oskar Bülow.[642]

---

[635] Comentários ao Código de Processo Civil, 4. ed. Rio de Janeiro: Forense, 1997, p. 435, tomo III.

[636] La Teoría de las Excepciones Procesales y los Presupuestos Procesales. Buenos Aires: Ejea, 1964, p. 1.

[637] La Teoría de las Excepciones Procesales y los Presupuestos Procesales. Buenos Aires: Ejea, 1964, p. 2.

[638] La Teoría de las Excepciones Procesales y los Presupuestos Procesales. Buenos Aires: Ejea, 1964, p. 3.

[639] La Teoría de las Excepciones Procesales y los Presupuestos Procesales. Buenos Aires: Ejea, 1964, p. 4/9. De resto, os resultados da pesquisa de Bülow no que toca aos pressupostos processuais encontram-se mais precisamente nas p. 287/302 da precitada obra.

[640] Conforme anota, entre outros, Eduardo Juan Couture, Fundamentos del Derecho Procesal Civil. Buenos Aires: Aniceto Lopez Editor, 1942, p. 67.

[641] Manual de Derecho Procesal Civil. Buenos Aires: Ejea, 1977, p. 64, vol. I.

[642] Como, por exemplo, ter Oskar Bülow acentuado demasiadamente o caráter unitário da relação jurídica processual, conforme Manual de Derecho Procesal Civil. Buenos Aires: Ejea, 1977, p. 64/65, vol. I.

No Brasil, a teoria da relação jurídica processual domina a doutrina processual.[643] Porém, mesmo aqueles que dela se socorrem, como Ovídio Araújo Baptista da Silva,[644] não deixam de apontar a sua inadequação para a compreensão do processo civil contemporâneo.

De início, cumpre observar que a relação jurídica é um instituto que nasceu no direito material (mais precisamente, na pandectística alemã,[645] o que inclusive levou Elio Fazzalari certa feita a apontar a teoria do processo como relação jurídica como um velho e inadequado "clichê pandectístico"[646]), daí transferido por Oskar Bülow ao campo do direito processual civil. Vem a lume a "ciência" processual, pois, profundamente comprometida com esse ambiente metodológico (e com a certeza que é inerente a esse plano do direito), tomando de empréstimo um cabedal de conceitos já bem trabalhados e amadurecidos no direito material. Guarde-se o ponto: com a teoria da relação jurídica processual não se procurou forjar categorias adequadas ao trato dos fenômenos do plano processual, como bem observa James Goldschmidt,[647] com o que se criou no seio da processualística, logo de chofre, um problema de dependência conceitual com o manancial teórico próprio do direito material (notada-

---

[643] Entre outros, Pontes de Miranda, Comentários ao Código de Processo Civil, 5. ed. Rio de Janeiro: Forense, 1997, p. 202 e seguintes, tomo I; Tratado das Ações. São Paulo: Revista dos Tribunais, 1970, p. 287 e seguintes, tomo I; Ovídio Araújo Baptista da Silva, Curso de Processo Civil, 5. ed. São Paulo: Revista dos Tribunais, 2000, p. 16 e seguintes, vol. I; Cândido Rangel Dinamarco, Instituições de Direito Processual Civil, 3. ed. São Paulo: Malheiros, 2003, p. 195 e seguintes, vol. II; Luiz Guilherme Marinoni, Novas Linhas do Processo Civil, 4. ed. São Paulo: Malheiros, 2000, p. 251; Arruda Alvim, Manual de Direito Processual Civil, 7. ed. São Paulo: Revista dos Tribunais, 2000, p. 509, vol. I; Luiz Rodrigues Wambier, Flávio Renato Correia de Almeida e Eduardo Talamini, Curso Avançado de Processo Civil, 6. ed. São Paulo: Revista dos Tribunais, 2003, p. 171, vol. I; Alexandre Freitas Câmara, Lições de Direito Processual Civil, 10. ed. Rio de Janeiro: Lumen Juris, 2004, p. 141 e seguintes, vol. I; Luiz Fux, Curso de Direito Processual Civil, 2. ed. Rio de Janeiro: Forense, 2004, p. 235; Humberto Theodoro Júnior, Curso de Direito Processual Civil, 40. ed. Rio de Janeiro: Forense, 2003, p. 41, vol. I; Araken de Assis, Cumulação de Ações, 3. ed. São Paulo: Revista dos Tribunais, 1998, p. 37 e seguintes; Celso Neves, Estrutura Fundamental do Processo Civil, 2. ed. Rio de Janeiro: Forense, 1997, p. 187. Nós mesmos, de resto, já adotamos a teoria da relação jurídica processual, adicionando-lhe a nota específica do contraditório, conforme Daniel Francisco Mitidiero, Comentários ao Código de Processo Civil. São Paulo: Memória Jurídica Editora, 2004, p. 20, tomo I.

[644] Curso de Processo Civil, 5. ed. São Paulo: Revista dos Tribunais, 2000, p. 17, vol. I.

[645] Como observa, por todos, Crisanto Mandrioli, La Rappresentanza nel Processo Civile. Torino: UTET, 1959, p. 52. Ela mesma, não por acaso, considerada por Francesco Calasso como o marco a partir do qual se mostra possível falar em uma verdadeira "ciência do direito", conforme Storicità del Diritto. Milano: Giuffrè, 1966, p. 180.

[646] "Procedimento (Teoria Generale)". In: Enciclopedia del Diritto. Milano: Giuffrè, 1986, p. 821, vol. XXXV.

[647] Conforme o relato de Enrico Tullio Liebman, "L'Opera Scientifica di James Goldschmidt e la Teoria del Rapporto Processuale". In: Problemi del Processo Civile. Napoli: Morano Editore, 1962, p. 133.

mente, do direito privado),⁶⁴⁸ revelando-se, desde logo, o quão infrutífera a noção de relação jurídica pode ser para o direito processual civil.⁶⁴⁹

Natural, nessa vertente, que o esquema da relação jurídica processual não dê conta de toda a complexidade teórica que se encontra de envoltas implicada no conceito de processo. Notoriamente, o conceito de relação jurídica, originalmente estático,⁶⁵⁰ convive muito mal com a dinamicidade ínsita ao processo, inerente à temporalidade em que se desenvolvem os atos do procedimento, como bem observa Carlos Alberto Alvaro de Oliveira.⁶⁵¹ E, com efeito, a partir do momento em que se reconhece a fluência como algo conatural à idéia de processo, insistir em caracterizá-lo como uma relação jurídica é, no mínimo, como adverte Crisanto Mandrioli,⁶⁵² profundamente danoso à pesquisa de seu fiel perfilhamento.

Como se não bastasse essa inidônea estruturação, o conceito de processo como relação jurídica padece de uma inadequação ideoló-

---

⁶⁴⁸ Afora a concepção de processo como relação jurídica, pode-se sentir nitidamente esse problema de dependência teórica do direito processual civil em relação ao direito privado no trato inadequado que a doutrina dominante ainda empresta ao tema das nulidades processuais, como bem observa Cândido Rangel Dinamarco (A Instrumentalidade do Processo, 8. ed. São Paulo: Malheiros, 2000, p. 47, nota de rodapé n. 5; "Institutos Fundamentais do Direito Processual". In: Fundamentos do Processo Civil Moderno, 4. ed. São Paulo: Malheiros, 2001, p. 72, tomo I). De nossa parte, tentamos superar esse impasse metodológico no campo das invalidades com o ensaio "O Problema da Invalidade dos Atos Processuais no Direito Processual Civil Brasileiro Contemporâneo". In: Amaral, Guilherme Rizzo e Carpena, Márcio Louzada (coords.), Visões Críticas do Processo Civil Brasileiro – Uma Homenagem ao Prof. Dr. José Maria Rosa Tesheiner. Porto Alegre: Livraria do Advogado, 2005, p. 55/74, aplicando nossa proposta inclusive à disciplina positiva (conforme nossos Comentários ao Código de Processo Civil. São Paulo: Memória Jurídica Editora, 2005, p. 382/425, tomo II).

⁶⁴⁹ Consoante anota James Goldschmidt, Derecho Procesal Civil. Barcelona: Labor, 1936, p. 8. A propósito, para uma resenha e uma breve crítica da teoria proposta por James Goldschmidt para caracterização do processo como uma situação jurídica, consulte-se Piero Calamandrei, "Il Processo come Situazione Giuridica". In: Opere Giuridiche. Napoli: Morano Editore, 1965, p. 177/186, vol. I.

⁶⁵⁰ Consoante anota, por uma vez mais, James Goldschmidt, Derecho Procesal Civil. Barcelona: Labor, 1936, p. 8, o que pode se observar ainda a partir da clássica exposição sobre o assunto de Manuel A. Domingues de Andrade, Teoria Geral da Relação Jurídica. Coimbra: Almedina, 1972, p. 2/28, vol. I. De outro lado, essa notória imobilidade do fenômeno levou Clóvis do Couto e Silva, a fim de salientar os aspectos dinâmicos da obrigação, a conceituá-la como um processo, conforme A Obrigação como Processo. São Paulo: José Bushatski Editor, 1976, p. 5, sinonímia, de resto, a que não é indiferente a doutrina civilista contemporânea (conforme, por todos, Judith Martins-Costa, Comentários ao Novo Código Civil, 2. ed. Rio de Janeiro: Forense, 2005, p. 1, vol. V, tomo I).

⁶⁵¹ Do Formalismo no Processo Civil, 2. ed. São Paulo: Saraiva, 2003, p. 112.

⁶⁵² La Rappresentanza nel Processo Civile. Torino: UTET, 1959, p. 54. Aliás, a crítica de Mandrioli à concepção do processo como uma relação jurídica é, ainda hoje, uma das mais completas em doutrina, podendo ser conferida em La Rappresentanza nel Processo Civile. Torino: UTET, 1959, p. 51/57.

gica, o que o torna desaconselhável a quem quer que se encontre empenhado na vigência e na contínua construção de um Estado Democrático e Social de Direito como o que se encontra proposto e desenhado em nossa Constituição.[653] Deveras, a teoria da relação jurídica nasce em um ambiente em que se pretende a construção de uma ciência "pura" e, embora aspire à neutralidade (já que o mundo da ciência e dos conceitos é neutro quanto a valores segundo essa mesma linha, como bem observam Carlos Alberto Alvaro de Oliveira[654] e Ovídio Araújo Baptista da Silva[655]), mostra-se como um veículo bastante apropriado para então veicular a ideologia burguesa consagrada na Revolução Francesa, construída à base do individualismo próprio do homem da época.[656] O esquema da relação jurídica, tendo em conta a sua aguda abstração, serve de carapuça para qualquer intenção política, com uma vantagem nada desprezível: a pretexto da neutralidade da "ciência" jurídica (que não se ocupa de temas como a economia, a moral e a política, como então se dizia, consoante lembram Franz Wieacker[657] e Antônio Castanheira Neves[658]), encobre-se o sentido diretivo e nada neutro das instituições.[659] Oskar Bülow, ao difundir o conceito de relação jurídica processual, nada mais fez que projetar o pretenso cientificismo neutro do conceito de relação jurídica para o ambiente específico do processo, dando azo a que também nesse campo a ideologia dominante encontrasse campo propício de atuação. Não surpreende que Giuseppe Chiovenda, ao acolher a doutrina alemã do final de oitocentos e levá-la à Itália, tenha dado ensanchas à instalação do regime

---

[653] Caracterizando o Estado brasileiro como um Estado Democrático e Social de Direito, entre outros, Paulo Bonavides, Curso de Direito Constitucional, 7. ed., 2. tiragem. São Paulo: Malheiros, 1998, p. 336/338; José Afonso da Silva, Curso de Direito Constitucional Positivo, 14. ed. São Paulo: Malheiros, 1997, p. 145.

[654] "Procedimento e Ideologia no Direito Brasileiro Atual". In: Revista da Ajuris. Porto Alegre: s/ed., 1985, p. 79, n. 33.

[655] Jurisdição e Execução na Tradição Romano-Canônica, 2. ed. São Paulo: Revista dos Tribunais, 1997, p. 111.

[656] Anote-se que o processo civil alemão (1879) e italiano (1865) de oitocentos é um processo civil do tipo liberal, cujo protótipo é justamente o processo civil napoleônico de 1806, conforme Giovanni Tarello, "Il Problema della Riforma Processuale in Italia nel Primo Quarto del Secolo. Per uno Studio della Genesi Dottrinale e Ideologica del Vigente Codice Italiano di Procedura Civile". In: Dottrine del Processo Civile – Studi Storici sulla Formazione del Diritto Processuale Civile. Bologna: Il Mulino, 1989, p. 14.

[657] História do Direito Privado Moderno, 2. ed. Lisboa: Fundação Calouste Gulbenkian, 1993, p. 511.

[658] Metodologia Jurídica – Problemas Fundamentais. Coimbra: Coimbra Editora, 1993, p. 27.

[659] Conforme as agudas observações de Orlando de Carvalho, Para uma Teoria da Relação Jurídica Civil. A Teoria Geral da Relação Jurídica – seu Sentido e Limites, 2. ed. Coimbra: Centelha, 1981, p. 44 e seguintes.

fascita naquele país, como observa Giovanni Tarello,[660] dada a abstração do sistema processual proposto, altamente permeável pelas intenções, boas ou não, daqueles que detêm o poder, assim como não pode espantar que Alfredo Buzaid tenha dela se servido para o último Código de Processo Civil napoleônico da historiografia do direito processual civil, promulgado em meio à grave ditadura militar brasileira.[661] Há, pois, pouca precisão ideológica no conceito de relação jurídica processual, o que sujeita o direito processual civil aos sabores dos detentores do poder, deixando-o pouco comprometido com o sentido participativo e paritário que hoje se reconhece às instituições democráticas.

2.3.2. Formalismo-valorativo e processo como procedimento em contraditório

Afora as críticas já alinhadas, a doutrina teve o ensejo de levantar outras,[662] todas tendentes a apontar a inadequação do conceito de relação jurídica processual, mas sem maiores repercussões em termos gerais. Com efeito, a despeito de tudo que se disse a propósito do tema, a opinião comum dos juristas continua a gravitar na órbita da caracterização do processo como uma relação jurídica.

---

[660] Conforme "Il Problema della Riforma Processuale in Italia nel Primo Quarto del Secolo. Per uno Studio della Genesi Dottrinale e Ideologica del Vigente Codice Italiano di Procedura Civile". In: Dottrine del Processo Civile – Studi Storici sulla Formazione del Diritto Processuale Civile. Bologna: Il Mulino, 1989, p. 9/107, especialmente p. 43 e seguintes; conforme, igualmente, "L'Opera di Giuseppe Chiovenda nel Crepuscolo dello Stato Liberale". In: Dottrine del Processo Civile – Studi Storici sulla Formazione del Diritto Processuale Civile. Bologna: Il Mulino, 1989, p. 109/214. As observações de Tarello quanto ao papel de Chiovenda, de resto, foram vivamente criticadas por Enrico Tullio Liebman, "Storiografia Giuridica 'Manipolata'". In: Rivista di Diritto Processuale. Padova: Cedam, 1974, p. 100 e seguintes, especialmente p. 122/123. Finalmente, anote-se que a questão a propósito do caráter autoritário ou não do Código de Processo Civil italiano de 1940 suscitou recente polêmica entre Giovanni Verde ("Le Ideologie del Processo in un Recente Saggio". In: Rivista di Diritto Processuale. Padova: Cedam, 2002, p. 676 e seguintes), Franco Cipriani ("Il Processo Civile tra Vecchie Ideologie e Nuovi Slogan". In: Rivista di Diritto Processuale. Padova: Cedam, 2003, p. 455 e seguintes), Girolamo Monteleone ("Princìpi e Ideologie del Processo Civile: Impressioni di un 'Revisionista'". In: Rivista Trimestrale di Diritto e Procedura Civile. Milano: Giuffrè, 2003, p. 575 e seguintes) e Juan Montero Aroca ("Il Processo Civile 'Sociale' come Strumento di Giustizia Autoritaria". In: Rivista di Diritto Processuale. Padova: Cedam, 2004, p. 553 e seguintes).

[661] "Linhas Fundamentais do Sistema do Código de Processo Civil Brasileiro". In: Estudos e Pareceres de Direito Processual Civil. São Paulo: Revista dos Tribunais, 2002, p. 33.

[662] Duas receberam maior atenção: a de James Goldschmidt, para quem o processo seria uma situação jurídica (conforme Derecho Procesal Civil. Barcelona: Labor, 1936, p. 7/9), dominado pelas categorias das expectativas, das possibilidades e dos ônus (conforme Teoría General del Proceso. Barcelona: Labor, 1936, p. 52/53), e a de Jaime Guasp, para quem o processo seria uma instituição jurídica (conforme Derecho Procesal Civil, 4. ed. Madrid: Civitas, 1998, p. 33/38, tomo I; Concepto y Metodo de Derecho Procesal. Madrid: Civitas, 1997, p. 29/40).

No Brasil, a última tentativa de adequar o conceito de relação jurídica processual à contemporaneidade vem de Cândido Rangel Dinamarco[663] e de Luiz Guilherme Marinoni.[664] Nessa linha, o processo seria uma relação jurídica em contraditório, somando-se à perspectiva jurídica normalmente realçada pela doutrina (o processo, pelo ângulo interno, é uma relação jurídica) a perspectiva política (o contraditório, garantia democrática de participação dos sujeitos na formação da decisão judicial, que polarizaria o procedimento, ângulo externo de apreciação do processo).[665]

Sem embargo de amarrar o processo na Constituição, empresa salutar e de todo afeita ao formalismo-valorativo, a solução alvitrada não resolve o problema da dinamicidade inerente ao processo, nem o problema da fluidez ideológica do conceito de relação jurídica. Ambas questões, pois, ficam ainda por resolver dentro desse ambiente específico, o que impõe a abordagem do tema por um outro viés.

Parece-nos que a teoria que melhor atende às idéias do formalismo-valorativo, sem esbarrar nas críticas já levantadas, é aquela que entende o processo como um procedimento em contraditório, pensada por Elio Fazzalari. Com efeito, para Fazzalari o processo seria uma espécie do gênero procedimento, desse distinguindo-se precisamente por ser um procedimento que se desenvolve em contraditório, em uma estrutura dialética, possibilitando-se por aí uma participação concreta e efetiva no manejo do poder estatal.[666] É a teoria adotada, por exemplo, por Nicola Picardi[667] e, entre nós, por Carlos Alberto Alvaro de Oliveira[668] e Hermes Zaneti Júnior.[669]

Essa perspectiva, de início, responde ao problema da inadequação metodológica de se pensar o processo a partir de uma categoria concebida para o direito material, já que toma como ponto inicial de reflexão a idéia de procedimento, que, afinal, é mesmo da essência

---

[663] A Instrumentalidade do Processo, 8. ed. São Paulo: Malheiros, 2000, p. 126/137.

[664] Novas Linhas do Processo Civil, 4. ed. São Paulo: Malheiros, 2000, p. 249/252.

[665] Nós mesmos, em outros estudos, já adotamos essa teoria, conforme Comentários ao Código de Processo Civil. São Paulo: Memória Jurídica Editora, 2004, p. 20, tomo I.

[666] "Procedimento (Teoria Generale)". In: Enciclopedia del Diritto. Milano: Giuffrè, 1986, p. 827, vol. XXXV; "'Processo' e Giurisdizione". In: Rivista di Diritto Processuale. Padova: Cedam, 1993, p. 3/5, parte I; "La Dottrina Processualistica Italiana: dall''Azione' al 'Processo' (1864-1994)". In: Rivista di Diritto Processuale. Padova: Cedam, 1994, p. 919/920, vol. XLIX, parte II.

[667] "Dei Termini". In: Allorio, Enrico (coord.), Commentario del Codice di Procedura Civile. Torino: UTET, 1973, p. 1544, vol. I, tomo II.

[668] Do Formalismo no Processo Civil, 2. ed. São Paulo: Saraiva, 2003, p. 111/115.

[669] "Processo Constitucional: Relações entre Processo e Constituição". In: Introdução ao Estudo do Processo Civil – Primeiras Linhas de um Paradigma Emergente. Porto Alegre: Sérgio Antônio Fabris Editor, 2004, p. 48, em co-autoria com Daniel Francisco Mitidiero.

do processo, que é sempre um avançar, um caminhar em direção a um fim, como observa Ovídio Araújo Baptista da Silva.[670] Logo em seguida, igualmente responde ao problema do constante fluxo em que se especializa o processo, porquanto a dinamicidade é inerente ao conceito de procedimento, que é uma categoria que se protrai no tempo, que nele se desenvolve, cujo perfil é necessariamente temporal.[671] A teoria do processo como procedimento em contraditório, ainda, outorga especial relevo ao contraditório, enunciado já em seu núcleo básico, tornando o processo um autêntico "instrumento de vida democrática",[672] na medida em que concebe a participação dos cidadãos na conformação do poder do Estado como algo indissociável do mesmo. Nesse azo, a teoria funda as bases do processo na Constituição, comprometendo-o irremediavelmente com o sentido democrático de nossas normas fundamentais, já anunciado inclusive no preâmbulo constitucional,[673] o que por certo o livra da indiferença axiológica que cerca o conceito de relação jurídica.

De todo o exposto, o processo só pode ser encarado, a partir da perspectiva do formalismo-valorativo, como um procedimento em contraditório, jungido aos valores constitucionais e devidamente demarcado pelas garantias processuais mínimas que configuram o devido processo legal processual (art. 5º, LIV). Visa à produção do justo, sua indelével e irrenunciável vocação constitucional, com o que também no domínio do processo e através dele se estará a construir uma sociedade mais livre, justa e solidária (art. 3º, I, CRFB), fundada na cidadania e na dignidade da pessoa humana (art. 1º, II e III, CRFB).

---

[670] Curso de Processo Civil, 5. ed. São Paulo: Revista dos Tribunais, 2000, p. 13, vol. I.

[671] A observação é de Nicola Picardi, "Dei Termini". In: Allorio, Enrico (coord.), Commentario del Codice di Procedura Civile. Torino: UTET, 1973, p. 1542, vol. I, tomo II.

[672] Elio Fazzalari, "Procedimento (Teoria Generale)". In: Enciclopedia del Diritto. Milano: Giuffrè, 1986, p. 820, vol. XXXV.

[673] Mesmo que não se reconheça força normativa aos preâmbulos constitucionais, atribuindo-lhes relevância apenas nos domínios da política e da história, certo é que esses encarnam no mínimo a opinião pública, o projeto político de que a Constituição retira sua força. De nosso lado, temos que os preâmbulos constitucionais integram as Constituições, com o que também possuem a mesma densidade normativa; nesse sentido, por todos, Jorge Miranda, Manual de Direito Constitucional, 4. ed. Coimbra: Coimbra Editora, 2000, p. 240, tomo II.

Conclusão

Tudo alinhado, conclui-se que o processo civil contemporâneo não pode ser encarado senão como um fenômeno cultural, de estatura constitucional e que mantém uma relação de interdependência com o direito material, vocacionado à busca pela justiça no caso concreto. Dentro dessas coordenadas, impostas pelo formalismo-valorativo, novo capítulo dentro da história da ciência processual, a jurisdição passa a ser compreendida como uma manifestação do poder do Estado desempenhada por um terceiro imparcial de maneira autoritativa e irrevisível, mercê do exercício da "ação" processual, entendida como um exercício de pretensão à tutela jurídica que desencadeia um plexo de posições jurídicas subjetivas a serem deslindadas ao longo de um processo justo, que se qualifica como devido processo legal em função da previsão de garantias mínimas de procedibilidade, necessariamente encarado como um procedimento em contraditório.

Referências Bibliográficas
(Somente as Obras Citadas)

ALBERNAD, Jacqueline Pires. "O Conceito Clássico de Jurisdição em face da Sentença do 461: a Premissa da Substitutividade e a sua Insuficiência frente a Sentença de Procedência do Mesmo Dispositivo". In: *Revista Processo e Constituição – Coleção Galeno Lacerda de Estudos de Direito Processual Constitucional*. Porto Alegre: Faculdade de Direito, UFRGS, 2005, n. II

ALBERTON, Cláudia Marlise da Silva. *Publicidade dos Atos Processuais e Direito à Informação*. Rio de Janeiro: Aide Editora, 2000.

ALLORIO, Enrico. "Ensayo Polémico sobre la 'Jurisdicción' Voluntaria". In: *Problemas de Derecho*. Buenos Aires: Ejea, 1963, tomo II.

ALMEIDA, Flávio Renato Correia de; TALAMINI, Eduardo; WAMBIER, Luiz Rodrigues. *Curso Avançado de Processo Civil*, 6. ed. São Paulo: Revista dos Tribunais, 2004, vol. I.

ALMEIDA COSTA, Mário Júlio de. "Fundamentos Históricos do Direito Brasileiro". In: *Estudos de Direito Civil Brasileiro e Português* (I Jornada Luso-Brasileira de Direito Civil). São Paulo: Revista dos Tribunais, 1980.

——. *História do Direito Portuguê*s, 2. ed. Coimbra: Almedina, 1992.

ALSINA, Hugo. *Tratado Teórico Práctico de Derecho Procesal Civil y Comercial*. Buenos Aires: Compañía Argentina de Editores Soc. de Resp. Ltda., 1941, tomo I.

ALVARO DE OLIVEIRA, Carlos Alberto. "Procedimento e Ideologia no Direito Brasileiro Atual". In: *Revista da Ajuris*. Porto Alegre: s/ed., 1985, n. 33.

——. "O Juiz e o Princípio do Contraditório". In: *Revista de Processo*. São Paulo: Revista dos Tribunais, 1993, n. 71.

——. "O Processo Civil na Perspectiva dos Direitos Fundamentais". In: *Gênesis Revista de Direito Processual Civil*. Curitiba: Gênesis, 2002, n. 26.

——. *Do Formalismo no Processo Civil*, 2. ed. São Paulo: Saraiva, 2003.

——. "A Garantia do Contraditório". In: *Do Formalismo no Processo Civil*, 2. ed. São Paulo: Saraiva, 2003.

——. "O Processo Civil na Perspectiva dos Direitos Fundamentais". In: *Do Formalismo no Processo Civil*, 2. ed. São Paulo: Saraiva, 2003.

——. "O Problema da Eficácia da Sentença". In: *Revista Gênesis de Direito Processual Civil*. Curitiba: Gênesis, 2003, n. 29.

——. "O Processo Civil na Perspectiva dos Direitos Fundamentais". In: ALVARO DE OLIVEIRA, Carlos Alberto (org.), *Processo e Constituição*. Rio de Janeiro: Forense, 2004.

——. "Efetividade e Tutela Jurisdicional". In: *Revista Processo e Constituição* – Coleção Galeno Lacerda de Estudos de Direito Processual Constitucional. Porto Alegre: Faculdade de Direito, UFRGS, 2005, n. II.

ALVARO DE OLIVEIRA, Carlos Alberto; LACERDA, Galeno. *Comentários ao Código de Processo Civil*, 6. ed. Rio de Janeiro: Forense, 2002, vol. VIII, tomo II.

ALVES, Francisco Glauber Pessoa. *O Princípio Jurídico da Igualdade e o Processo Civil Brasileiro*. Rio de Janeiro: Forense, 2003.

ALVES, Maristela da Silva. "Processo e Constituição". In: *Revista da Ajuris*. Porto Alegre: s/ed., 2002, n. 85, tomo I.

——. "Princípio da Isonomia Constitucional". In: ALVARO DE OLIVEIRA, Carlos Alberto (org.), *Processo e Constituição*. Rio de Janeiro: Forense, 2004.

AMARAL, Guilherme Rizzo. *As Astreintes e o Processo Civil Brasileiro* – Multa do Artigo 461 do CPC e Outras. Porto Alegre: Livraria do Advogado, 2004.

——. "A Polêmica em Torno da 'Ação de Direito Material'". In: *Cadernos do Programa de Pós-Graduação em Direito – PPGDir./UFRGS*. Porto Alegre: PPGDir./UFRGS, 2004, n. I.

AMARAL, Jorge Augusto Pais de. *Direito Processual Civil*. 2. ed. Coimbra: Almedina, 2001.

ANDRADE, José Carlos Vieira de. *Os Direitos Fundamentais na Constituição Portuguesa de 1976*. 2. ed. Coimbra: Almedina, 2001.

ANDRADE, Manuel A. Domingues de. *Teoria Geral da Relação Jurídica*. Coimbra: Almedina, 1972, vol. I.

ARCILA, Carlos Ramírez. *Teoría de la Acción*. Bogotá: Editorial Temis, 1969.

ARENHART, Sérgio Cruz; MARINONI, Luiz Guilherme. *Manual do Processo de Conhecimento*. 2. ed. São Paulo: Revista dos Tribunais, 2002.

AROCA, Juan Montero. "Il Processo Civile 'Sociale' come Strumento di Giustizia Autoritaria". In: *Rivista di Diritto Processuale*. Padova: Cedam, 2004.

ARRUDA ALVIM, José Manuel. *Manual de Direito Processual Civil*. 7. ed. São Paulo: Revista dos Tribunais, 2000, vol. I.

——. *Manual de Direito Processual Civil*. 7. ed. São Paulo: Revista dos Tribunais, 2001, vol. II.

ASSIS, Araken de. *Cumulação de Ações*. 3. ed. São Paulo: Revista dos Tribunais, 1998.

——. "Benefício da Gratuidade". In: *Revista da Ajuris*. Porto Alegre: s/ed., 1998, n. 73.

——. *Manual do Processo de Execução*. 6. ed. São Paulo: Revista dos Tribunais, 2000.

——. "Da Ação no Novo Código de Processo Civil". In: *Doutrina e Prática do Processo Civil Contemporâneo*. São Paulo: Revista dos Tribunais, 2001.

——. *Comentários ao Código de Processo Civil*. 2. ed. Rio de Janeiro: Forense, 2004, vol. VI.

ÁVILA, Ana Paula Oliveira. *O Princípio da Impessoalidade da Administração Pública – Para uma Administração Imparcial*. Rio de Janeiro: Renovar, 2004

ÁVILA, Humberto. *Teoria dos Princípios – Da Definição à Aplicação dos Princípios Jurídicos*, 2. ed. São Paulo: Malheiros, 2003.

AZEVEDO, Luiz Carlos de; CRUZ E TUCCI, José Rogério. *Lições de História do Processo Civil Romano*, 2. tiragem. São Paulo: Revista dos Tribunais, 2001.

BANDEIRA DE MELLO, Celso Antônio. *Curso de Direito Administrativo*. 12. ed. São Paulo: Malheiros, 2000.

BAPTISTA DA SILVA, Ovídio Araújo. *Procedimentos Especiais – Exegese do Código de Processo Civil (arts. 890 a 981)*. Rio de Janeiro: Aide Editora, 1993.

——. *Jurisdição e Execução na Tradição Romano-Canônica*, 2. ed. São Paulo: Revista dos Tribunais, 1997.

——. "O Processo Civil e sua Recente Reforma" (Os Princípios do Direito Processual Civil e as Novas Exigências, Impostas pela Reforma, no que diz Respeito à Tutela Satisfativa de Urgência dos arts. 273 e 461). In: WAMBIER, Teresa Arruda Alvim (coord.), *Aspectos Polêmicos da Antecipação de Tutela*. São Paulo: Revista dos Tribunais, 1997.

——. *Curso de Processo Civil*. 5. ed. São Paulo: Revista dos Tribunais, 2000, vol. I.

——. *Curso de Processo Civil*. 4. ed. São Paulo: Revista dos Tribunais, 2000, vol. II.

——. *Curso de Processo Civil*. 3. ed. São Paulo: Revista dos Tribunais, 2000, vol. III.

——. "A Ação Condenatória como Categoria Processual". In: *Da Sentença Liminar à Nulidade da Sentença*. Rio de Janeiro: Forense, 2001.

——. "A 'Plenitude de Defesa' no Processo Civil". In: *Da Sentença Liminar à Nulidade da Sentença*. Rio de Janeiro: Forense, 2001.

——. "Execução 'em face do Executado'". In: *Da Sentença Liminar à Nulidade da Sentença*. Rio de Janeiro: Forense, 2001.

——. "O Processo Civil e sua Recente Reforma". In: *Da Sentença Liminar à Nulidade da Sentença*. Rio de Janeiro: Forense, 2001.

——. "Direito Material e Processo". In: *Gênesis Revista de Direito Processual Civil*. Curitiba: Gênesis, 2004, n. 33.

——. "Coisa Julgada Relativa?". In: *Revista da Ajuris*. Porto Alegre: s/ed., 2004, n. 94.

——. *Processo e Ideologia – O Paradigma Racionalista*. Rio de Janeiro: Forense, 2004.

BAPTISTA DA SILVA, Ovídio Araújo; GOMES, Fábio Luiz. *Teoria Geral do Processo Civil*. São Paulo: Revista dos Tribunais, 1997.

BARBI, Celso Agrícola. *Comentários ao Código de Processo Civil*, 11. ed. Rio de Janeiro: Forense, 2002, vol. I.

BARBOSA MOREIRA, José Carlos. "Legitimação para Agir. Indeferimento de Petição Inicial". In: *Temas de Direito Processual*, 2. ed. São Paulo: Saraiva, 1988, Primeira Série.

——. "A Motivação das Decisões como Garantia Inerente ao Estado de Direito". In: *Temas de Direito Processual*. 2. ed. São Paulo: Saraiva, 1988, Segunda Série.

——. "Publicité et Secret du Delibere dans la Justice Brésilienne". In: *Temas de Direito Processual*. São Paulo: Saraiva, 1989, Quarta Série.

——. "O Direito à Assistência Jurídica. Evolução no Ordenamento Brasileiro de Nosso Tempo". In: *Revista da Ajuris*. Porto Alegre: s/ed., 1992, n. 55.

——. "A Justiça no Limiar de Novo Século". In: *Revista Forense*. Rio de Janeiro: Forense, 1992, n. 319.

——. "A Sentença Mandamental – Da Alemanha ao Brasil". In: *Temas de Direito Processual*. São Paulo: Saraiva, 2001, Sétima Série.

——. "Considerações sobre a Chamada 'Relativização' da Coisa Julgada Material". In: *Revista Forense*. Rio de Janeiro: Forense, 2005, vol. 377.

BARRETO, Ricardo de Oliveira Paes. *Curso de Direito Processual Civil*, 2. ed. Rio de Janeiro: Renovar, 2003.

BAUR, Fritz. "Il Processo e le Correnti Culturali Contemporanee". In: *Rivista di Diritto Processuale*. Padova: Cedam, 1972, vol. XXVII.

BECKER, L. A.; SANTOS, E. L. Silva. *Elementos para uma Teoria Crítica do Processo*. Porto Alegre: Sergio Antonio Fabris Editor, 2002.

BEDAQUE, José Roberto dos Santos. *Direito e Processo – Influência do Direito Material sobre o Processo*. São Paulo: Malheiros, 1995.

BÖHM, Peter. "Processo Civile e Ideologia nello Stato Nazionalsocialista". In: *Rivista Trimestrale di Diritto e Procedura Civile*. Milano: Giuffrè, 2004, n. 2.

BONAVIDES, Paulo. *Curso de Direito Constitucional*. 7. ed., 2. tiragem. São Paulo: Malheiros, 1998.

BOURSIER, Marie-Emma. *Le Principe de Loyauté en Droit Processuel*. Paris: Dalloz, 2003.

BRUNNER, Heinrich; SCHNERIN, Claudius von. *Historia del Derecho Germânico*. Barcelona: Editorial Labor, 1936.

BÜLOW, Oskar. *La Teoría de las Excepciones Procesales y los Presupuestos Procesales*. Buenos Aires: Ejea, 1964.

BUZAID, Alfredo. *Do Agravo de Petição no Sistema do Código de Processo Civil*. 2. ed. São Paulo: Saraiva, 1956.

——. *Exposição de Motivos*. Brasília, 1972.

——. "Linhas Fundamentais do Sistema do Código de Processo Civil Brasileiro". In: *Estudos e Pareceres de Direito Processual Civil*. São Paulo: Revista dos Tribunais, 2002.

CAETANO, Marcello. *História do Direito Português (1140-1495)*. 2. ed. Lisboa: Editorial Verbo, 1985.

CALAMANDREI, Piero. "Il Processo come Giuoco". In: *Rivista di Diritto Processuale*. Padova: Cedam, 1950, vol. V, parte I.

——. "Limiti fra Giurisdizione e Amministrazione nella Sentenza Civile". In: *Opere Giuridiche*. Napoli: Morano Editore, 1965, vol. I.

——. Il Procésso come Situazione Giuridica". In: *Opere Giuridiche*. Napoli: Morano Editore, 1965, vol. I.

——. "Il Concetto di 'Lite' nel Pensiero di Francesco Carnelutti". In: *Opere Giuridiche*. Napoli: Morano Editore, 1965, vol. I.

——. "Abolizione del Processo Civile?". In: *Opere Giuridiche*. Napoli: Morano Editore, 1965, vol. I.

——. "La 'Relativita' del Concetto d'Azione". In: *Opere Giuridiche*. Napoli: Morano Editore, 1965, vol. I.

——. "Istituzioni di Diritto Processuale Civile". In: *Opere Giuridiche*. Napoli: Morano Editore, 1970, vol. IV.

CALASSO, Francesco. *Medio Evo del Diritto*. Milano: Giuffrè, 1954, vol. I.

——. *Storicità del Diritto*. Milano: Giuffrè, 1966.

CALMON DE PASSOS, José Joaquim. *A Ação no Direito Processual Civil Brasileiro*. Bahia: Oficinas Gráficas da Imprensa Oficial da Bahia, 1960.

——. "Instrumentalidade do Processo e Devido Processo Legal". In: *Revista Síntese de Direito Civil e Processual Civil*. Porto Alegre: Síntese, 2000, n. 07.

CÂMARA, Alexandre Freitas. *Lições de Direito Processual Civil*. 10. ed. Rio de Janeiro: Forense, 2004, vol. I.

CAMBI, Eduardo. *Jurisdição no Processo Civil – Compreensão Crítica*. Curitiba: Juruá, 2003.

CAMEJO FILHO, Walter. "Garantia do Acesso à Justiça". In: ALVARO DE OLIVEIRA, Carlos Alberto (org.), *Processo e Constituição*. Rio de Janeiro: Forense, 2004.

CAMPITELLI, Adriana. "Processo Civile (Diritto Intermedio)". In: *Enciclopedia del Diritto*. Milano: Giuffrè, 1987, vol. XXXVI.

CANARIS, Claus-Wilhelm. *Pensamento Sistemático e Conceito de Sistema na Ciência do Direito*, 3. ed. Lisboa: Fundação Calouste Gulbenkian, 2002.

CANOTILHO, José Joaquim Gomes. *Direito Constitucional e Teoria da Constituição*, 3. ed. Coimbra: Almedina, 1999.

CAPOGRASSI, Giuseppe. "Giudizio, Processo, Scienza, Verità". In: *Rivista di Diritto Processuale*. Padova: Cedam, 1950, vol. V, parte I.

CAPPELLETTI, Mauro. "Spunti in Tema di Contraddittorio". In: *Studi in Memoria di Salvatore Satta*. Padova: Cedam, 1982, vol. I.

——. *Juízes Irresponsáveis?* Porto Alegre: Sérgio Antônio Fabris Editor, 1989.

——. *Juízes Legisladores?* Porto Alegre: Sérgio Antônio Fabris Editor, 1999.

CAPPELLETTI, Mauro; GARTH, Bryan. *Acesso à Justiça*. Porto Alegre: Sérgio Antônio Fabris Editor, 1988.

CARNEIRO, Athos Gusmão. *Jurisdição e Competência*, 4. ed. São Paulo: Saraiva, 1991.

——. "Sentença Malfundamentada e Sentença Não-Fundamentada. Conceitos. Nulidades". In: *Revista da Ajuris*. Porto Alegre: s/ed., 1995, n. 65.

CARNELUTTI, Francesco. *Sistema di Diritto Processuale*. Padova: Cedam, 1936, vol. I.

——. *Sistema de Derecho Procesal Civil*. Buenos Aires: UTEHA, 1944, vol. I.

——. *Istituzioni del Processo Civile Italiano*. 5. ed. Roma: Società Editrice del Foro Italiano, 1956, vol. I.

——. *Diritto e Processo*. Napoli: Morano Editore, 1958.

CARREIRA ALVIM, José Eduardo. *Elementos para uma Teoria Geral do Processo*, 5. ed. Rio de Janeiro: Forense, 1996.

CARVALHO, Orlando. *Para uma Teoria da Relação Jurídica Civil. A Teoria Geral da Relação Jurídica – Seu Sentido e Limites*, 2. ed. Coimbra: Centelha, 1981.

CASTANHEIRA NEVES, Antônio. *Metodologia Jurídica – Problemas Fundamentais*. Coimbra: Coimbra Editora, 1993.

CASTILLO, Niceto Alcalá-Zamora y. "La Influencia de Wach y de Klein sobre Chiovenda". In: *Estudios de Teoría General e Historia del Proceso (1945-1972)*. Mexico: Instituto de Investigaciones Jurídicas, 1974, tomo II.

CHIARLONI, Sergio. *Introduzione allo Studio del Diritto Processuale Civile*. Torino: G. Giappichelli Editore, 1975.

——. "Questioni Rilevabili d'Ufficio, Diritto di Difesa e 'Formalismo delle Garanzie'". In: *Rivista Trimestrale di Diritto e Procedura Civile*. Milano: Giuffrè, 1987, parte II.

——. "Il Nuovo art. 111 Cost. e il Processo Civile". In: *Rivista di Diritto Processuale*. Padova: Cedam, 2000, anno LV, n. 4.

CHIOVENDA, Giuseppe. *Principii di Diritto Processuale Civile*, 3. ed. Napoli: N. Jovene, 1923.

——. "Romanesimo e Germanesimo nel Processo Civile". In: *Saggi di Diritto Processuale Civile*. Roma: Società Editrice "Foro Italiano", 1930, vol. I.

——. *Instituciones de Derecho Procesal Civil*. Madrid: Editorial Revista de Derecho Privado, 1948, vol. I.

——. *Instituições de Direito Processual Civil*, 3. ed. São Paulo: Saraiva, 1969, vol. I.

——. *Instituições de Direito Processual Civil*, 3. ed. São Paulo: Saraiva, 1969, vol. II.

——. *La Acción en el Sistema de los Derechos*. Bogotá: Editorial Temis, 1986.

CINTRA, Antônio Carlos de Araújo. *Comentários ao Código de Processo Civil*. Rio de Janeiro: Forense, 2000, vol. IV.

——; DINAMARCO, Cândido Rangel; GRINOVER, Ada Pellegrini. *Teoria Geral do Processo*, 15. ed. São Paulo: Revista dos Tribunais, 1999.

CIPRIANI, Franco. "Il Processo Civile tra Vecchie Ideologie e Nuovi Slogan". In: *Rivista di Diritto Processuale*. Padova: Cedam, 2003.

COMOGLIO, Luigi Paolo. *La Garanzia Costituzionale dell'Azione ed il Processo Civile*. Padova: Cedam, 1970.

——. "I Modelli di Garanzia Costituzionale del Processo". In: *Rivista Trimestrale di Diritto e Procedura Civile*. Milano: Giuffrè, 1991.

——. "Note Riepilogative su Azione e Forme di Tutela, nell'Otica della Domanda Giudiziale". In: *Rivista di Diritto Processuale*. Padova: Cedam, 1993.

CORDEIRO, Antônio Menezes. *Introdução à Edição Portuguesa de Pensamento Sistemático e Conceito de Sistema na Ciência do Direito, de Claus-Wilhelm Canaris*, 3. ed. Lisboa: Calouste Gulbenkian, 2002.

COSTA, Sergio. *Manuale di Diritto Processuale Civile*, 4. ed. Torino: UTET, 1973.

COUTO E SILVA, Clóvis V. do. *A Obrigação como Processo*. São Paulo: José Bushatski Editor, 1976.

COUTURE, Eduardo Juan. *Fundamentos del Derecho Procesal Civil*. Buenos Aires: Aniceto Lopez Editor, 1942.

——. "Las Garantías Constitucionales del Proceso Civil". In: *Estudios de Derecho Procesal Civil*. Buenos Aires: Ediar Editores, 1948, tomo I.

——. *Introducción al Estudio del Proceso Civil*, 2. ed. Buenos Aires: Editorial Depalma, 1953.

CRETELLA NETO, José. *Fundamentos Principiológicos do Processo Civil*. Rio de Janeiro: Forense, 2002.

CRUZ E TUCCI, José Rogério; AZEVEDO, Luiz Carlos de. *Lições de História do Processo Civil Romano*, 2. tiragem. São Paulo: Revista dos Tribunais, 2001.

——; TUCCI, Rogério Lauria. *Constituição de 1988 e Processo – Regramentos e Garantias Constitucionais do Processo*. São Paulo: Saraiva, 1989.

CUENCA, Humberto. *Proceso Civil Romano*. Buenos Aires: Ejea, 1957.

CUEVA, Mario de la. *La Idea del Estado*. México: Fondo de Cultura Económica, 1996.

DANTAS, F. C. Santiago. "Igualdade perante a Lei e 'Due Process of Law'". In: *Problemas de Direito Positivo*. Rio de Janeiro: Forense, 1953.

DANTAS, Francisco Wildo Lacerda. *Jurisdição, Ação (Defesa) e Processo*. São Paulo: Dialética, 1997.

DENTI, Vittorio. "Diritto Comparato e Scienza del Processo". In: *Rivista di Diritto Processuale*. Padova: Cedam, 1979, vol. XXXIV.

———. "Valori Costituzionali e Cultura Processuale". In: *Rivista di Diritto Processuale*. Padova: Cedam, 1984, vol. XXXIX.

DIDONE, Antonio. "Apuntes sobre la Duración Razonable del Proceso Civil". In: *Revista Peruana de Derecho Procesal*. Lima: Estudio Monroy Abogados, 2004, n. VII.

DINAMARCO, Cândido Rangel. *A Instrumentalidade do Processo*, 8. ed. São Paulo: Malheiros, 2000.

———. *Fundamentos do Processo Civil Moderno*. 4. ed. São Paulo: Malheiros, 2001, tomo I.

———. *Fundamentos do Processo Civil Moderno*. 4. ed. São Paulo: Malheiros, 2001, tomo II.

———. *Instituições de Direito Processual Civil*. 2. ed. São Paulo: Malheiros, 2002, vol. III.

———. *Instituições de Direito Processual Civil*. 3. ed. São Paulo: Malheiros, 2003, vol. I.

———. *Instituições de Direito Processual Civil*. 3. ed. São Paulo: Malheiros, 2003, vol. II.

———; CINTRA, Antônio Carlos de Araújo; GRINOVER, Ada Pellegrini. *Teoria Geral do Processo*, 15. ed. São Paulo: Malheiros, 1999.

ECHANDÍA, Devis. *Teoría General del Proceso*, 2. ed. Buenos Aires: Editorial Universidad, 1997.

ENGISCH, Karl. *Introdução ao Pensamento Jurídico*, 8. ed. Lisboa: Fundação Calouste Gulbenkian, 2001.

ESTEBAN, Jorge de. *Tratado de Derecho Constitucional*, 2. ed. Madrid: Servicio Publicaciones Facultad Derecho Universidad Complutense Madrid, s/d., vol. I.

FABRÍCIO, Adroaldo Furtado. "'Extinção do Processo' e Mérito da Causa". In: ALVARO DE OLIVEIRA, Carlos Alberto (org.), *Saneamento do Processo, Estudos em Homenagem ao Prof. Galeno Lacerda*. Porto Alegre: Sérgio Antônio Fabris Editor, 1989.

———. *A Ação Declaratória Incidental*. 2. ed. Rio de Janeiro: Forense, 1995.

FAZZALARI, Elio. *Note in Tema di Diritto e Processo*. Milano: Giuffrè, 1957.

———. *Istituzioni di Diritto Processuale*. Padova: Cedam, 1975.

———. "Procedimento (Teoria Generale)". In: *Enciclopedia del Diritto*. Milano: Giuffrè, 1986, vol. XXXV.

———. "Processo Civile (Diritto Vigente)". In: *Enciclopedia del Diritto*. Milano: Giuffrè, 1987, vol. XXXVI.

———. "'Processo' e Giurisdizione". In: *Rivista di Diritto Processuale*. Padova: Cedam, 1993.

———. "La Dottrina Processualistica Italiana: Dall''Azione' al 'Processo' (1864-1994)". In: *Rivista di Diritto Processuale*. Padova: Cedam, 1994, vol. XLIX, parte II.

———. *Istituzioni di Diritto Processuale*, 8. ed. Padova: Cedam, 1996.

FERRANDIZ, Leonardo Prieto-Castro y. *Derecho Procesal Civil*. Madrid: Editorial Revista de Derecho Privado, 1964, primera parte.

FERREIRA, Cristiane Catarina de Oliveira. "Visão Atual do Princípio do Juiz Natural". In: ALVARO DE OLIVEIRA, Carlos Alberto (org.), *Processo e Constituição*. Rio de Janeiro: Forense, 2004.

FERREIRA FILHO, Manuel Gonçalves. *Direito Constitucional Comparado, I – Poder Constituinte*. São Paulo: José Bushatski editor, 1974.

FLACH, Daisson. "Processo e Realização Constitucional: a Construção do 'Devido Processo'". In: AMARAL, Guilherme Rizzo e CARPENA, Márcio Louzada (coords.), *Visões Críticas do Processo Civil Brasileiro – Uma Homenagem ao Prof. Dr. José Maria Rosa Tesheiner*. Porto Alegre: Livraria do Advogado, 2005.

FLORES, Patrícia Teixeira Rezende; PÉCORA, Andréa. "Princípio da Publicidade: Restrições". In: Sérgio Gilberto Porto (org.), *As Garantais do Cidadão no Processo Civil – Relações entre Constituição e Processo*. Porto Alegre: Livraria do Advogado, 2003.

FREIRE, Rodrigo da Cunha Lima. *Condições da Ação, Um Enfoque sobre o Interesse de Agir no Processo Civil Brasileiro*, 1. ed., 2. tiragem. São Paulo: Revista dos Tribunais, 2000.

FRIEDRICH, Carl Joachim. "Derecho e Historia". In: *La Filosofia del Derecho*. México: Fondo de Cultura Económica, 1997.

FUX, Luiz. *Curso de Direito Processual Civil*. 2. ed. Rio de Janeiro: Forense, 2004.

GADAMER, Hans-Georg. *Verdade e Método*. 4. ed. Petrópolis: Editora Vozes, 1997, vol. I.

GÁLVEZ, Juan Monroy. *Introducción al Proceso Civil*. Bogotá: Temis, 1996, tomo I.

GARTH, Bryan; CAPPELLETTI, Mauro. *Acesso à Justiça*. Porto Alegre: Sérgio Antônio Fabris Editor, 1988.

GERAIGE NETO, Zaiden. *O Princípio da Inafastabilidade do Controle Jurisdicional – Art. 5º, inciso XXXV, da Constituição Federal*. São Paulo: Revista dos Tribunais, 2003.

GIANNOZZI, Giancarlo. *Appunti per un Corso di Diritto Processuale Civile*. Milano: Giuffrè, 1980.

GIULIANI, Alessandro. *Il Concetto di Prova – Contributo alla Logica Giuridica*. Milano: Giuffrè, 1971.

——. "L'*Ordo Judiciarius* Medioevale (Riflessioni su un Modello Puro di Ordine Isonomico)". In: *Rivista di Diritto Processuale*. Padova: Cedam, 1988, vol. XLIII, parte II.

GOLDSCHMIDT, James. *Derecho Procesal Civil*. Barcelona: Labor, 1936.

——. *Teoría General del Proceso*. Barcelona: Labor, 1936.

GOMES, Fábio Luiz; BAPTISTA DA SILVA, Ovídio Araújo. *Teoria Geral do Processo Civil*. São Paulo: Revista dos Tribunais, 1997.

GOMES DA SILVA, Nuno J. Espinosa. *História do Direito Português*. Lisboa: Fundação Calouste Gulbenkian, 1985, vol. I.

GRASSO, Eduardo. "La Collaborazione nel Processo Civile". In: *Rivista di Diritto Processuale*. Padova: Cedam, 1966, vol. XXI.

GRECO, Leonardo. *A Teoria da Ação no Processo Civil*. São Paulo: Dialética, 2003.

GRINOVER, Ada Pellegrini. *As Garantias Constitucionais do Direito de Ação.* São Paulo: Revista dos Tribunais, 1973.

——. *Os Princípios Constitucionais e o Código de Processo Civil.* São Paulo: José Bushatsky Editor, 1975.

GRINOVER, Ada Pellegrini; CINTRA, Antônio Carlos de Araújo; DINAMARCO, Cândido Rangel. *Teoria Geral do Processo,* 15. ed. São Paulo: Malheiros, 1999.

GUASP, Jaime. *Concepto y Metodo de Derecho Procesal.* Madrid: Civitas, 1997.

——. *Derecho Procesal Civil,* 4. ed. Madrid: Civitas, 1998, tomo I.

GUEDES, Jefferson Carús. *O Princípio da Oralidade – Procedimento por Audiências no Direito Processual Civil Brasileiro.* São Paulo: Revista dos Tribunais, 2003.

GUERRA FILHO, Willis Santiago. *Teoria Processual da Constituição.* 2. ed. São Paulo: Celso Bastos Editor, 2000.

GUSMÃO, Manoel Aureliano de. *Processo Civil e Comercial.* São Paulo: Livraria Acadêmica Saraiva, 1921.

HASSEMER, Winfried. "Sistema Jurídico e Codificação: a Vinculação do Juiz à Lei". In: KAUFMANN, Arthur e HASSEMER, Winfried (orgs.), *Introdução à Filosofia do Direito e à Teoria do Direito Contemporâneas.* Lisboa: Fundação Calouste Gulbenkian, 2002.

HENNING, Fernando Alberto Corrêa. *Ação Concreta – Relendo Wach e Chiovenda.* Porto Alegre: Sérgio Antônio Fabris Editor, 2000.

HESPANHA, Antônio Manuel Botelho. "Justiça e Administração entre o Antigo Regime e a Revolução". In: HESPANHA, Antônio Manuel Botelho (org.), *Justiça e Litigiosidade: História e Prospectiva.* Lisboa: Fundação Calouste Gulbenkian, 1992.

HESSE, Konrad. *A Força Normativa da Constituição.* Porto Alegre: Sérgio Antônio Fabris Editor, 1991.

——. *Elementos de Direito Constitucional da República Federal da Alemanha.* Porto Alegre: Sérgio Antônio Fabris Editor, 1998.

HEUSCHILING, Luc. État de Droit, *Rechtsstaat, Rule of Law.* Paris: Dalloz, 2002.

HOLANDA, Sérgio Buarque de. *Raízes do Brasil.* 26. ed., 17. tiragem. São Paulo: Companhia das Letras, 2003.

JELLINEK, Georg. *Teoría General del Estado.* México: Fondo de Cultura Económica, 2000.

KAFKA, Franz. *O Processo,* 6. reimpressão. São Paulo: Companhia das Letras, 2003.

KASER, Max. *Direito Privado Romano.* Lisboa: Fundação Calouste Gulbenkian, 1999.

KAUFMANN, Arthur. "A Problemática da Filosofia do Direito ao Longo da História". In: KAUFMANN, Arthur e HASSEMER, Winfried (orgs.), *Introdução à Filosofia do Direito e à Teoria do Direito Contemporâneas.* Lisboa: Fundação Calouste Gulbenkian, 2002.

——. *Filosofia do Direito.* Lisboa: Fundação Calouste Gulbenkian, 2004.

KOSCHAKER, Paul. *Europa y el Derecho Romano.* Madrid: Editorial Revista de Derecho Privado, 1955.

KUHN, Thomas. *A Estrutura das Revoluções Científicas,* 5. ed. São Paulo: Perspectiva, 2000.

LACERDA, Galeno. "Processo e Cultura". In: *Revista de Direito Processual Civil*. São Paulo: Saraiva, 1961, vol. III.

——. *Despacho Saneador*, 3. ed. Porto Alegre: Sérgio Antônio Fabris Editor, 1990.

——. *Comentários ao Código de Processo Civil*. 7. ed. Rio de Janeiro: Forense, 1998, vol. VIII, tomo I.

——; ALVARO DE OLIVEIRA, Carlos Alberto. *Comentários ao Código de Processo Civil*, 6. ed. Rio de Janeiro: Forense, 2002, vol. VIII, tomo II.

LANES, Júlio César Goulart. "A Execução Provisória e a Antecipação da Tutela dos Deveres de Pagar Quantia: Soluções para a Efetividade Processual". In: AMARAL, Guilherme Rizzo e CARPENA, Márcio Louzada (coords.), *Visões Críticas do Processo Civil Brasileiro – Uma Homenagem ao Prof. Dr. José Maria Rosa Tesheiner*. Porto Alegre: Livraria do Advogado, 2005.

LARENZ, Karl. *Metodologia da Ciência do Direito*. 3. ed. Lisboa: Fundação Calouste Gulbenkian, 1997.

LEAL, Rosemiro Pereira. *Teoria Geral do Processo*. 5. ed. São Paulo: Thompson-IOB, 2004.

LIEBMAN, Enrico Tullio. *Corso di Diritto Processuale Civile (Nozioni Introdutive – Parte Generale – Il Processo di Cognizioni)*. Milano: Giuffrè, 1952.

——. *Manuale di Diritto Processuale Civile*. 2. ed. Milano: Giuffrè, 1957, vol. I.

——. *Efficacia ed Autorità della Sentenza (ed Altri Scritti sulla Cosa Giudicata)*. Milano: Giuffrè, 1962.

——. "L'azione nella Teoria del Processo Civile". In: *Problemi del Processo Civile*. Napoli: Morano Editore, 1962.

——. "L'Opera Scientifica di James Goldschmidt e la Teoria del Rapporto Processuale". In: *Problemi del Processo Civile*. Napoli: Morano Editore, 1962.

——. "Diritto Costituzionale e Processo Civile". In: *Problemi del Processo Civile*. Napoli: Morano Editore, 1962.

——. "Il Nuovo 'Codigo de Processo Civil' Brasiliano". In: *Problemi del Processo Civile*. Napoli: Morano Editore, 1962.

——. "Istituti di Diritto Comune nel Processo Civile Brasiliano". In: *Problemi del Processo Civile*. Napoli: Morano Editore, 1962.

——. *Embargos do Executado*. 2. ed. São Paulo: Saraiva, 1968.

——. "Storiografia Giuridica 'Manipolata'". In: *Rivista di Diritto Processuale*. Padova: Cedam, 1974.

——. "O Despacho Saneador e o Julgamento do Mérito". In: *Estudos sobre o Processo Civil Brasileiro*. São Paulo: José Bushatski Editor, 1976.

——. *Manual de Direito Processual Civil*. Rio de Janeiro: Forense, 1984, vol. I.

——. *Processo de Execução*, 5. ed. São Paulo: Saraiva, 1986.

LIRA, Gerson. "Evolução da Teoria da Ação. Ação Material e Ação Processual". In: ALVARO DE OLIVEIRA, Carlos Alberto (org.). *Elementos para uma Nova Teoria Geral do Processo*. Porto Alegre: Livraria do Advogado, 1997.

LOPES, João Batista. *Curso de Direito Processual Civil*. São Paulo: Atlas, 2005, vol. I.

LUCENA, João Paulo. *Natureza Jurídica da Jurisdição Voluntária*. Porto Alegre: Livraria do Advogado, 1996.

——. *Comentários ao Código de Processo Civil*. São Paulo: Revista dos Tribunais, 2000, vol. XV.

LUISO, Francesco Paolo. *Diritto Processuale Civile*. 3. ed. Milano: Giuffrè, 2000, vol. I.

MACEDO, Elaine Harzheim. *Jurisdição e Processo – Crítica Histórica e Perspectivas para o Terceiro Milênio*. Porto Alegre: Livraria do Advogado, 2005.

MACHADO, António Montalvão; PIMENTA, Paulo. *O Novo Processo Civil*. 4. ed. Coimbra: Almedina, 2002.

MACHADO, Fábio Cardoso. "Sobre o Escopo Jurídico do Processo: o Problema da Tutela dos Direitos". In: *Estudos Jurídicos – Revista do Centro de Ciências Jurídicas da Universidade do Vale do Rio dos Sinos*. São Leopoldo: UNISINOS, 2003, vol. 36, n. 97.

——. *Jurisdição, Condenação e Tutela Jurisdicional*. Rio de Janeiro: Lumen Juris, 2004.

MANDRIOLI, Crisanto. *La Rappresentanza nel Processo Civile*. Torino: UTET, 1959.

——. "Dei Dovere delle Parti e dei Defensori". In: ALLORIO, Enrico (coord.), *Commentario del Codice di Procedura Civile*. Torino: UTET, 1973, vol. I, tomo II.

MARINONI, Luiz Guilherme. *Novas Linhas do Processo Civil*. 4. ed. São Paulo: Malheiros, 2000.

——. *Tutela Inibitória*. 2. ed. São Paulo: Revista dos Tribunais, 2000.

——. "O Direito à Efetividade da Tutela Jurisdicional na Perspectiva da Teoria dos Direitos Fundamentais". In: *Gênesis Revista de Direito Processual Civil*. Curitiba: Gênesis, 2003, n. 28.

——. *Técnica Processual e Tutela dos Direitos*. São Paulo: Revista dos Tribunais, 2004.

——. *A Antecipação da Tutela*, 8. ed. São Paulo: Malheiros, 2004.

——. "O Princípio da Segurança dos Atos Jurisdicionais (a Questão da Relativização da Coisa Julgada Material)". In: *Gênesis Revista de Direito Processual Civil*. Curitiba: Gênesis, 2004, n. 31.

——. "A Jurisdição no Estado Constitucional". In: *Revista Processo e Constituição – Coleção Galeno Lacerda de Estudos de Direito Processual Constitucional*. Porto Alegre: Faculdade de Direito, UFRGS, 2005, n. II.

MARINONI, Luiz Guilherme; ARENHART, Sérgio Cruz. *Manual do Processo de Conhecimento*. 2. ed. São Paulo: Revista dos Tribunais, 2003.

MARQUES, José Frederico. *Ensaio sobre a Jurisdição Voluntária*. 2. ed. São Paulo: Saraiva, 1959.

MARTINS-COSTA, Judith. *A Boa-Fé no Direito Privado*, 2. tiragem. São Paulo: Revista dos Tribunais, 2000.

——. *Comentários ao Novo Código Civil*, 2. ed. Rio de Janeiro: Forense, 2005, vol. V, tomo I.

MATTOS, Sérgio Luiz Wetzel de. "O Processo Justo na Constituição Federal de 1988". In: *Revista da Ajuris*. Porto Alegre: s/ed., 2003, n. 91.

MEDINA, José Miguel Garcia. *Execução Civil – Princípios Fundamentais*. São Paulo: Revista dos Tribunais, 2002.

——; WAMBIER, Teresa Arruda Alvim. *O Dogma da Coisa Julgada – Hipóteses de Relativização*. São Paulo: Revista dos Tribunais, 2003.

MELLO, Cláudio Ari. *Democracia Constitucional e Direitos Fundamentais*. Porto Alegre: Livraria do Advogado, 2004.

MILLAR, Robert Wyness. *Los Principios Formativos del Procedimiento Civil*. Buenos Aires: Ediar, 1945.

MIRANDA, Jorge. *Manual de Direito Constitucional*. 4. ed. Coimbra: Coimbra Editora, 2000, tomo II.

——. *Manual de Direito Constitucional*. 3. ed. Coimbra: Coimbra Editora, 2000, tomo IV.

MITIDIERO, Daniel Francisco. "A Pretensão de Condenação". In: *Revista Jurídica*. Porto Alegre: Notadez Editora, 2002, n. 292.

——. *Comentários ao Código de Processo Civil*. São Paulo: Memória Jurídica Editora, 2004, tomo I.

——. "Processo e Cultura: Praxismo, Processualismo e Formalismo em Direito Processual Civil". In: *Cadernos do Programa de Pós-Graduação em Direito – PPGDir./UFRGS*. Porto Alegre: PPGDir./UFRGS, 2004, n. II.

——. "Processo e Cultura: Praxismo, Processualismo e Formalismo em Direito Processual Civil". In: *Gênesis Revista de Direito Processual Civil*. Curitiba: Gênesis, 2004, n. 33.

——. *Comentários ao Código de Processo Civil*. São Paulo: Memória Jurídica Editora, 2005, tomo II.

——. "O Problema da Invalidade dos Atos Processuais no Direito Processual Civil Brasileiro Contemporâneo". In: AMARAL, Guilherme Rizzo e CARPENA, Márcio Louzada (coords.), *Visões Críticas do Processo Civil Brasileiro – Uma Homenagem ao Prof. Dr. José Maria Rosa Tesheiner*. Porto Alegre: Livraria do Advogado, 2005.

——; ZANETI JÚNIOR, Hermes. *Introdução ao Estudo do Processo Civil – Primeiras Linhas de um Paradigma Emergente*. Porto Alegre: Sérgio Antônio Fabris Editor, 2004.

MITIDIERO, Nei Pires. *Comentários ao Código de Trânsito Brasileiro – Direito de Trânsito e Direito Administrativo de Trânsito*. 2. ed. Rio de Janeiro: Forense, 2005.

MONIZ DE ARAGÃO, Egas Dirceu. *Comentários ao Código de Processo Civil*, 9. ed. Rio de Janeiro: Forense, 1998, vol. II.

——. "Hobbes, Montesquieu e a Teoria da Ação". In: *Revista de Processo*. São Paulo: Revista dos Tribunais, 2002, n. 108.

MONTEIRO, João. *Teoria do Processo Civil*, 6. ed. Rio de Janeiro: Borsoi, 1956, tomo I.

MONTELEONE, Girolamo. "Princìpi e Ideologie del Processo Civile: Impressioni di un 'Revisionista'". In: *Rivista Trimestrale di Diritto e Procedura Civile*. Milano: Giuffrè, 2003.

MONTESANO, Luigi. "La Garanzia Costituzionale del Contraddittorio e i Giudizi di 'Terza Via'". In: *Rivista di Diritto Processuale*. Padova: Cedam, 2000.

MORELLO, Augusto M. *Constitución y Proceso – La Nueva Edad de las Garantías Jurisdiccionales*. La Plata: Libreria Editora Platense, 1998.

——. *El Proceso Civil Moderno*. La Plata: Libreria Editora Platense, 2001.

MÜTHER, Theodor; WINDSCHEID, Bernhard. *Polemica intorno all' actio*. Florença: Sansoni, 1954.

——. *Polemica sobre la "actio"*. Buenos Aires: Ejea, 1974.

NERY JÚNIOR, Nélson. *Princípios do Processo Civil na Constituição Federal*. 5. ed. São Paulo: Revista dos Tribunais, 1999.

NEVES, Celso. *Estrutura Fundamental do Processo Civil*. 2. ed. Rio de Janeiro: Forense, 1997.

NÖRR, Knut Wolfgang. "Alcuni Momenti della Storiografia del Diritto Processuale". In: *Rivista di Diritto Processuale*. Padova: Cedam, 2004, parte I.

ORESTANO, Riccardo. "Azione. I – L'Azione in Generale: a) Storia del Problema". In: *Enciclopedia del Diritto*. Milano: Giuffrè, 1959, vol. IV.

PACHECO, José da Silva. *Evolução do Processo Civil Brasileiro*, 2. ed. Rio de Janeiro: Renovar, 1999.

PALACIOS, Juan José Monroy. *Bases para la Formulación de una Teoría Cautelar*. Lima: Comunidad, 2002.

——. *La Tutela Procesal de los Derechos*. Lima: Palestra, 2004.

PÉCORA, Andréa; FLORES, Patrícia Teixeira Rezende. "Princípio da Publicidade: Restrições". In: PORTO, Sérgio Gilberto (org.), *As Garantais do Cidadão no Processo Civil – Relações entre Constituição e Processo*. Porto Alegre: Livraria do Advogado, 2003.

PEKELIS, Alessandro. "Azione". In: *Nuovo Digesto Italiano*. Torino: UTET, 1937, vol. II.

PÉREZ, Alex Carocca. "Garantía Constitucional de la Defensa". In: *Revista Peruana de Derecho Procesal*. Lima: Estudio Monroy Abogados, 1998, vol. II.

PICARDI, Nicola. "Dei Termini". In: ALLORIO, Enrico (coord.), *Commentario del Codice di Procedura Civile*. Torino: UTET, 1973, vol. I, tomo II.

——. "Processo Civile (Diritto Moderno)". In: *Enciclopedia del Diritto*. Milano: Giuffrè, 1987, vol. XXXVI.

——. "Il Giudice e la Legge nel Code Louis". In: *Rivista di Diritto Processuale*. Padova: Cedam, 1995, vol. L, parte I.

——. "Il Principio del Contraddittorio". In: *Rivista di Diritto Processuale*. Padova: Cedam, 1998, parte II.

——. *Appunti di Diritto Processuale Civile – I Processi Speciali, Esecutivi e Cautelari*. Milano: Giuffrè, 2002.

——. "'Audiatur et Altera Pars': Le Matrici Storico-Culturali del Contraddittorio". In: *Rivista Trimestrale di Diritto e Procedura Civile*. Milano: Giuffrè, 2003, n.1.

——. "La Vocazione del Nostro Tempo per la Giurisdizione". In: *Rivista Trimestrale di Diritto e Procedura Civile*. Milano: Giuffrè, 2004, n. 1.

PICÓ I JUNOY, Joan. "El Sistema Español de Garantías Constitucionales del Proceso". In: *Revista Peruana de Derecho Procesal*. Lima: Estudio Monroy Abogados, 1999, vol. III.

PIMENTA, Paulo; MACHADO, António Montalvão. *O Novo Processo Civil*, 4. ed. Coimbra: Almedina, 2002.

PINTO FERREIRA, Luís. *Princípios Gerais do Direito Constitucional Moderno*, 5. ed. São Paulo: Revista dos Tribunais, 1971, p. 92, vol. I.

PODETTI, Ramiro. *Teoría y Tecnica del Proceso Civil y Trilogia Estructural de la Ciencia del Proceso Civil*. Buenos Aires: Ediar Editores, 1963.

PONTES DE MIRANDA, Francisco Cavalcanti. *Comentários ao Código de Processo Civil*, 2. ed. Rio de Janeiro: Revista Forense, 1959, tomo V.

———. *Tratado das Ações*. São Paulo: Revista dos Tribunais, 1970, tomo I.

———. *Tratado de Direito Privado*. 3. ed. Rio de Janeiro: Borsoi, 1970, tomo I.

———. *Tratado de Direito Privado*. 3. ed. Rio de Janeiro: Borsoi, 1970, tomo V.

———. *Comentários à Constituição de 1967, com a Emenda Constitucional n. 1, de 1969*, 2. ed. São Paulo: Revista dos Tribunais, 1970, tomo I.

———. *Comentários à Constituição de 1967 com a Emenda n. 1, de 1969*, 2. ed. São Paulo: Revista dos Tribunais, 1971, tomo V.

———. *Tratado das Ações*. Rio de Janeiro: Revista dos Tribunais, 1971, tomo II.

———. *Tratado das Ações*. São Paulo: Revista dos Tribunais, 1972, tomo III.

———. *Tratado das Ações*. São Paulo: Revista dos Tribunais, 1976, tomo VI.

———. *Comentários ao Código de Processo Civil*. Rio de Janeiro: Forense, 1977, tomo XVI.

———. *Tratado das Ações*. São Paulo: Revista dos Tribunais, 1978, tomo VII.

———. *Fontes e Evolução do Direito Civil Brasileiro*. 2. ed. Rio de Janeiro: Forense, 1981.

———. *Comentários ao Código de Processo Civil*. 5. ed. Rio de Janeiro: Forense, 1997, tomo I.

———. *Comentários ao Código de Processo Civil*. 4. ed. Rio de Janeiro: Forense, 1997, tomo III.

———. *Comentários ao Código de Processo Civil*. 2. ed. Rio de Janeiro: Forense, 2001, tomo IX.

———. *Comentários ao Código de Processo Civil*. 2. ed. Rio de Janeiro: Forense, 2004, tomo XIII.

PORTANOVA, Rui. *Princípios do Processo Civil*. 2. tiragem. Porto Alegre: Livraria do Advogado, 1997.

PROTO PISANI, Andrea. "Dell'esercizio dell'azione". In: ALLORIO, Enrico (coord.), *Commentario del Codice di Procedura Civile*. Torino: UTET, 1973, vol. I, tomo II.

———. *Lezioni di Diritto Processuale Civile*. 4. ed. Napoli: Jovene, 2002.

———. "Giusto Processo e Valore della Cognizione Piena". In: *Rivista di Diritto Civile*. Padova: Cedam, 2002.

PUGLIESE, Giovanni. *Introducción, Polemica sobre la 'actio'*. Buenos Aires: Ejea, 1974.

RADBRUCH, Gustav. *Filosofia do Direito*. 6. ed. Coimbra: Armênio Amado Editor, 1979.

REALE, Miguel. "Para uma Teoria dos Modelos Jurídicos". In: *Estudos de Filosofia e de Ciência do Direito*. São Paulo: Saraiva, 1978.

———. *Lições Preliminares de Direito*. 23. ed. São Paulo: Saraiva, 1996.

———. "Conceito de Cultura – Seus Temas Fundamentais". In: *Paradigmas da Cultura Contemporânea*. 2. ed. São Paulo: Saraiva, 2005.

REIMUNDÍN, Ricardo. *Los Conceptos de Pretension y Acción en la Doctrina Actual*. Buenos Aires: Victor P. de Zavalia Editor, 1966.

RIBEIRO, Darci Guimarães. *La Pretensión Procesal y la Tutela Judicial Efectiva – Hacía una Teoría Procesal del Derecho*. Barcelona: J.M. Bosch Editor, 2004.

ROCCO, Alfredo. *La Sentenza Civile – Studi*. Milano: Giuffrè, 1962.

ROCCO, Ugo. *Teoría General del Proceso Civil*. México: Editorial Porrua, 1959.

ROCHA, José Albuquerque da. *Teoria Geral do Processo*. 5. ed. São Paulo: Malheiros, 2001.

ROFFO, Juan Carlos Bavasso. *Publicidad del Proceso*. Buenos Aires: Abeledo-Perrot, 1961.

SAMPAIO, José S. *Os Prazos no Código de Processo Civil*. 6. ed. São Paulo: Revista dos Tribunais, 2002.

SANTARELLI, Umberto. *L'Esperienza Giuridica Basso-Medievale – Lezioni Introduttive*. Torino: G. Giappichelli Editore, 1977.

SANTOS, Boaventura de Sousa. *Um Discurso sobre as Ciências*. 13. ed. Porto: Edições Afrontamento, 2002.

——. *Pela Mão de Alice – O Social e o Político na Pós-Modernidade*. 9. ed. São Paulo: Cortez Editora, 2003.

SANTOS, E. L. Silva; BECKER, L. A. *Elementos para uma Teoria Crítica do Processo*. Porto Alegre: Sérgio Antônio Fabris Editor, 2002.

SANTOS, Moacyr Amaral. *Primeiras Linhas de Direito Processual Civil*. 10. ed. São Paulo: Saraiva, 1983, vol. I.

SARLET, Ingo Wolfgang. *A Eficácia dos Direitos Fundamentais*. 4. ed. Porto Alegre: Livraria do Advogado, 2004.

SAVIGNY, Karl von. *Sistema del Derecho Romano Actual*. 2. ed. Madrid: Centro Editorial de Góngora, s/d., tomo IV.

——. *Sistema de Derecho Romano Actual*. 2. ed. Madrid: Centro Editorial de Góngora, s/ed., tomo V.

SILVA, Carlos Augusto. *O Processo Civil como Estratégia de Poder: Reflexo da Judicialização da Política no Brasil*. Rio de Janeiro: Renovar, 2004.

——. "O Princípio do Juiz Natural e sua Repercussão na Jurisprudência do Supremo Tribunal Federal". In: ALVARO DE OLIVEIRA, Carlos Alberto (org.), *Processo e Constituição*. Rio de Janeiro: Forense, 2004.

SILVA, Eduardo Silva da. *Arbitragem e Direito da Empresa – Dogmática e Implementação da Cláusula Compromissória*. São Paulo: Revista dos Tribunais, 2003.

——. "Constituição, Jurisdição e Arbitragem". In: ALVARO DE OLIVEIRA, Carlos Alberto (org.), *Processo e Constituição*. Rio de Janeiro: Forense, 2004.

SILVA, José Afonso da. *Curso de Direito Constitucional Positivo*, 14. ed. São Paulo: Malheiros, 1997.

SILVA, José Milton. *Teoria Geral do Processo*. 2. ed. Rio de Janeiro: Forense, 2003.

SORJ, Bernardo. *A Nova Sociedade Brasileira*. 2. ed. Rio de Janeiro: Jorge Zahar Editor, 2001.

SOUZA JÚNIOR, César Saldanha. *O Tribunal Constitucional como Poder – Uma Nova Teoria da Divisão dos Poderes*. São Paulo: Memória Jurídica Editora, 2002.

——. *A Supremacia do Direito no Estado Democrático e seus Modelos Básicos*. Porto Alegre: s/ed., 2002.

TALAMANCA, Mario. "Processo Civile (Diritto Romano)". In: *Enciclopedia del Diritto*. Milano: Giuffrè, 1987, vol. XXXVI.

TALAMINI, Eduardo. *Tutela Relativa aos Deveres de Fazer e de Não Fazer*. São Paulo: Revista dos Tribunais, 2001.

TALAMINI, Eduardo; ALMEIDA, Flávio Renato Correia de; WAMBIER, Luiz Rodrigues. *Curso Avançado de Processo Civil*, 6. ed. São Paulo: Revista dos Tribunais, 2004, vol. I..

TARELLO, Giovanni. *Storia della Cultura Giuridica Moderna*. Bologna: Il Mulino, 1976.

——. "Il Problema della Riforma Processuale in Italia nel Primo Quarto del Secolo. Per uno Studio della Genesi Dottrinale e Ideologica del Vigente Codice Italiano di Procedura Civile". In: *Dottrine del Processo Civile – Studi Storici sulla Formazione del Diritto Processuale Civile*. Bologna: Il Mulino, 1989.

——. "L'Opera di Giuseppe Chiovenda nel Crepusculo dello Stato Liberale". In: *Dottrine del Processo Civile – Studi Storici sulla Formazione del Diritto Processuale Civile*. Bologna: Il Mulino, 1989.

——. "Quattro Buoni Giuristi per una Cattiva Azione". In: *Dottrine del Processo Civile – Studi Storici sulla Formazione del Diritto Processuale Civile*. Bologna: Il Mulino, 1989.

TARUFFO, Michele. *La Motivazione della Sentenza Civile*. Padova: Cedam, 1975.

——. "Il Significato Costituzionale dell'Obbligo di Motivazione". In: DINAMARCO, Cândido Rangel; GRINOVER, Ada Pellegrini; WATANABE, Kazuo (coord.). *Participação e Processo*. São Paulo: Revista dos Tribunais, 1988.

——. "Considerazioni sulla Teoria Chiovendiana dell'Azione". In: *Rivista Trimestrale di Diritto e Procedura Civile*. Milano: Giuffrè, 2003.

TARZIA, Giuseppe. "Parità delle Armi tra le Parti e Poteri del Giudice nel Processo Civile". In: *Problemi del Processo Civile di Cognizione*. Padova: Cedam, 1989.

——. *Lineamenti del Processo Civile di Cognizione*, 2. ed. Milano: Giuffrè, 2002.

TELLES, José Homem Corrêa. *Doutrina das Acções*. Rio de Janeiro: Jacintho Ribeiro dos Santos, 1918.

TESHEINER, José Maria Rosa. *Jurisdição Voluntária*. Rio de Janeiro: Aide, 1992.

——. *Elementos para uma Teoria Geral do Processo*. São Paulo: Saraiva, 1993.

——. "Jurisdição, nos Comentários de Daniel Francisco Mitidiero". Disponível em: www.tex.pro.br.

——. "Ação de Direito Material". Disponível em: www.tex.pro.br.

THEODORO JÚNIOR, Humberto. *Curso de Direito Processual Civil*. 40. ed. Rio de Janeiro: Forense, 2003, vol. I.

TROCKER, Nicolò. *Processo Civile e Costituzione – Problemi di Diritto Tedesco e Italiano*. Milano: Giuffrè, 1974.

——. "Il Nuovo articolo 111 della Costituzione e il 'Giusto Processo' in Materia Civile: Proflili Generali". In: *Rivista Trimestrale di Diritto e Procedura Civile*. Milano: Giuffrè, 2001, n. 2.

TUCCI, Rogério Lauria; CRUZ E TUCCI, José Rogério. *Constituição de 1988 e Processo – Regramentos e Garantias Constitucionais do Processo*. São Paulo: Saraiva, 1989.

TUHR, Andreas von. *Teoría General del Derecho Civil Aleman*. Buenos Aires: Editorial Depalma, 1946, vol. I.

USTÁRROZ, Daniel. "A Democracia Processual e a Motivação das Decisões Judiciais". In: Porto, Sérgio Gilberto (org.), *As Garantias do Cidadão no Processo Civil – Relações entre Constituição e Processo*. Porto Alegre: Livraria do Advogado, 2003.

VERDE, Giovanni. "Giustizia e Garanzie nella Giurisdizione Civile". In: *Rivista di Diritto Processuale*. Padova: Cedam, 2000, n. 2.

———. "Le Ideologie del Processo in un Recente Saggio". In: *Rivista di Diritto Processuale*. Padova: Cedam, 2002.

———. "Sul Monopolio dello Stato in Tema di Giurisdizione". In: *Rivista di Diritto Processuale*. Padova: Cedam, 2003.

VERDÚ, Pablo Lucas. *Sentimento Constitucional – Aproximação ao Estudo do Sentir Constitucional como Modo de Integração Política*. Rio de Janeiro: Forense, 2004.

VESCOVI, Enrique. "Hacia un Proceso Civil Universal". In: *Revista de Processo*. São Paulo: Revista dos Tribunais, 1999, n. 93.

VIGNERA, Giuseppe. "Le Garanzie Costituzionali del Processo Civile alla Luce del 'Nuovo' art. 111 Cost.". In: *Rivista Trimestrale di Diritto e Procedura Civile*. Milano: Giuffrè, 2003, n. 4.

VILLEY, Michel. *Filosofia do Direito*. São Paulo: Martins Fontes, 2003.

WACH, Adolf. *La Pretensión de Declaración*, Buenos Aires: Ejea, 1962.

———. *Manual de Derecho Procesal Civil*. Buenos Aires: Ejea, 1977, vol. I.

WAMBIER, Luiz Rodrigues; ALMEIDA, Flávio Renato Correia de; TALAMINI, Eduardo. *Curso Avançado de Processo Civil*, 6. ed. São Paulo: Revista dos Tribunais, 2004, vol. I.

WAMBIER, Teresa Arruda Alvim; MEDINA, José Miguel Garcia. *O Dogma da Coisa Julgada – Hipóteses de Relativização*. São Paulo: Revista dos Tribunais, 2003.

WEBER, Max. *Economia e Sociedade*. Brasília: Editora Universidade de Brasília, 1999, vol. II.

WENGER, Leopold. *Compendio de Derecho Procesal Civil Romano*, apêndice à obra de Paul Jörs e Wolfgang Kunzel, Derecho Privado Romano. Barcelona: Editorial Labor, 1965.

WIEACKER, Franz. *História do Direito Privado Moderno*. 2. ed. Lisboa: Fundação Calouste Gulbenkian, 1993.

WINDSCHEID, Bernhard; MÜTHER, Theodor. *Polemica intorno all' actio*. Florença: Sansoni, 1954.

———. *Polemica sobre la "actio"*. Buenos Aires: Ejea, 1974.

YARSHELL, Flávio Luiz. *Tutela Jurisdicional*. São Paulo: Atlas, 1998.

ZANETI JÚNIOR, Hermes. *Mandado de Segurança Coletivo – Aspectos Processuais Controversos*. Porto Alegre: Sérgio Antônio Fabris Editor, 2001.

———. "Direito Material e Direito Processual: Relações e Perspectivas". In: *Revista Processo e Constituição – Coleção Galeno Lacerda de Estudos de Direito Processual Constitucional*. Porto Alegre: Faculdade de Direito UFRGS, 2004, n. 1.

———; MITIDIERO, Daniel Francisco. *Introdução ao Estudo do Processo Civil – Primeiras Linhas de um Paradigma Emergente*. Porto Alegre: Sérgio Antônio Fabris Editor, 2004.

ZAVASCKI, Teori Albino. *Antecipação da Tutela*, 2. ed. São Paulo: Saraiva, 1999.

Impressão:
Editora Evangraf
Rua Waldomiro Schapke, 77 - P. Alegre, RS
Fone: (51) 3336.2466 - Fax: (51) 3336.0422
E-mail: evangraf@terra.com.br